隋彭生
律师民法业务思维 ①

LÜSHI MINFA YEWU SIWEI

中国政法大学出版社

2015·北京

声　　明	1. 版权所有，侵权必究。
	2. 如有缺页、倒装问题，由出版社负责退换。

图书在版编目（CIP）数据

隋彭生：律师民法业务思维/隋彭生著.—北京：中国政法大学出版社，2015.3
　ISBN 978-7-5620-5942-4

　Ⅰ．①隋… Ⅱ．①隋… Ⅲ．①民法－律师业务－基本知识－中国 Ⅳ．①D923

中国版本图书馆CIP数据核字(2015)第049119号

出 版 者	中国政法大学出版社
地　　址	北京市海淀区西土城路 25 号
邮寄地址	北京 100088 信箱 8034 分箱　邮编 100088
网　　址	http://www.cuplpress.com（网络实名：中国政法大学出版社）
电　　话	010-58908437（编辑室）　58908334（邮购部）
承　　印	固安华明印业有限公司
开　　本	880mm×1230mm　1/32
印　　张	10.75
字　　数	250 千字
版　　次	2015 年 3 月第 1 版
印　　次	2016 年 11 月第 3 次印刷
定　　价	39.00 元

前 言

1. 本书的关键词是：理论、案例、经验、技巧。

2. 本书包括"合同的起草、设计、审查"、"合同法"、"用益债权"、"物权法"、"侵权责任法"、"婚姻法、继承法"和"律师操作"七个板块。

3. 我写书的努力方向：不但要表达一种知识，而且要助人打开思路。

4. 我写的律师民法业务思维，是一个个片段，联系起来，也有助体系理解之功效。

5. 律师业务水平的提升，要靠律师带徒弟，但这很不够，还需要理论的浸润。

6. 本书以律师的角度切入，对其他法律人，亦不无参考价值。

中国政法大学教授　隋彭生
微博：隋彭生民商法
2015 年 1 月 1 日

目 录

前 言 1

◎第一部分 合同的起草、设计、审查
　第一节 概 述 1
　　合同审查提纲（1） 1
　　律师代写合同，名称的选择很重要（2） 4
　　谈谈合同的形式审查与实质审查（3） 7
　　律师对合同进行形式审查的八项注意（4） 8
　　补充协议审查的九项注意（5） 11
　　关于衡平（6） 12
　　容纳规则（7） 12
　　合同的事先审查（8） 13
　　格式免责提示条款最好手写（9） 13
　　优等悬赏广告的设计（10） 16
　　起草合同时，如何排除可预见规则的适用？（11） 18
　　一份协议书，两个法律关系（12） 18
　　略谈企业合同台账（13） 19
　第二节 若干技术问题 20
　　合同书签字、盖章的几个具体问题（1） 20
　　使用私刻公章，效力如何？（2） 21
　　一般不要接受私人章（3） 21
　　合同书的结构（4） 21

合同书上的联系方式（5） ………………………… 22
慎用法言法语（6） ………………………………… 22
合同用词要准确（7） ……………………………… 23
慎用委托二字（8） ………………………………… 23
手写体与印刷体（9） ……………………………… 24
小写之后有大写（10） ……………………………… 24
有优势的文本（11） ………………………………… 24
格式条款合同与合同示范文本的区别及采用（12） ………………………………… 25
条款的暂付阙如与预约（13） ……………………… 26
区分预约与本约（14） ……………………………… 26
合二为一（15） ……………………………………… 27
抓大放小（16） ……………………………………… 27
由合同签订地法院管辖的约定，应当具体（17） ……… 28
一种技巧：抵销成就条件（18） …………………… 28
代物清偿协议生效的特别约定（19） ……………… 28

第三节　合同的解除 ……………………………… 29
约定形成权（1） …………………………………… 29
约定解除权，要特别注意的一点（2） …………… 30
约定解除权，应当将条件具体化（3） …………… 30
解除权的特约（4） ………………………………… 31
合同解除条款的程序性设计（5） ………………… 32
合同的履行期与终止期（6） ……………………… 32

第四节　各类合同的起草、设计、审查 ……… 33

第一目　买卖合同 ………………………………… 33
审查样品与相应条款是否一致（1） ……………… 33
改变诺成合同的性质（2） ………………………… 34
检验期间过短的法律风险（3） …………………… 34
避免商事留置的一个方法（4） …………………… 36

第二目　赠与合同 ……………………………………… 36
附负担赠与合同的设计（1）………………………… 36
可否将赠与合同约定为实践合同（2）……………… 38

第三目　借款合同与使用借贷 ………………………… 39
借款期限的设计与诉讼时效（1）…………………… 39
扣划的约定（2）……………………………………… 39
使用借贷审查的两个点（3）………………………… 40

第四目　租赁合同 ……………………………………… 40
租赁合同审查的十个具体问题（1）………………… 40
租赁合同解除权的设计（2）………………………… 41
表明租赁合同性质的标题（3）……………………… 42
场地租赁合同与保管合同的区分（4）……………… 43
租赁合同的更新（5）………………………………… 44
定期还是不定期（6）………………………………… 44
转租与分租：两个条款（7）………………………… 45
宜约定侵害房屋承租人优先购买权的违约责任（8）… 45
优先承租权的约定（9）……………………………… 46

第五目　承揽合同 ……………………………………… 46
承揽合同审查的一个"点"（1）…………………… 46
约定著作权的归属（2）……………………………… 48

第六目　技术合同 ……………………………………… 48
技术合同审查、起草的两个重点…………………… 48

第七目　委托合同、居间合同 ………………………… 52
演出经纪合同要注重保护演员（1）………………… 52
引起争论的一句话（2）……………………………… 53

第八目　和解协议 ……………………………………… 53
起草和解协议的注意事项（1）……………………… 53
和解协议效力的设计（2）…………………………… 54

和解协议审查的重中之重（3） ······ 55
和解协议，要注重设定条件（4） ······ 56
附随意条件的和解协议（5） ······ 56

第九目　遗赠扶养协议 ······ 57
遗赠扶养协议审查的五个点 ······ 57

第十目　夫妻忠诚协议 ······ 58
夫妻忠诚协议可以发生效力吗？（1） ······ 58
夫妻忠诚协议的设计技巧（2） ······ 58
婚外同居"散伙"时，"经济补偿协议"的设计（3） ······ 59

第十一目　担保合同 ······ 60
第一分目　保证合同 ······ 60
保证合同设计和审查的核心（1） ······ 60
起草、审查保证合同应注意的一个术语（2） ······ 62
签字人之前要有定语（3） ······ 63
保证的保证（4） ······ 63
对"变更"审查（5） ······ 64

第二分目　定金合同 ······ 64
定金合同的起草与审查（1） ······ 64
定金合同审查的五个点（2） ······ 67
明确定金的性质（3） ······ 68

第三分目　抵押合同 ······ 68
签订动产抵押合同的一个技巧（1） ······ 68
签订不动产抵押合同的一个技巧（2） ······ 69
抵押双保险的一个技巧（3） ······ 70
抵押双保险技巧及担保陷阱（4） ······ 70
动产抵押权实行的技巧（5） ······ 71
抵押与质押的竞合（6） ······ 72
不要写抵押期间（7） ······ 73

抵押登记时间的把握（8）……………………………… 73
为浮动抵押加一把锁（9）……………………………… 74
宜将从物写入抵押合同（10）………………………… 76
移转所有权的"抵押"无效（11）……………………… 76
商铺抵押的一个特殊风险（12）……………………… 76
要注意界定最高额抵押的担保范围（13）…………… 77
第四分目　质押……………………………………… 78
界定质物，要写收条（1）……………………………… 78
物由第三人占有，宜设计为抵押（2）………………… 78
保证金不能质押（3）…………………………………… 79
要审查抵押、质押合同有无流押、流质条款（4）…… 80

◎第二部分　合同法

第一节　要约、承诺……………………………… 83
不可撤销的要约（1）…………………………………… 83
要约人与受要约人的博弈（2）………………………… 86
别忘了发否认通知（3）………………………………… 87
镜像规则的例外（4）…………………………………… 88

第二节　合同的类型……………………………… 89
就要式合同达成的口头协议（1）……………………… 89
诺成合同与实践合同的转换（2）……………………… 91
保管合同的"另有约定"（3）…………………………… 92
预约和本约（4）………………………………………… 92
单务预约与双务预约（5）……………………………… 95
预约为什么可以按照本约处理（6）…………………… 95
谈射幸合同（7）………………………………………… 96
主合同、从合同和委托合同（8）……………………… 97
互易的法律适用（9）…………………………………… 99

以物易物与买卖合同有何不同？(10) ·················· 100
寄养马匹是什么合同 (11) ······························ 101
餐饮合同是无名合同吗？(12) ·························· 102

第三节 合同的效力 ·· 103
合同附条件的好处 (1) ·································· 103
是附条件还是附期限，抑或是条件拟制？(2) ········ 104
以射幸合同为例谈给付附条件 (3) ···················· 104
容忍委托授权与无权代理、表见代理 (4) ············ 105
判断相对人非善意的一个细节 (5) ···················· 107
委托代理合同、委托授权与代理行为 (6) ············ 108
冒名合同的效力 (7) ···································· 108
何人何时可以主张合同无效？(8) ···················· 110
存在仲裁协议而有权起诉一例 (9) ···················· 111
自己代理订立的合同是可追认的合同 (10) ·········· 112
无权处分时，所有权人保护的一个程序问题 (11) ··· 114
买卖"赌石"可否构成重大误解？(12) ················ 115
商品标价错误可否构成重大误解？(13) ·············· 116
三种合同对显失公平规则的排斥 (14) ················ 116
要约邀请与欺诈的构成 (15) ·························· 117
商业吹嘘与合同欺诈 (16) ····························· 118

第四节 债权人代位权与并存的债务承担 ···················· 119
债权人代位权：民法上的一条斜路 (1) ·············· 119
并存债务承担一例 (2) ································· 121

第五节 合同的变更与解除 ····································· 122
变更协议和催告通知应当注意的问题 (1) ············ 122
合同解除、变更的"五个不受影响"(2) ·············· 123
合同解除不需要催告的情形 (3) ······················ 127
《买卖合同解释》的一个"陷阱"(4) ·················· 128

能否以公告的形式解除合同（5） ……………………… 128
　　附解除权的合同与附解除条件的合同（6） …………… 129
　　合同解除时的违约责任与不解除时的违约责任（7） … 130
　　合同解除后还能要求赔偿可得利益吗？（8） ………… 132
　　无解除权人通知相对人解除合同的法律后果（9） …… 133
　第六节　违约责任 …………………………………………… 136
　　损益相抵的规则（1） …………………………………… 136
　　损益相抵，违约人的一种抗辩（2） …………………… 137
　　可得利益损失赔偿之可预见规则（3） ………………… 137
　　可得利益损失赔偿之减损规则（4） …………………… 140
　　过错相抵与双方违约（5） ……………………………… 142
　　约定违约金的好处（6） ………………………………… 143
　　违约金性质、数量的设计（7） ………………………… 143
　　免责抗辩及违约金调整释明（8） ……………………… 144
　第七节　合同的解释 ………………………………………… 145
　　合同的文义解释规则（1） ……………………………… 145
　　合同的整体解释规则（2） ……………………………… 147
　　按交易习惯解释的规则（3） …………………………… 148
　　有偿合同有利于债权人的解释规则（4） ……………… 149
　　体系解释一例（5） ……………………………………… 151
　第八节　买卖合同 …………………………………………… 153
　　"物的适用性担保义务"（1） …………………………… 153
　　买受人对多交标的物的无偿保管及轻过失免责（2） … 155
　　普通动产的一物多卖（3） ……………………………… 156
　　动产一物多卖例析（4） ………………………………… 158
　　提取标的物单证以外的有关单证和资料（5） ………… 159
　　"主观特定物"的好处（6） ……………………………… 161
　　瑕疵担保责任减免的特约（7） ………………………… 162

7

动产所有权保留买卖的占有媒介关系（8）……………… 165
出卖人的取回权及其限制（9）…………………………… 166
质押时，出卖人取回权的一时丧失（10）……………… 168
回赎及取回后的另行出卖（11）………………………… 170
有偿转让权利的合同可以参照适用买卖合同的有关规定（12）… 171

第九节 赠与合同 ………………………………………… 173

为什么要把赠与合同规定为诺成合同（1）……………… 173
赠与为实践合同的规定为什么失效？（2）……………… 174
动机如何，不影响赠与的效力（3）……………………… 175
死因赠与（4）……………………………………………… 176
为什么要赋予赠与人任意撤销权（5）…………………… 177
赠与标的财产的移转与任意撤销权的行使（6）………… 178
赠与人撤销权的客体（7）………………………………… 179
赠与人任意撤销权的性质（8）…………………………… 180
债权人保全撤销权与赠与人任意撤销权（9）…………… 181
赠与人法定任意撤销权与其法定事由撤销权的关系（10）… 182
赠与人任意撤销权与可撤销合同之撤销权的关系（11）… 183
赠与动产的观念交付（12）……………………………… 184
"赠与欠条"或"情侣欠条"不构成观念交付（13）…… 186
以占有改定排除赠与人的任意撤销权（14）…………… 186
就被继承人债务的清偿达成合意，是否构成道德义务的赠
与？（15）………………………………………………… 188
夫妻之间的赠与（16）…………………………………… 188
对子女的赠与是否为道德义务的赠与？（17）………… 190
继承人如何撤销被继承人赠与情人的房产（18）……… 190
经公证的赠与（19）……………………………………… 191
赠与人死亡，继承人可否撤销赠（20）………………… 193
受赠人死亡与任意撤销权（21）………………………… 194

赠与合同撤销后自始失去效力（22） …………………………… 194
赠与合同撤销后用益价值的保留（23） ………………………… 195
债务免除与任意撤销权（24） …………………………………… 196
附生效条件的赠与能否任意撤销？（25） ……………………… 197
附负担的赠与，赠与人是否有任意撤销权？（26） …………… 198
赠与人通知受赠人抵销的情形（27） …………………………… 198
债权赠与与赠与人的任意撤销权（28） ………………………… 199

第十节　承揽合同、保管合同、居间合同 …………………… 200
绿松石雕刻，是买卖合同，还是加工、定作合同？（1） …… 200
保管合同实践性解说（2） ……………………………………… 202
消费保管合同（3） ……………………………………………… 203
媒介居间的双重法律关系（4） ………………………………… 204

第十一节　和解协议 ……………………………………………… 206
最常见的无名合同（1） ………………………………………… 206
和解协议中，被违约人的抉择（2） …………………………… 207
和解协议确定的赔偿额高了，能否撤销（3） ………………… 208
附生效条件的和解协议（4） …………………………………… 209
王二麻子说，看我的面子！（5） ……………………………… 210
律师应当掌握的一道司法考试题（6） ………………………… 211
更新与和解协议的区别（7） …………………………………… 212

第十二节　定金合同 ……………………………………………… 213
对定金的错误分类（1） ………………………………………… 213
立约定金与犹豫定金（2） ……………………………………… 213
立约定金一例（3） ……………………………………………… 214
意外事件不适用定金罚则（4） ………………………………… 215
鱼和熊掌，可否兼得？（5） …………………………………… 216
"三金"运用技巧例析（6） ……………………………………… 217
六种担保金（7） ………………………………………………… 219

◎第三部分 用益债权

用益债权、用益赠与、用益互易、用益对价、用益侵权、
用益法律关系、用益权合同（1） ……………………………… 221
典权性质的变化（2） ……………………………………………… 222
用益权合同（3） …………………………………………………… 223
动产用益质权（4） ………………………………………………… 224
实物用益出资的评估及用益年限（5） …………………………… 226
用益互易（6） ……………………………………………………… 227
用益抵债（7） ……………………………………………………… 228

◎第四部分 物权法

第一节 物权概述 ……………………………………………………… 230

"特定的物"是"特定物"吗？（1） …………………………… 230
天然孳息与法定孳息（2） ………………………………………… 231
天然孳息与从物（3） ……………………………………………… 232
物权优于债权一例（4） …………………………………………… 234
物权排他效力一瞥（5） …………………………………………… 235
未取得登记的不动产物权的处分（6） …………………………… 236
一物多卖时的物权与债权（7） …………………………………… 236

第二节 善意取得与动产抛弃 ………………………………………… 237

善意取得之"有偿"（1） ………………………………………… 237
动产善意取得人何时为善意？（2） ……………………………… 238
对自己的动产能否善意取得（3） ………………………………… 239
带泪梨花各不同（4） ……………………………………………… 240
这只骂人的鹦鹉被善意取得了吗？（5） ………………………… 241
动产善意取得后担保权的存废（6） ……………………………… 242
标的物中藏有钻戒，能否以重大误解为由撤销？（7） ………… 242
动产抛弃发生"错误"，能否撤销？（8） ……………………… 243

目 录

  误把黄金当黄铜，可否构成重大误解？（9） ············ 244
 第三节　他物权 ·· 244
  他物权法律关系（1） ····································· 244
  他物权人对孳息的收取与取得（2） ···················· 245
  质权人收取何种孳息？（3） ······························ 248
  表见地役权一例（4） ····································· 249
  混合担保时的责任（5） ·································· 251
  实行抵押权适用特别程序（6） ·························· 252
  所有权与抵押权的混同（7） ···························· 254
  以指示交付设立后次序质权（8） ······················· 255
  定作合同的承揽人不能成立留置权（9） ·············· 256
 第四节　占有及占有媒介关系 ··························· 257
  动产善意取得不是善意占有的效力（1） ·············· 257
  货币的占有与所有同一（2） ···························· 258
  间接占有是"裸体"本权（3） ·························· 259
  占有媒介关系是法律关系（4） ························· 260
  出租人对次承租人的请求权及占有媒介关系连锁（5） ········ 262
  交付的不同方向（6） ····································· 263
  指示交付设质的"三角法律关系"（7） ··············· 264
  占有抗辩权（8） ·· 265

◎第五部分　侵权责任法

 准格言："侵害一项权利，产生他项权利"（1） ········ 266
 认定侵权责任的相当因果关系（2） ······················ 266
 八种违法阻却事由（3） ····································· 267
 紧急避险：法益的冲突（4） ································ 268
 补充责任与连带责任的区别（5） ························· 270
 医院轻过失能否免责？（6） ································ 274

11

今天是 2012 年 12 月 21 日（7） ················· 275
无意思联络分别侵权的按份责任（8） ············· 276
高度危险责任之一种（9） ···················· 277
动物致害责任（10） ······················· 277
对有体物的用益侵权（11） ··················· 279
用益侵权一例（12） ······················· 280
对作品的用益侵权（13） ···················· 281

◎第六部分　婚姻法、继承法

冒名婚姻之效力（1） ······················· 283
"离婚协议"的三个具体问题（2） ··············· 284
思辨：无人继承的遗产先成为无主物吗？（3） ········· 285
自书遗嘱应当手写（4） ····················· 286
后老伴在对方以遗嘱处分全部财产后还能拿到遗产吗？（5）··· 287
遗嘱：期待权与既得权之别（6） ················ 288
继承人在被继承人生前放弃继承权的效力（7） ········· 288
夫妻一方放弃继承是否须经配偶同意？（8） ·········· 290
附"既成条件"的放弃遗产的协议（9） ············· 291
必留份与特留份（10） ······················ 291
遗赠扶养协议的给付（11） ··················· 292
遗赠扶养协议双方有无任意解除权？（12） ··········· 293
遗赠扶养协议扶养人的资格（13） ················ 294
限制行为能力人可否为遗赠扶养协议的"遗赠人"（14）···· 295
监护人可否代理被监护人签订遗赠扶养协议？（15）····· 296
赠与、死因赠与、遗赠扶养协议、遗赠（16） ········· 297
"继承权"的行使受 2 年诉讼时效的限制吗？（17）······ 298

◎第七部分　律师操作

律师抛出观点的时机（1） ···················· 300

目 录

债务人欠缺偿债能力，债权人怎么办？（2）…………… 301
不要轻易提出证据（3）………………………………… 302
不同权利的先后行使（4）……………………………… 302
欠条还是收条（5）……………………………………… 303
强制性规定的"合法规避"（6）………………………… 305
律师的一项基本功：发现合同默示条款（7）…………… 306
在竞合中选择（8）……………………………………… 308
一种风险极大的质押（9）……………………………… 308
避免举证责任的一个技巧（10）………………………… 310
无须举证的阶梯式抗辩（11）…………………………… 310
共同危险行为的举证问题（12）………………………… 313
律师要善于发现或界定当事人行使形成权的行为（13）……… 314
无权占有人如何打赢官司？（14）……………………… 315
分析案情，应注意基础法律关系的存在（15）………… 316
此案的突破口在哪里（16）……………………………… 317
中断诉讼时效的技巧（17）……………………………… 318
诉讼时效期间届满后，债权人还有机会（18）………… 319
"开始的当天不算入"（19）……………………………… 321

13

第一部分 合同的起草、设计、审查

第一节 概 述

◎ 合同审查提纲（1）

> **题记**：合同审查，可分为两大部分：第一部分是效力审查，审查目的是发现合同是否存在效力瑕疵。应注意当事人的约定与现行法律是否不一致，是与强行性规定不一致，还是与任意性规定不一致。在合同签订阶段就要尽量避免将来被确认无效、部分无效和被撤销的可能。第二部分是"三性"审查，即审查合同的安全性、完备性、准确性。这对保障交易安全、避免或减少争议有重要的作用。

一、效力审查

（一）对主体是否适格的审查

1. 合同主体是否适格。
（1）有无相应的资质（禁营、专营、特许、等级等）。
（2）限制行为能力人能否足以预见合同的后果。
2. 签字人是否为法定代表人。
3. 代理人是否适格。

隋彭生：律师民法业务思维(一)

(1) 是否提交授权委托书原件或者有其他委托授权证明。
(2) 属于特别授权的事项还是概括授权的事项。
(3) 是否为法定代理人。
(4) 其他影响合同效力的情况。

(二) 是否需要办理报批、登记手续

(三) 对给付是否合法的审查

1. 标的财产是否为禁止流通的财产。
2. 对限制流通的财产的交易，程序上、主体上是否符合要求。
3. 是否对第三人构成侵权。
4. 对标的财产是否存在争议。

(四) 当事人约定的时间、标的数额等是否合法

1. 履行期限是否突破法律规定。
2. 保证期间是否符合法律要求。
3. 有无对诉讼时效的特约。
4. 定金数额是否突破法律限制。
5. 利息是否突破法律限制。
6. 管辖的约定是否突破级别管辖。
7. 规避条款属于合法规避还是违法规避。
8. 其他情况。

(五) 免责条款是否有效

1. 是否预先免除了故意、重大过失造成损失的责任。
2. 格式免责条款是否显失公平。

(六) 是否存在意思表示有瑕疵的情况

(七) 有无法定的内部决策程序[1]

---

[1] 例如《公司法》第16条规定："公司向其他企业投资或者为他人提供担保，依照公司章程的规定，由董事会或者股东会、股东大会决议；公司章程对投资

2

（八）其他情况

二、"三性"审查

（一）对安全性的审查

1. 标的财产是否有权利负担。
2. 对方履行合同的资力如何。
3. 担保是否确实，充当担保人时，反担保是否落实。
4. 履行顺序的设计。
5. 长期合同是否设立艰难条款。
6. 有无吊销营业执照或被申请破产的情况。
7. 是否为关联交易。
8. 格式条款提供人采取什么方式尽提示义务。
9. 异地成立合同时，对方是否"微调"了合同打印稿。
10. 其他情况。

（二）对完备性的审查

1. 标的名称、质量标准、成分、规格的规定或特别要求等。
2. 无形财产的归属。
3. 履行地点的确定。
4. 履行时间的确定。
5. 履行方式的确定。
6. 对验收规范、验收方法、异议时间的确定。
7. 债务人履行或债权人受领的特别要求。
8. 补偿性违约金与惩罚性违约金的设定。
9. 法定解除是否经过催告程序及催告的期间。

（接上页）或者担保的总额及单项投资或者担保的数额有限额规定的，不得超过规定的限额。公司为公司股东或者实际控制人提供担保的，必须经股东会或者股东大会决议。前款规定的股东或者受前款规定的实际控制人支配的股东，不得参加前款规定事项的表决。该项表决由出席会议的其他股东所持表决权的过半数通过。

10. 解决争议的方法。

11. 信函往来办法。

12. 暂付阙如条款（暂时空下来的条款）。

13. 合同生效时间的确定。

14. 管辖条款是否具体、清楚。

15. 其他条款。

(三) 对准确性的审查

1. 合同文本与附件有无矛盾之处。

2. 条款之间有无逻辑矛盾。

3. 对事项的限制是否明确。

4. 段落的层次性和条款的逐次限制性是否得当。

5. 大小标题、序号安排是否得当。

6. 用词、术语的使用是否准确、妥当，是否容易产生歧义。

7. 关键性的标点符号有无用错的情况。

8. 违约金针对的违约类型是否确定。

9. 期间的起算与终止是否明确。

10. 印章或签名是否符合要求。

11. 其他要求。

◎ 律师代写合同，名称的选择很重要（2）

题记：合同名称与合同内容（权利义务关系）不一致时，以合同内容为准。但审判实践中往往做不到这一点，法官有时会根据合同名称来认定当事人的责任。所以，在代写合同时，要注意合同名称的选择。写错了合同名称，导致当事人损失的，当事人有可能提出索赔。

1. 承揽合同与委托合同。甲公司委托乙公司拆除自己在A楼上的巨型广告牌，双方签订了委托合同。乙的工人在使用电焊枪切割广告钢板支架时，迸发的火花引起了火灾。A楼的业主起诉了甲、乙，一、二审法院均认为委托人与受托人应构成连带责任。甲不服，提出申诉。

法官找我商量，我当时的回答很明确：当事人不过是写错了合同名称，将承揽合同写成了委托合同，因而不应当判决甲承担连带责任。承揽人是独立责任。

本案乙提供的是物化劳动成果，承揽的特征比较明显。但是写成了委托，大家一看，又确实很像委托。如果甲、乙把合同写成承揽合同，事情就好办得多。

问题是，委托合同的双方是否应当对第三人承担连带责任？

委托合同是完成委托事务的合同，受托人完成委托事务包括实施法律行为和实施事实行为两种情况。实施法律行为当然可能构成连带责任，如代理人与被代理人的责任。在受托人通过完成事实行为完成委托事务时，他是独立责任，委托人不构成连带责任，但委托人有过错的除外。

本案甲、乙之间的合同是承揽合同，但即便是认定为委托合同，甲也不应承担连带责任。但是大家对委托合同责任的认识有较多空白，因而选好合同名称，就会避免不必要的争议。

2. 借款合同与和解协议。甲委托乙办事，交给乙10万元钱，甲说乙耽误了自己的事，要乙支付15万元。双方对这15万元写的是借款协议。后甲起诉乙要求履行借款协议，乙方有经验的律师，就会以没有真实的借贷关系为由进行抗辩（河北省孙利民律师就办过类似案件），导致甲败诉或者不能完全实现诉讼目的。

如果甲、乙双方就该15万元给付写成"和解协议"，就很

5

安全。因为和解协议是为解决纠纷,双方让步的结果。

合同有借款之名,实为和解协议,应当按和解协议处理——这在理论上毫无疑问是正确的,但是在实务中很难做得到。

有时男女情人发生争议,女方会逼迫男方写借条,写男方从女方处借了多少钱。这种合同有一个的风险,一方面男方可能主张没有真实的借款关系,另一方面女方也有敲诈的嫌疑。写和解协议效果可能要好一些。

3. 变更协议与和解协议。甲、乙双方就原合同的条款有所争议,经过协商,双方和解,互相做了让步,变更了原合同的某些条款。双方就变更事项,签署了"和解协议",后甲不履行合同,乙起诉了甲和保证人丙,丙的抗辩是,和解协议是新的合同,未经我方同意,我方免责。

新的协议之名称,用"变更协议"或者"补充协议"为好,这样可以拴住原合同的担保人。最高人民法院《关于适用〈中华人民共和国担保法〉若干问题的解释》(以下简称《担保法解释》)第30条规定:"保证期间,债权人与债务人对主合同数量、价款、币种、利率等内容作了变动,未经保证人同意的,如果减轻债务人的债务的,保证人仍应当对变更后的合同承担保证责任;如果加重债务人的债务的,保证人对加重的部分不承担保证责任。债权人与债务人对主合同履行期限作了变动,未经保证人书面同意的,保证期间为原合同约定的或者法律规定的期间。债权人与债务人协议变动主合同内容,但并未实际履行的,保证人仍应当承担保证责任。"

如果名称用"和解协议",则担保人就会主张自己的担保义务已经消灭。是否消灭,理论上有不同观点,打起官司来很麻烦。

◎ 谈谈合同的形式审查与实质审查（3）

例：有一次到同学当主任的律师事务所参观，一位值班女律师正在帮客户看合同。合同草稿是用电子邮件传过来的，眉毛、胡子一大堆。这位女律师帮客户把条款缕清楚，还增补了一些东西，不光是审查，还要修改，收几百块钱，真是不值。

我说不值，是因为这种形式审查的风险很大，你不了解背后是什么？当事人找后账的话，很麻烦。

1. 形式审查。形式审查重在对合同文本的审查，当然形式审查与实质审查不能像刀切豆腐那样分得那么清楚。

对合同进行形式审查时，有几点是要注意的：

第一，要看条款之间逻辑关系。一般首先要对给付（标的）作出界定，其次要看对完成给付设置的具体条款如何。

第二，期间的设计是否合理。期间是时间段，其两端是时间点（期日），要注意最后一天是否为法定节假日。

第三，文字、术语使用是否准确。

第四，"名实"是否相符，即合同的名字与内容是否一致。比如，当事人通过买卖一台"样机"来转让技术秘密，就不能把技术转让合同写成买卖合同。

第五，合同文本中有无解决争议的条款，如果有，是否明确、具体。

第六，最后要闭着眼睛想一下：有无重大遗漏；有无陷当事人于危险境地的表述。

如果不是审查合同文本，而是审查当事人往来的缔约文件（要约邀请、要约、承诺等文件），这时候就要特别细心，看看有无要约对要约邀请内容的承继、新要约对原要约内容的承继

（容纳规则）；有无对要约的非实质性变更或实质性变更等。有的当事人会在当中玩点小技巧、小把戏的，老律师都知道。

2. 实质审查。实质审查是对当事人欲建立的法律关系的审查，简称为对法律关系的审查，它是建立在形式审查基础上的，但它更进了一步。不但要看合同文本，还要看其他材料，还要听委托人的介绍。了解委托人之相对人的情况，也是必需的。

法律关系审查，主要是审查法律关系能否成立（合同是否有效），法律关系的内容如何，如果法律关系被违反，救济法律关系将如何，等等。形式审查中"名实"是否相符的审查，同时也是法律关系的审查。

企事业单位的法律顾问对合同的审查，必须进入到对法律关系的审查。

◎ 律师对合同进行形式审查的八项注意（4）

其一，合同的名称与内容是否相符？

合同的名称与合同的内容应当相符，如果不相符，则以内容为准。但名称把握不准，会无端引起争议。例如，当事人订立了一方委托另一方完成物化劳动成果的协议，合同的名称是"委托合同"，这就为认定当事人的责任制造了障碍。再如，双方当事人出卖承载技术的样品，实为技术许可使用，却签订为买卖合同，也影响到当事人权利义务关系的认定。其他如：是雇佣还是承揽，是承揽还是建设工程，是租赁还是保管，等等。

其二，合同抬头的当事人条款与合同尾部的落款（签字、盖章的条款）是否一致？

例如，一份合同开头的当事人条款表明甲方是 A 公司，盖章的却是 A 公司设立的不具有法人资格的"某某中心"。老律师都知道,这种事情挺多的,俗称为"大头小尾"。事后的争议往往是:是否构成表见代理?是否以该中心为合同当事人?

如果当事人条款表明甲方是 A,乙方是 B,在合同尾部的落款却有 A、B、C,这时候要考察 C 的"身份":是合同当事人,还是担保人,或者是见证人?

其三,重要条款是否欠缺或表述不清?

合同条款分为必要条款与非必要条款。欠缺必要条款合同不能成立。非必要条款的欠缺,不妨碍合同的成立。但有些非必要条款的欠缺或表述不清,会引发当事人的争议。这类非必要条款也是重要条款。例如,双方当事人年底订立合同,约定:出卖人在第二年中分四次发货。这就引起争议,只要一年中分四次发货就可以呢,还是一年中按季度分四次发货?通过律师的事先审查,提出细化的建议,就可以"灭争议于未发"。

其四,条款之间有无冲突?

例如,甲、乙的买卖合同中约定迟延履行的违约金为每天万分之五支付,合同中还有一个条款规定迟延付款的违约金是万分之三。后来买受人乙违约,就违约金的适用,双方各执一词。如果在审查阶段将隐患去除,就可以节约诉讼成本。

其五,履行期与合同有效期(终止期)是否一致?

当事人订立合同,有时会忽略履行期与合同有效期的矛盾,发生争议时,一方主张履行期,另一方主张有效期,只好诉到法院听凭裁决。如果感到对履行期与合同有效期的关系不易把握,可以只写履行期,不写合同有效期。

合同分为一次性给付的合同和持续性给付的合同。持续性给付的合同,合同的履行期一般就是合同的有效期。

其六,术语的运用是否准确?

例如,保管合同可以是无偿合同,也可以是有偿合同。如果当事人约定了保管费,那合同一般就会被认定为有偿合同。[1]实务中,有的当事人把必要费用约定为保管费,影响了合同性质的判断。约定寄存人向保管人支付必要费用的,为无偿保管合同。

在赠与合同中,也可能出现费用,一般不会影响合同的无偿性质。

再如,"等"、"其他"一类术语是否会产生歧义?

还有,验收期是指数量的验收期,还是指外观瑕疵的验收期,抑或是内在质量的验收期?

术语的准确运用,有助于减少纠纷。有些术语写法不准确,虽无伤大雅,但会引来内行人的讥笑,如"遗赠扶养协议"写成"遗赠抚养协议"。

其七,合同附件与合同文本是否有矛盾?

合同附件与补充协议不同,补充协议在实践上后于协议,与协议不一致时,以补充协议为准。合同附件与合同文本不一致(往往是技术条件、质量要求等不一致)时,则应当具体问题具体分析,一般应以目的解释规则、整体解释规则确定。如果事先加以审查,可消除隐患。

其八,当事人订立的合同是否为预约?

有时候当事人成立的合同只是预约,而对预约的履行是成立本约。如果不在合同中明确预约的性质,则容易引起争议。因为预约当中包含本约的部分甚至全部条款,有的当事人依据这些条款来要求履行。

---

[1]《合同法》第366条规定:"寄存人应当按照约定向保管人支付保管费。当事人对保管费没有约定或者约定不明确,依照本法第61条的规定仍不能确定的,保管是无偿的。"

◎ 补充协议审查的九项注意（5）

第一，《补充协议》是对《协议》的漏洞填补或变更。当事人的给付不丧失同一性。

第二，《补充协议》不是《协议》的从合同，主、从合同是不同的给付。比如借款合同（主合同）和抵押合同（从合同）是不同的给付。《补充协议》只是对《协议》确定的给付作出补充或者修改。

第三，《补充协议》不是和解协议，和解协议有其基础法律关系，在和解协议成立后，原法律关系（基础法律关系）还可以继续存在。原法律关系的给付与和解协议法律关系的给付不同。和解协议的条件未成就或者和解协议被解除，还可以恢复原法律关系的履行效力，原给付依然存在只是有修改。

第四，《补充协议》与《协议》不是本约与预约的关系。预约与本约是不同的给付。对预约的履行，是成立本约，即成立新合同的行为。而"补充协议"与"协议"只是修改和补充的关系

第五，《补充协议》不是对《协议》的更新。如果名为《补充协议》，而确认的法律关系与原《协议》确认的法律关系不具有同一性，则为更新，更新后原《协议》的担保人不再承担担保责任。

第六，《补充协议》与《协议》不一致的，以《补充协议》为准。因为，后边的意思表示优于前边的意思表示，时光不能倒流。

第七，《补充协议》合同主体与《协议》的合同主体应当一致。《补充协议》的签订主体（代理人）与《协议》的签订主体不一致的，要审查签订主体的代理权限。审查《补充协议》

时，要与《协议》对照一下，别偷懒。

第八，在表述上，有时要把《协议》的条款在《补充协议》上"重述"一下，对照一下。

第九，要注意《补充协议》的落款时间，没有落款时间会引起争议。有时，《协议》与《补充协议》在同一天，一般要注明一下先后。

◎ 关于衡平（6）

律师虽只受一方委托，对合同进行审查，但仍应秉持公平的观念，不可一边倒。审查合同，旨在查漏补缺，防止自己的委托人遭受不应有的损失。不可过于压制对方，不可设计合同陷阱。法律对弱者的救济手段已经很成熟了，太过分的话，反而会砸了自己的脚。

◎ 容纳规则（7）

容纳规则的大意是：要约邀请的内容没有被否定的，自动进入要约，要约的内容没有被否定的，为承诺所接纳，进入合同。

合同审查包括对广告的审查。商业广告为要约邀请，符合要约条件的，视为要约。对广告的审查：首先是看广告的内容能否进入合同，最终成为合同条款（容纳规则）；其次是看有无可能构成侵权（是否侵害他人人格权或构成不正当竞争）；第三，要看广告有效期的设计是否合理。

商业吹嘘的内容，能否进入合同？按容纳规则，要约邀请中商业吹嘘的内容，不能引起相对人合理信任的，不进入合同。为保护消费者利益，最高人民法院《关于审理商品房买卖合同纠纷案件适用法律若干问题的解释》（以下简称《商品房买卖合同解释》）第 3 条规定，销售广告和宣传资料在一定条件下可以进入合同。[1]

甲发了一个优等悬赏广告（要约邀请），广告中有赏金标准等合同条件，乙见了悬赏广告后，对甲发出要约，甲确定乙为优等奖项（承诺）。甲、乙在要约和承诺中，都没有重复要约邀请中的内容，但要约邀请中的赏金标准等合同条件，自动进入合同之中。

◎ 合同的事先审查（8）

合同的事先审查是对要约邀请、要约或尚未发出的承诺的审查。比如，甲方把尚未签字、盖章的合同文本（要约邀请）交给乙方。乙方律师的审查，就是事先审查。事后审查是对已经形成的法律关系的审查。事先审查还有修改的余地，事后审查往往只能亡羊补牢。

事先审查要帮助当事人规避风险，事后审查，发现有风险，要为当事人想想办法。

◎ 格式免责提示条款最好手写（9）

一个大公司制作格式合同，让我帮助看一下。在合同的末尾有这样的文字："甲方已经向乙方特别提示了免除、减轻责任的条款"。再下边就是甲方和乙方对合同书的签名、盖章。弊病是：它本身就是一个格式条款，很容易被确认为无效。

---

[1]《商品房买卖合同解释》第 3 条规定："商品房的销售广告和宣传资料为要约邀请，但是出卖人就商品房开发规划范围内的房屋及相关设施所作的说明和允诺具体确定，并对商品房买卖合同的订立以及房屋价格的确定有重大影响的，应当视为要约。该说明和允诺即使未载入商品房买卖合同，亦应当视为合同内容，当事人违反的，应当承担违约责任。"

"一般提示"与"特别提示"不同。一般提示用大号字、黑体字等显示免责条款就算完成了提示义务。

我的意见是:最好在甲、乙双方对合同书签名之后,再以手写的方式注明:"甲方已经向乙方特别提示了免除、减轻责任的条款"。乙方对此应当签名、盖章。

不要小看了我这个意见。"预则立,不预则废"。

如果是"一对一"的非格式合同,自无此必要。

附有关条文:

《合同法》第39条规定:"采用格式条款订立合同的,提供格式条款的一方应当遵循公平原则确定当事人之间的权利和义务,并采取合理的方式提请对方注意免除或者限制其责任的条款,按照对方的要求,对该条款予以说明。格式条款是当事人为了重复使用而预先拟定,并在订立合同时未与对方协商的条款。"第40条规定:"格式条款具有本法第52条和第53条规定情形的,或者提供格式条款一方免除其责任、加重对方责任、排除对方主要权利的,该条款无效。"

最高人民法院《关于适用〈中华人民共和国合同法〉若干问题的解释(二)》(以下简称《合同法解释(二)》)第6条规定:"提供格式条款的一方对格式条款中免除或者限制其责任的内容,在合同订立时采用足以引起对方注意的文字、符号、字体等特别标识,并按照对方的要求对该格式条款予以说明的,人民法院应当认定符合合同法第39条所称'采取合理的方式'。提供格式条款一方对已尽合理提示及说明义务承担举证责任。"第9条规定:"提供格式条款的一方当事人违反合同法第39条第1款关于提示和说明义务的规定,导致对方没有注意免除或者限制其责任的条款,对方当事人申请撤销该格式条款的,人民法院应当支持。"第10条规定:"提供格式条款的一方当事人违反合同法第 39 条第 1 款的规定,并具有合同法第 40 条规定的情形之一的,人民法院应当认定该格式条款无效。"

《保险法》第 17 条第 2 款规定:"对保险合同中免除保险人责任的条款,保险人在订立合同时应当在投保单、保险单或者其他保险凭证上作出足以引起投保人注意的提示,并对该条款的内容以书面或者口头形式向投保人作出明确说明;未作提示或者明确说明的,该条款不产生效力。"

最高人民法院《关于适用〈中华人民共和国保险法〉若干问题的解释(二)》(以下简称《保险法解释(二)》)第 9 条规定:"保险人提供的格式合同文本中的责任免除条款、免赔额、免赔率、比例赔付或者给付等免除或者减轻保险人责任的条款,可以认定为保险法第 17 条第 2 款规定的'免除保险人责任的条款'。保险人因投保人、被保险人违反法定或者约定义务,享有解除合同权利的条款,不属于保险法第 17 条第 2 款规定的'免除保险人责任的条款'。"第 10 条规定:"保险人将法律、行政法规中的禁止性规定情形作为保险合同免责条款的免责事由,保险人对该条款作出提示后,投保人、被保险人或者受益人以保险人未履行明确说明义务为由主张该条款不生效的,人民法院不予支持。"第 11 条规定:"保险合同订立时,保险人在投保单或者保险单等其他保险凭证上,对保险合同中免除保险人责任的条款,以足以引起投保人注意的文字、字体、符号或者其他明显标志作出提示的,人民法院应当认定其履行了保险法第 17 条第 2 款规定的提示义务。保险人对保险合同中有关免除保险人责任条款的概念、内容及其法律后果以书面或者口头形式向投保人作出常人能够理解的解释说明的,人民法院应当认定保险人履行了保险法第 17 条第 2 款规定的明确说明义务。"第 12 条规定:"通过网络、电话等方式订立的保险合同,保险人以网页、音频、视频等形式对免除保险人责任条款予以提示和明确说明的,人民法院可以认定其履行了提示和明确说明义务。"第13条规定:"保险人对其履行了明确说明义务负举证责任。投保人对保险人履行了符合本解释第11条第2款要求的明确说明义务在相关文书上签字、盖章或者以其他形式予以确认的,应当认定保险人履行了该项义务。但另有证据证明保险人未履行明确说明义务的除外。"

《旅游法》第62条规定:"订立包价旅游合同时,旅行社应当向旅游者告知下列事项:(一)旅游者不适合参加旅游活动的情形;(二)旅游活动中的安全注意事项;(三)旅行社依法可以减免责任的信息;(四)旅游者应当注意的旅游目的地相关法律、法规和风俗习惯、宗教禁忌,依照中国法律不宜参加的活动等;(五)法律、法规规定的其他应当告知的事项。在包价旅游合同履行中,遇有前款规定事项的,旅行社也应当告知旅游者。"

◎ 优等悬赏广告的设计(10)

对悬赏广告有两种观点,一种认为是单独行为(单方法律行为),另一种认为是要约。我认为适格的要约就是单方法律行为[1],两种观点在我这儿得到了统一。

优等悬赏广告是要约邀请,它分等次给付赏金(也可称为奖金)。要约把成立合同的最终权利交给了对方;要约邀请把成立合同的最终权利留给了自己。对完成广告规定的行为的人,广告主(广告行为人)还要决定取舍,因此不能构成要约。

---

[1] 参见拙文:"合同法律关系成立新探——从'法律事实'出发的理论分析",载《政治与法律》2012年第7期。

例：甲发布优等悬赏广告，称：我公司为 A 类产品向社会征求商标设计，分三等奖。一等奖 1 名，5000 元，二等奖 10 名，2000 元，三等奖 30 名，1000 元。对获一等奖的商标设计，由我公司申请注册商标。这个优等悬赏广告，设计了竞争性缔约程序。

张工看到广告后，设计了一个菱形的图形商标，寄给甲，经过评选，获得一等奖。甲申请了注册商标，使用在 A 类商品上，后办理手续，又使用在 B 类等商品上。

张工起诉，要求停止侵害。甲辩称："商标是我的，构成什么侵害？"

张工将自己的商标设计寄给甲，属于要约，评选为一等奖为承诺行为，双方成立了委托完成作品的合同。要约邀请（优等悬赏广告）设计了合同条款，张工的行为为要约，要约邀请的内容自动进行要约之中，最终进入合同之中，此称为容纳规则。[1] 合同中未约定作品著作权的归属，著作权归张工。[2] 甲将商标用于 B 类等商品上，侵害了张工的著作权。

设计合同条款有时应从要约邀请开始。本案甲如果预先征求律师意见，就著作权归属在优等悬赏广告中作出规定，就可减少不少麻烦。不过，要取得著作权，奖金应当高些，避免显失公平的后果。

---

〔1〕参见拙文："论要约邀请的效力及容纳规则"，载《政法论坛》2004 年第 1 期。

〔2〕《著作权法》第 17 条规定："受委托创作的作品，著作权的归属由委托人和受托人通过合同约定。合同未作明确约定或者没有订立合同的，著作权属于受托人。"

◎ 起草合同时，如何排除可预见规则的适用？（11）

《合同法》第 113 条第 1 款规定："当事人一方不履行合同义务或者履行合同义务不符合约定，给对方造成损失的，损失赔偿额应当相当于因违约所造成的损失，包括合同履行后可以获得的利益，但不得超过违反合同一方订立合同时预见到或者应当预见到的因违反合同可能造成的损失。"本条是关于损害填补规则和可预见规则的规定。

预见的主体是违约人。预见的时间是在订立合同时，因为合同条件是在订立时确定的，不是在履行时确定的。因此，欲击破预见规则的适用，要在起草、订立合同时做文章。击破的方法主要有两个。

第一，告诉对方违约的财产损失的后果，但要具体一些。"得罪了黎叔，后果很严重"之类的话，是"嘴上抹石灰，说了也白说"。如果损失计算方式很复杂，可以作为合同的附件。

第二，约定违约金。因为违约金的范围、比例或数额的计算，就是建立在预见基础上的。违约金法律关系是意定救济法律关系。定金不行，因为定金是不充分担保。

可预见规则既是对实际损失赔偿的限制，也是对可得利益赔偿的限制。

◎ 一份协议书，两个法律关系（12）

一份合同书或协议书，可能涉及两个以上的法律关系，它们适用不同的规则。审查合同，应当明确当事人之间有几个法律关系。

1. 王某（男）与万某（女）是多年夫妻，但二人财产自结婚以来就是 AA 制。后二人协议离婚，签订了离婚协议书，除约定一起去办理离婚登记以外，还就财产作出了约定：离婚后，王某自有财产100万，只留5万元，其余属于万某。

协议就终止夫妻身份法律关系作出了约定，这是解除婚姻的预约，即构成预约法律关系。除此之外，协议还包含赠与法律关系（附生效条件的赠与）。无论是否为道德义务的赠与，都不影响第三人（债权人）的保全撤销权。

2. 某甲与张某签订拆迁协议，约定在张某原地盖起的商铺，某甲以某某条件、某某期限出租给张某，到时双方再签订租赁合同。

协议除了拆迁形成的法律关系外，还包括租赁的预约法律关系。当事人不履行预约的，构成违约责任。

3. 协议书、合同书反映、记载了法律关系，并不是法律关系本身。

◎ 略谈企业合同台账（13）

合同台账是一种合同管理方式，内容包括电脑记载、书证归档、簿记等。大中型企业一般都制定了合同管理办法，合同管理办法是包括台账管理的。

1. 合同台账的信息，由三个方面的人员加入，一是代理人和有关行为人；二是合同管理人员；三是单位领导。

2. 双方签字、盖章的纸质合同，财务部门留存一份，法律业务部门留存一份，从事该项业务的部门留存一份。设档案室的企业，档案室应留存一份。实务中，有向留存单位借阅合同书，最后导致原件丢失的情况。因此，借阅时，一般应当是借阅复印件。律师一般不要收原件。

3. 如果是以信件的方式成立合同，应当明确原件和复印件的留存、分管单位。

4. 合同文本一般应扫描到电脑。单位领导批示、会签记录、律师审查意见等需要入台账。交易双方来往信函、发信收据、传真件、电话记录等需要入台账。

5. 合同相对方代理人授权的原件，应当入台账。

6. 对己方代理人和其他行为人的授权，应在台账中予以记载。

7. 合同履行结果以及时效进行情况等也要入账。

8. 对台账信息的查阅权限，单位可根据自己的情况确定。

第二节　若干技术问题

◎ 合同书签字、盖章的几个具体问题（1）

1. 一些合同书，签字、盖章单用一页，与主文相分离，实务中，有的当事人主张，对主文自己一无所知，并非自己的意思表示。还有的当事人拿出的主文与对方不一致。为避免、减少争议，合同书签字、盖章的位置，与主文应在同一页，应与主文相衔接。

与此相关的问题是，重要合同应当盖骑缝章。

2. 企业内部，对单位公章、合同专用章的使用"有分工"，两种公章对外效力是相同的。在一般情况下，不应接受相对人的"部门章"。

3. 有时，一方当事人使用私人章，没有亲笔签字。如果是单位，有单位公章，再使用私人章就没有什么问题；没有公章而单独使用私人章，容易引起争议。如果是自然人，不亲笔签字而仅使用私人章，容易产生争议。签字是意志支配的主动行为；使用私人章往往有被动的嫌疑。

◎ 使用私刻公章，效力如何？（2）

例：甲公司与乙签订了合同，乙到期没有履行合同。甲公司起诉了乙。乙提出甲公司的合同专用公章是假的，主张合同无效。原来，一个企业的合同专用章只能有一枚（印章图形在公安部门备案），甲公司为了方便，又私刻了三枚公章。

合同专用章是私刻的，但当事人的意思表示是真实的，不影响合同的效力。

如果未经甲公司的同意，下边的职员以私自刻的公章签订合同，就要看是否构成表见代理。相对人如果不是善意的（不知情且无过失），就不能构成表见代理。

◎ 一般不要接受私人章（3）

私人（自然人）签订的合同，合同书上没有一方的签字，只有私章，该方主张合同不成立（不存在）的，相对人要负担举证责任。

最高人民法院《关于民事诉讼证据的若干规定》第5条第1款规定："在合同纠纷案件中，主张合同关系成立并生效的一方当事人对合同订立和生效的事实承担举证责任；主张合同关系变更、解除、终止、撤销的一方当事人对引起合同关系变动的事实承担举证责任。"

因此，签订合同时，应要求当事人当面签名（不能拿回去签名），盖不盖私章，倒不重要，别当回事。

◎ 合同书的结构（4）

如果合同内容较多，可以分章来写，章下面设"点"，一般不要设"节",过于繁复也不好。每章要有标题。条款的排序,要从头至尾,设章时不要重新起头。比如第一章有 5 条,第二章就要从第 6 条开始。

第一章或者第一条(写合同的性质),要写"标的",双务合同有两个标的,一个是甲方的给付,一个是乙方的给付。之后,再具体表述双方的权利义务,一般应分别表述且应从义务的角度表述,这样显得清晰。

◎ 合同书上的联系方式(5)

1. 合同书的开头,要表明甲、乙双方的身份(当事人条款),有一个细节要注意一下,就是要写明双方的联系地址、联系方式,但一定不要把联系方式限定为一种方式或几种方式。

2. 自然人之间签订合同,要留下对方的通信联系方式,有时需要留下对方的身份证号码。与不熟悉自然人签订合同,一般要留下其身份证的复印件。比如,你把房子出租给一个你不熟悉的人,即便是通过中介签订的合同,也要留下他的身份证复印件。

◎ 慎用法言法语(6)

1. 律师起草、修改合同,可以适度使用"法言法语",但应以双方当事人都了解术语的含义为限。否则,极易产生争议,也可能形成合同陷阱。

2. 如果合同使用了专业术语,可以考虑在合同后附加词语的解释、界定。

比如:和解协议的基础法律关系,经常是侵权责任之债。这种和解协议经常使用的术语是"残疾赔偿金"、"死亡赔偿金"。此"二金"是不包含精神损害赔偿的。也就是说,如果在和解协议中使用了"残疾赔偿金"和"死亡赔偿金"的术语,获得赔偿的一方还可再提出精神损害赔偿的要求。代书的律师若没有把握好术语的运用，会使当事人重起战端。建议使用"赔偿总额"的术语，并对术语进行界定。

◎ 合同用词要准确（7）

合同用词准确，可以减少不必要的争议。

例：甲将A公司的部分股权转让给乙，双方在《股权转让书》中约定：甲保证股权无瑕疵、无权利负担，如有违反，甲以在标的公司（即A公司）的权益承担责任。

1. 转让人甲本来对因股权转让的债务承担无限责任，而甲、乙在《股权转让书》中的约定模糊了这种责任，徒增争议。而且，甲在标的公司有哪些权益也不清楚。这段话写成"甲保证股权无瑕疵、无权利负担"就足够了，写成"甲保证股权无瑕疵"也可以。语多易失。

2. "甲以在标的公司的权益承担责任"，是极易引起争议的说法，应避免这样的表述。

◎ 慎用委托二字（8）

1. 很多当事人喜欢用"委托"二字。合同的名称上使用"委托"二字，有一点危险性。法官可能胡同里扛竹棒，直来直去，当作委托合同予以判决。

2. 委托合同是委托人和受托人约定由受托人处理委托人事务的合同。委托的事务包括完成法律行为和事实行为。事实行为，如受托人接受委托，进行记账、算账、清点货物等。

3. 当受托人完成事实行为致第三人损害时，委托人不承担

23

责任，除非委托人有过错。

◎ 手写体与印刷体（9）

例：打印的合同文本上，解决争议的条款写明：发生争议任何一方有权到法院起诉。在该条款的空白行上，双方当事人又用签字笔写明：发生争议，任何一方有权到深圳仲裁委请求仲裁。

1. 此案手写的仲裁条款排除了法院管辖。
2. 解决争议的方法或途径，一般放在合同文本的尾部。如果打印的文本表明了解决争议的方法和途径，手写体却与印刷体（包括电脑打字）不一致，当然要采手写体。
3. 手写体优于印刷体，是因为手写体在后。在后的意思表示，可以修改、否认前边的意思表示，时光不能倒流，在前的意思表示不能对在后意思表示有所作为。

综上，在打印的合同文本上，用手写来增加内容，要看看与印刷体有无冲突。

◎ 小写之后有大写（10）

有些合同在表达金钱数额时，只用小写。重要合同，在小写之后，还应有大写。大写与小写不一致，若无其他证据，应以大写为准（大写优于小写的规则）。

◎ 有优势的文本（11）

《合同法》第 125 条第 2 款规定："合同文本采用两种以上文字订立并约定具有同等效力的，对各文本使用的词句推定具有相同含义。各文本使用的词句不一致的，应当根据合同的目的予以解释。"

合同有中外两种文本时,最好确定"先后",比如,先以中文写成合同,再翻译成英文。在客观上,作为基础的文本是有优势的。

◎ 格式条款合同与合同示范文本的区别及采用(12)

1. 区别。

(1)示范文本由第三者制定,格式条款由一方当事人制定。

(2)格式条款中不允许变动的条款称为"锅炉钢板条款",示范文本中没有这样的条款,换句话说,示范文本的条款是可以改动的。

(3)对格式条款的救济,贯彻"倾斜原则",对示范文本不适用"倾斜原则",即适用的规则不同。

2. 采用。处于优势的一方(比如垄断企业),最好尽量采用示范文本。如果没有相应的示范文本而制作格式条款合同时,也要回避相应的法律风险。一是要依《合同法》第39条就免责条款尽提示义务;二是要避免《合同法》第40条的无效情形;三是文字表达要清楚,因为《合同法》第41条确立了不利于格式条款合同制作人的解释规则,该规则源于罗马法不利于表意人的解释规则。[1]

---

[1]《合同法》第39条规定:"采用格式条款订立合同的,提供格式条款的一方应当遵循公平原则确定当事人之间的权利和义务,并采取合理的方式提请对方注意免除或者限制其责任的条款,按照对方的要求,对该条款予以说明。格式条款是当事人为了重复使用而预先拟定,并在订立合同时未与对方协商的条款。"第40条规定:"格式条款具有本法第52条和第53条规定情形的,或者提供格式条款一方免除其责任、加重对方责任、排除对方主要权利的,该条款无效。"第41条规定:"对格式条款的理解发生争议的,应当按照通常理解予以解释。对格式条款有两种以上解释的,应当作出不利于提供格式条款一方的解释。格式条款和非格式条款不一致的,应当采用非格式条款。"

◎ 条款的暂付阙如与预约（13）

有些条款暂付阙如（条款暂缺），要与预约相区分。预约，是当事人欲成立新的法律关系。条款暂付阙如，以后是要填补的，填补以后，并不丧失法律关系的同一性。对暂缺条款，有时要在合同中写明协商的程序及补充条款的标准。

区分的意义：条款暂付阙如，可由法律依照《合同法》第61、62条的规定予以填补（补充性解释），[1]并可依当事人的请求，予以强制实际履行；对预约的履行，是成立本约，对预约不履行（不成立本约），不能强制实际履行。

◎ 区分预约与本约（14）

例：甲、乙签订了拆迁合同。合同中有一个条款说，甲在拆迁以后盖了写字间，将以平价租给乙一套。本合同包括租赁合同的预约。

1. 实务中，经常有这样的现象：成立了一项交易，在合同

---

[1]《合同法》第61条规定："合同生效后，当事人就质量、价款或者报酬、履行地点等内容没有约定或者约定不明确的，可以协议补充；不能达成补充协议的，按照合同有关条款或者交易习惯确定。"第62条规定："当事人就有关合同内容约定不明确，依照本法第61条的规定仍不能确定的，适用下列规定：（一）质量要求不明确的，按照国家标准、行业标准履行；没有国家标准、行业标准的，按照通常标准或者符合合同目的的特定标准履行。（二）价款或者报酬不明确的，按照订立合同时履行地的市场价格履行；依法应当执行政府定价或者政府指导价的，按照规定履行。（三）履行地点不明确，给付货币的，在接受货币一方所在地履行；交付不动产的，在不动产所在地履行；其他标的，在履行义务一方所在地履行。（四）履行期限不明确的，债务人可以随时履行，债权人也可以随时要求履行，但应当给对方必要的准备时间。（五）履行方式不明确的，按照有利于实现合同目的的方式履行。（六）履行费用的负担不明确的，由履行义务一方负担。"

中对有关联的交易作出了预约,即一份合同包含了本交易和预约两个法律关系。这一点在帮当事人审查合同时要特别注意。

2. 将交易区分为预约和本约两个环节,可以避免可得利益的赔偿。但刻意地区分为两个环节,效果不一定好,帮助当事人设计合同,还是要根据实际情况,还是要实事求是。

◎ 合二为一(15)

主合同与从合同是两个合同,是不同的法律关系。如果不是"重大合同",可将主、从合同写在一份合同书里,比如:"抵押借款合同"(将抵押与借款写在一起)、"质押买卖合同"(将质押与买卖写在一起)等。这样写,法律关系比较清晰;分别写,还要对照着看,有点麻烦。

当从合同是保证时,可直接使用主合同的名称,如"借款合同"、"买卖合同"等,提供保证的人签字,一定要加上"保证人"的定语,因为第三人签字,可能有不同身份(如居间人、中证人等)。

◎ 抓大放小(16)

法定的权利,是否要在合同书中明确规定或复述,比如,甲违约,乙方得行使抗辩权,在合同中是否要强调一下?

1. 法定的权利,一般不用在合同中书写。一是会刺激对方,二是占篇幅。法定的权利在合同书中不出现,照样能行使。为了强调,也可以重复法律的规定。

2. 一份合同,过于严谨,费时费力;过于粗放,会有后患。在关键的一、两处要严谨,比如金额、权利归属等要砸死。

3. 法律人看到条款,会自动想到后果,这叫素养。

◎ 由合同签订地法院管辖的约定，应当具体（17）

合同约定由合同签订地人民法院管辖，应当具体。比如，在北京签订合同，应当具体到某区。当事人双方签字、盖章不在同一地点的，也应具体约定签订地。

《民事诉讼法》第 34 条规定："合同或者其他财产权益纠纷的当事人可以书面协议选择被告住所地、合同履行地、合同签订地、原告住所地、标的物所在地等与争议有实际联系的地点的人民法院管辖，但不得违反本法对级别管辖和专属管辖的规定。"

《合同法解释（二）》第 4 条规定："采用书面形式订立合同，合同约定的签订地与实际签字或者盖章地点不符的，人民法院应当认定约定的签订地为合同签订地；合同没有约定签订地，双方当事人签字或者盖章不在同一地点的，人民法院应当认定最后签字或者盖章的地点为合同签订地。"

◎ 一种技巧：抵销成就条件（18）

当事人可以约定附生效条件的合同。这个条件的设计是很有讲究的。比如，甲、乙约定，买受人乙付清首期货款时合同生效。这是附随意条件的合同。因为别的交易，出卖人甲恰好欠乙一笔钱（等于或超过首期付款的数额），乙通知甲抵销，乙即完成了首期付款的债务，合同生效。

律师在审查合同时，应询问当事人有无其他债权债务关系。如果有，应当对能否抵销及抵销后果作出判断和评价。

◎ 代物清偿协议生效的特别约定（19）

例：甲欠乙 10 万元，甲、乙约定，债务人甲以自己 1 号仓库的货物（种类物）抵债。双方对一号仓库的货物进行了清点，之后加了封条，并在清单上签了字。甲、乙之间的协议，是代物清偿协议。

1. 加了封条，使1号仓库的货物（种类物）成为主观特定物。

2. 代物清偿不是抵销，因为抵销需要双方债权，而代物清偿是债务人以一宗给付，代替另外一宗给付，是为满足一方的债权而设。

3. 代物清偿，经常是和解协议的手段，即代物清偿协议经常是和解协议。

4. 代物清偿协议是负担行为，在我国大陆，应是诺成行为。但我国大陆学界深受我国台湾地区民法影响，不少学者认为代物清偿协议是实践行为。为防止不必要的争议，代物清偿协议的文本上，应注明："本协议在双方签字时生效"。

第三节 合同的解除

◎ 约定形成权（1）

出卖人甲与买受人乙约定，甲到期不发货，乙无须催告，有权直接通知甲解除合同。

1. 甲、乙约定的解除权（形成权之一种）不违反法律的强行性规定，有效。这种约定，不是附解除条件的合同，而是约定解除权的合同。附解除条件的合同，条件成就后，合同自动解除，约定解除权的合同，还需要解除权人行使一个解除通知行为（单方法律行为）。当然，其也可以不行使解除权，保留合同的效力。

2. 形成权是以单方的意思（单方法律行为）形成法律关系的权利。形成法律关系，包括发生法律关系、变更既有的法律关系、消灭既有的法律关系。形成权包括法定形成权和意定形成权。对合同来说，意定形成权就是约定形成权。

3. 在审查合同时，要注意当事人是否约定了形成权，如果约定了形成权，对该形成权有无除斥期间的限制？我的意思是说，约定了形成权，随之要考虑的是，是否需要用期间（约定的除斥期间）来限制？

◎ **约定解除权，要特别注意的一点（2）**

《合同法》第93条第2款规定："当事人可以约定一方解除合同的条件。解除合同的条件成就时，解除权人可以解除合同。"[1]一方当事人行使约定的解除权，要不要经过催告程序？法律未设规定，审判实践中做法不一。我个人的观点，约定解除权的，如条件成就，原则上不要求催告程序。"原则上"，就说明还要具体问题具体分析。

为避免争议，在起草合同、约定解除权时，最好注明一方当事人通知对方解除合同前是否须经过催告程序。

◎ **约定解除权，应当将条件具体化（3）**

1. 《合同法》第93条第2款规定："当事人可以约定一方解除合同的条件。解除合同的条件成就时，解除权人可以解除

---

[1] "合意解除与约定解除权不可混为一谈。合意解除，当事人一经合意即发生解除之效力；约定解除权，仅当事人于订立契约之同时，或其后另一其他契约保留解除契约之权利，并不当然发生解除契约之效力，必须依约行使解除权时，始能解除契约。"见郑玉波：《民法债编总论》，陈荣隆修订，中国政法大学出版社2004年版，第325页。

合同。"解除权成立的条件（不是合同解除的条件），可以是偶成条件，也可以是随意条件。

2. 约定一方违约，另一方有权通知违约方解除合同，该条件是随意条件。从实务中来看，当事人约定的这种随意条件，往往不够具体，容易导致争议。比如，当事人约定："因一方不履行本合同的义务，被违约方有权直接通知违约方解除合同。"这里引起争议的问题是，"不履行合同义务"仅是重大违约，还是包括轻微违约？如果约定不明，应当解释为仅包括重大违约。如果事先约定违约达到什么程度，被违约人才可成立解除权，就会减少不少麻烦。

3. 还有一个问题，上述《合同法》第93条第2款的解除权，在行使前是否要经过催告程序？该条的规定与第94条第3项（该项要求解除前先催告）不同，是不需要先催告的，但预先不作规定，有的当事人会纠缠不休，法官也会见仁见智。因此，最好把"无须催告，直接通知解除"一类表述加在合同书上。

4. 总之，约定解除权，应当将条件具体化。

◎ **解除权的特约（4）**

例：甲将房屋出租给乙三年，但甲、乙约定，承租人乙有权随时退租。

1. 法定事由解除权在被违约人（债权人），违约人（债务人）无解除权（参见《合同法》第94条）。但当事人可以特约，一方当事人无法定事由时享有单方解除权（约定形成权）。本案承租人乙依约享有单方解除权。

2. 相应的措施是约定解除人的违约责任。即是说，给你权利，就要你承担义务。——有时，退一步，要进一步！本案承租人乙虽然享有单方任意解除权，虽然没有约定违约责任，仍应承担相应的违约责任。

◎ 合同解除条款的程序性设计（5）

律师代为起草合同书时，可注意一下解除条款的程序性设计。根据我国《合同法》第94条第3项的规定，解除合同"似乎"需要发出催告通知（其中要预留合理期限）和发出解除通知两道程序，很多被解除人（债务人）以解除权人（债权人）未催告为由进行抗辩，使解除权人很被动。我接触过很多这样的案件，觉得应当给刚入行的律师们提个醒。

可以在合同书中这样写："解除权人可以在解除通知中给被解除人预留合理期限，到期被解除人仍不如何如何的，合同自动失去效力。"这种解除通知表面是附期限的，实际是附随意条件的。[1]

上述设计，适用于债务人不履行主要债务，债权人单方行使解除权的情形。

有的朋友可能问：如果合同事先没有上述约定，解除权人能否向对方发出附随意条件的解除通知？——可以肯定地说，这样的通知是有效的，但法官由于种种原因可能不认可这种通知！

◎ 合同的履行期与终止期（6）

例：甲、乙订立合同，约定乙履行期届满日期为6月1日，

---

[1] 参见拙文："诉讼外和解协议的生效与解除——对最高人民法院《指导案例2号》的实体法解释"，载《中国政法大学学报》2012年第4期。

合同终止期为同年9月1日。乙到期未履行合同，甲依《合同法》第94条第3项，向乙发出催告通知。但在通知中表明，如乙至同年7月1日还不履行合同，甲将通知乙解除合同。

1. 甲在9月1日前解除合同，无效。
2. 《合同法》第46条规定："当事人对合同的效力可以约定附期限。附生效期限的合同，自期限届至时生效。附终止期限的合同，自期限届满时失效。"本案合同，即为第46条所说的附终期的合同。在本案中，终止期限的作用，在于乙违约之后，乙还享有6月1日至9月1日的宽限期。故甲在催告履行的通知中，预留的宽限期，不能短于终止期，但可以长于终止期。
3. 送审的合同文本，履行期与合同终止期不一致时（合同终止期在履行期之后），律师应询问当事人的真实意思，在合同上作补充说明，或者干脆去掉终止期。因为，债务陷入迟延而解除合同时，一般要进行"履行之催告"，而合同终止期（所谓"合同附终期"）届满，合同自动失去效力。

第四节　各类合同的起草、设计、审查

第一目　买卖合同

◎ **审查样品与相应条款是否一致（1）**

审查样品买卖合同时，不但要审查合同条款，还要看样品与条款表述是否一致，还要看一下样品是否封存，采用什么方式封存。样品不封存，就失去了证据意义。

当合同条款与封存样品（样品本身没有变化）不一致时，

按条款约定履行,还是按样品履行?

应按样品履行。最高人民法院《关于审理买卖合同纠纷案件适用法律问题的解释》(以下简称《买卖合同解释》)第40条规定:"合同约定的样品质量与文字说明不一致且发生纠纷时当事人不能达成合意,样品封存后外观和内在品质没有发生变化的,人民法院应当以样品为准;外观和内在品质发生变化,或者当事人对是否发生变化有争议而又无法查明的,人民法院应当以文字说明为准。"

◎ 改变诺成合同的性质(2)

甲、乙约定:出卖人甲向买受人乙交付车床时合同生效。

1. 甲、乙的约定有效。附条件的合同,所附条件包括偶成条件、随意条件和混合条件。甲、乙之间的买卖合同,是附随意条件的合同。甲向乙交付车床,为条件成就。

2. 买卖合同是诺成合同。甲、乙的约定,实际是将他们之间的买卖合同变成实践合同。出卖人可以通过不交付标的物行使反悔权。

◎ 检验期间过短的法律风险(3)

起草买卖合同时,检验期间设计过短的一个法律风险,是该期间会被认定为"买受人对外观瑕疵提出异议的期间",而对隐蔽瑕疵的异议期限要重新确定。这个风险是出卖人的风险。

《买卖合同解释》第18条规定:"约定的检验期间过短,依照标的物的性质和交易习惯,买受人在检验期间内难以完成全面检验的,人民法院应当认定该期间为买受人对外观瑕疵提出异议的期间,并根据本解释第17条第1款的规定确定买受人对隐蔽瑕疵提出异议的合理期间。约定的检验期间或者质量保证期间短于法律、行政法规规定的检验期间或者质量保证期间的，人民法院应当以法律、行政法规规定的检验期间或者质量保证期间为准。"

1. 异议期间分为对外观瑕疵（表面瑕疵）的异议期间和对隐蔽瑕疵的异议期间。如果买卖合同约定的异议期过短，应将该期间解释为"买受人对外观瑕疵提出异议的期间"。

2. 认定"对外观瑕疵提出异议的期间"，还应确定对隐蔽瑕疵提出异议的合理期间。[1]

3. 例如，某甲买了一套木器，在三个月内（由于季节的变化）开裂。而约定的异议期只有十天。该十天应当认为是"对外观瑕疵提出异议的期间"，要查看有无质包期，没有的，由法院确定对隐蔽瑕疵提出异议的合理期间。

4. 买卖合同约定的检验期间或者质量保证期间短于法律、行政法规规定的期间的，应采取"法定大于约定"的规则。在合同法中"约定大于法定"是基本规则，但在这儿出现了例外。

---

[1]《买卖合同解释》第17条规定："人民法院具体认定合同法第158条第2款规定的'合理期间'时，应当综合当事人之间的交易性质、交易目的、交易方式、交易习惯、标的物的种类、数量、性质、安装和使用情况、瑕疵的性质、买受人应尽的合理注意义务、检验方法和难易程度、买受人或者检验人所处的具体环境、自身技能以及其他合理因素，依据诚实信用原则进行判断。合同法第158条第2款规定的'两年'是最长的合理期间。该期间为不变期间，不适用诉讼时效中止、中断或者延长的规定。"

《合同法》第158条第1款规定："当事人约定检验期间的，买受人应当在检验期间内将标的物的数量或者质量不符合约定的情形通知出卖人。买受人怠于通知的，视为标的物的数量或者质量符合约定。"第2款规定："当事人没有约定检验期间的，买受人应当在发现或者应当发现标的物的数量或者质量不符合约定的合理期间内通知出卖人。买受人在合理期间内未通知或者自标的物收到之日起两年内未通知出卖人的，视为标的物的数量或者质量符合约定，但对标的物有质量保证期的，适用质量保证期，不适用该两年的规定。"第3款规定："出卖人知道或者应当知道提供的标的物不符合约定的，买受人不受前两款规定的通知时间的限制。"

◎ 避免商事留置的一个方法（4）

例：甲出卖给乙货物（动产、特定物），该货物由第三人丙占有（保管或由于其他原因占有）。甲对乙进行指示交付，通知送达丙的时候算交付。乙若是丙的债务人，在请求丙现实交付时，丙可行使商事留置权。

我国《物权法》第231条规定："债权人留置的动产，应当与债权属于同一法律关系，但企业之间留置的除外。"如果甲、乙不是该条所说的"企业"（商事主体），自不会产生商事留置的结果。

甲和丙有可能利用观念交付设置合同陷阱。乙避免商事留置的方法是，在与甲的买卖合同中注明："甲方应当现实交付"或"甲方不得指示交付"。

第二目　赠与合同

◎ 附负担赠与合同的设计（1）

1. 附负担赠与合同的性质。附负担的赠与又称为附义务的赠与，附负担赠与，谓以受赠人对于赠与人或第三人负有为一定给付债务为附款之赠与。[1]

构成对价给付的，为有偿合同。受赠人的给付不属于对价之给付，因此附负担的赠与未改变赠与的无偿性质。因为所附负担不是对价关系，因此不是双务合同，而是不完全双务合同

---

〔1〕 史尚宽：《债法各论》，中国政法大学出版社2000年版，第138页。

（不真正双务合同）。

2. 受益人的设定。受赠人给付的受益人可以是：①赠与人自身（例如，甲对乙赠与不动产并让乙继承抵押债务等）；②特定的第三人（例如，甲对乙赠与出租中的房屋并要求乙将一部分租金支付给甲的妻子等）；③不特定多数的对象（例如，赠与山林并要求一部分收益用于特定的慈善目的等）。[1]

受益人为第三人的，构成涉他合同。

例：甲与乙签订赠与一套打井设备的合同，约定乙收到设备后给丙打一眼机井。双方签订合同后，甲将一份合同寄给了丙，丙未表态。乙收到设备后，经过合理的时间未给丙打井，丙有权起诉乙，要求乙履行赠与合同规定的义务。

这是一份附负担的赠与，也是一份为第三人利益的涉他合同。乙与丙已经形成了法律关系，乙对丙负有打井的债务，不但要无偿提供劳务，打井的必要费用也应由乙负担。

3. 附负担赠与合同设计应注意的问题。

（1）所附负担应为财产上的给付，而非身份上的行为，也非精神上的给付。

例：某甲与某乙签订赠与房屋合同，约定某乙应对某丙履行夫妻忠诚义务（某乙与某丙是夫妻关系），如果某乙"出轨"就要退还房屋。此为附解除条件的赠与，而非附负担的赠与。"出轨"只是一个条件。[2]

---

[1] 参见 [日] 我妻荣：《债权各论》（中卷一），徐进、李又又译，中国法制出版社2008年版，第15页。

[2] 参见隋彭生："夫妻忠诚协议分析——以法律关系为重心"，载《法学杂志》2011年第2期。

（2）所附负担应为非对价性给付。赠与房屋等财产，所附负担与赠与的财产价值接近、基本等值甚至超过赠与的财产时，构成对价性给付，就不是赠与合同了。但合同并非无效，只是作为有偿合同生效。例如，附赡养义务（财产上的给付）的房屋赠与，履行赡养义务的花费已经超过了赠与的房产，合同仍然有效。

（3）注意区分附负担的赠与与附停止条件的赠与。前者包括两个法律关系，一个是赠与人为给付的法律关系，还有一个是受赠人为给付的法律关系，两个给付的方向不同。后者在条件成就后，产生新的法律关系，当事人（赠与人）的给付方向是一致的。

◎ 可否将赠与合同约定为实践合同（2）

例：甲欲赠乙一价值不菲的白骆驼（公益性质或道德义务的赠与），双方约定赠与合同为实践合同。

第一，当事人的约定有效。即便是公益性质的赠与、道德义务的赠与，仍可作这种约定。

第二，赠与合同是诺成合同。这种诺成性，是与赠与人的任意撤销权相匹配的。《合同法》第186条规定："赠与人在赠与财产的权利转移之前可以撤销赠与。具有救灾、扶贫等社会公益、道德义务性质的赠与合同或者经过公证的赠与合同，不适用前款规定。"当事人把赠与合同约定为实践合同，使赠与人有了反悔权，即赠与人可以通过不交付标的物来行使反悔权。

第三目　借款合同与使用借贷

◎ 借款期限的设计与诉讼时效（1）

借款合同分为定期借款与不定期借款，出借人（贷与人）与借款人是否要约定还款日期？约定还款日期的为定期借款，反之为不定期借款。

请求返还借款的诉讼时效为二年，借款额较小，就不要写还款日期了，即小额借款最好设计为不定期借款。因为，定期借款在返还期限届满就开始计算诉讼时效，而不定期借款，一般在出借人（贷与人）请求返还的宽限期届满时，才开始计算诉讼时效。小额的定期借款，出借人到期后不好意思要，容易过了诉讼时效。

◎ 扣划的约定（2）

例：债务人与银行在借款合同中约定，债务人到期不还款，银行有权在债务人在本银行开立的账户上扣划。

1. 这实际约定了附随意条件的单方抵销权（扣划是一种抵销行为）。此与合意抵销不同。合意抵销，双方当事人两个意思表示取得一致（达成合意），即发生抵销后果。附随意条件的单方抵销权，在债务人到期不还款的法律事实发生后（随意条件成就后），银行成立扣划（抵销）的权利。银行实施扣划行为，发生抵销的效果。
2. 应注意的是，"专款专用账户"的资金，是不能扣划的。
3. 律师审查合同，应考察扣划能否成立及对债务人的影响。

◎ 使用借贷审查的两个点（3）

这里所说的使用借贷，是指非消费物的借用。使用借贷是无偿合同。民间借用合同，一般都是口头协议，无须律师或法律顾问审查。单位之间贵重物品或大宗物品的借用，最好订立书面合同或由借用人写个借条。

出借人（贷与人）因不可预知之情事，自己需用借用物者，可以通知借用人解除合同。在审查合同时，可以建议双方在合同中设立解除权，即出现某种出借人对借用物的需要时，出借人可以解除借用合同。这样，可以兼顾双方的利益。

第四目　租赁合同

◎ 租赁合同审查的十个具体问题（1）

第一，是使用租赁，还是用益租赁。两种租赁，承租人获得的利益有大小之别，租金应与之相适应。

第二，是定期租赁，还是不定期租赁。不定期租赁双方都有随时解除权，而且这种解除不以损害赔偿作为代价。定期租赁不能超过20年。当事人希望租期长一些，可以建议当事人采用更新的方式处理。如果租赁法律关系与地役权（相对）法律关系发生竞合，可建议当事人订立地役权合同。

第三，如果承租人提前退租，有无可得利益损失的计算方法。依我多年的观察和经验，承租人提前退租的，赔偿额的认定非常麻烦。有了约定，事情就好办得多。对"大的"租赁合同，建议设立这种条款。

第四，承租人支付租金陷入迟延，出租人应先催告，在无效果后才能通知承租人解除合同。催告通知中，应当给承租人一些时间。这个时间的确定，在实务中会有很大争议。律师可建议当事人在合同中事先作出约定。

第五，有无租赁物被第三人主张权利时的赔偿条款。对不动产租赁，律师可帮助查一下有无抵押权登记。

第六，有无租赁物的交付时间、地点、方式的明确约定。房屋带家具租赁的，应当有交割清单。交割清单作为合同附件，应当具体、清楚。租赁合同的签署与交割清单的签署有时间距离，注意不要把交割清单搞成补充协议。

第七，房屋租赁经常涉及附合问题（添附包括附合、混合和加工），此点约定应当具体，否则后患无穷。

第八，房屋租赁物业等费用的交纳，是否约定清楚。

第九，房屋租赁有无优先购买权排除条款。对优先购买权排除条款的效力，法律未作规定，依法理观之，是应当有效的。

第十，不动产租赁有无优先承租权条款。此种条款可有债权效力。可以约定出租人违反此条款的责任。

◎ 租赁合同解除权的设计（2）

例： 张三欲卖房子，这不是短期能解决的事情，决定先租给李四，可以收获些租金。遂与李四约定：房屋出租给李四一年，在这一年中，如出卖房屋，张三可通知李四解除合同。

张三与李四的租赁合同，显然不是不定期租赁，也不是附解除条件的合同，而是附解除权的合同。《合同法》第93条第2款规定："当事人可以约定一方解除合同的条件。解除合同的条件成就时，解除权人可以解除合同。"本案所附解除权是属于出租人单方的简单形成权。一般情况下，张三与第三人王二签订房屋买卖合同后,会通知承租人李四解除租赁合同。

值得一提的是,当出租人张三把房屋出卖给第三人王二,并办理了过户手续,而没有通知承租人李四解除合同时,王二有无权利通知李四解除合同?

我认为,出租人的意定单方解除权是加给承租人的负担,当买受人成为新的出租人后,其有权通知承租人解除合同。不过,法律对此没有具体规定,理论研究又很薄弱,法官可能认定新出租人的解除权,也可能不承认这种解除权。

为避免风险,可以这样设计租赁合同出租人的解除权:张三将房屋出租给李四一年,在这一年中,如出卖房屋,张三可通知李四解除合同。该租赁合同也可由房屋买受人通知李四解除。

有了以上设计,第三人可能乐于购买该房屋。因为,他可以决定是否解除租赁合同。

◎ 表明租赁合同性质的标题(3)

例1:甲有母狮獒,租乙公藏獒来家搞繁殖,生5个小藏獒。

例2:A有公虎獒,租B母虎獒来家搞繁殖,生7个小藏獒。上述二例小藏獒的归属如何?

1. 租赁分为使用租赁和用益租赁。使用租赁的承租人,只能使用租赁物,不能取得租赁物的孳息;用益租赁的承租人,不但可以使用租赁物,还可以取得租赁物的孳息。

2. 例1是使用租赁,不是用益租赁,产生天然孳息(小藏獒)的原物,是自己的物,不是租赁物,小藏獒归甲。例2是用益租赁,产生孳息的是租赁物(他人之物),小藏獒归A。

3. 拟写租赁合同书，如果加上表明租赁性质的标题（特别是用益租赁时加上标题），对明确双方当事人的权利义务是有帮助的。当然，在正文中有明确的表述更好。

◎ 场地租赁合同与保管合同的区分（4）

例：某甲在学校内的某固定位置停车，每月交200元钱，其与学校应为场地租赁法律关系。车丢了，学校不承担赔偿责任。某乙在小区丢了车，小区物业管理公司对业主的汽车有保管的注意义务，物业有过错的，应当承担责任。

1. 一些"大单位"让自己的职工甚至外单位人员在自己的院子里长期停车。"大单位"设计的合同，有时语焉不详，笼而统之地规定为"停车合同"。最关键的，是要明确合同的性质，是车位租赁合同（场地租赁合同），还是保管合同？这种合同性质的约定还是有用的。收费较少的，一般应定性为车位租赁合同（场地租赁合同）。

2. 保管人与出租人的责任有很大不同。如保管的车丢了，保管人应当承担责任。是保管人占有这辆车（他物占有），其负有保管的注意义务。场地租赁则不同，开车人将汽车停在场地，只是短暂地获得地块的使用权，是自物占有，出租人并不负担保管义务。一般而言，无人在现场看管的，为场地租赁合同。比如，某甲开了一辆车到北京西单附近，停车的地点只有自动计时、收款机。这表明有偿提供场地的人拒绝了自己的保管义务，或者说拒绝了自己的保管注意义务。有人在现场收费的，其有保管义务，不能收费后就跑路。

◎ 租赁合同的更新（5）

1. 租赁合同最长可以达20年，在20年中的任何时间节点，都可以更新。比如，租赁合同履行了一年，再重新签订一个20年的租赁合同。请注意，不要用"变更"这个词。因为，你用了变更这个术语，法官就可能认为你规避了20年的规定。

2. 银行租门脸房，很多签的是30年合同。这样的合同是部分无效的，因为租赁合同最长可达20年。在履行到10年的时候，可再签订一个20年的合同，用以规避原来无效的状况。出租人因本来承诺出租30年，在心理上容易接受再签订一个20年的合同。

3. 如果当事人在租赁合同中这样写：租期20年，到期自动续展10年。——自动续展的约定是无效的，因为它规避了效力性强制性规定。

◎ 定期还是不定期（6）

例：甲、乙签订租赁合同，约定租金按月支付，但是没有约定租期的长短。合同履行刚15天，出租人通知承租人解除合同，主张自己是行使不定期租赁的任意解除权。本例应当如何处理？

1. 租赁合同可以分为定期租赁和不定期租赁。定期租赁合同的当事人没有随时解除权（任意解除权），不定期租赁合同的出租人和承租人都有随时解除权。[1]

2. 约定租金按月支付，当事人的真实意思是至少租赁一个月。如果出租人要行使随时解除权，也要等一个月以后。也就

---

[1]《合同法》第232条规定："当事人对租赁期限没有约定或者约定不明确，依照本法第61条的规定仍不能确定的，视为不定期租赁。当事人可以随时解除合同，但出租人解除合同应当在合理期限之前通知承租人。"

是说，本案租赁合同，是定期租赁（一个月）与不定期租赁的结合，在一个月内，当事人是没有任意解除权的。

3. 在起草合同时，就应把定期或不定期明确下来，以避免、减少争议。

◎ 转租与分租：两个条款（7）

1. 小商铺租赁合同的设计，容易忽视两个内容：第一个是能否转租和"分租"（把承租商铺一部分转租出去）。承租商铺的人大都信心满满，觉得会一用到底。其实，小商铺城头变换大王旗的事儿，多了去了。第二个是承租人的广告牌可以挂在或者放在哪儿。能不能放在承租商铺的旁边或出租人其他房屋墙壁上？如果不写清楚，挺麻烦的。

2. 律师审查合同，应当提醒当事人注意以上两个内容。两个内容，可以写成为租赁合同的两个条款。

◎ 宜约定侵害房屋承租人优先购买权的违约责任（8）

房屋承租人享有在同等条件下的优先购买权，但房屋出租人将房屋出卖给善意第三人，办理过户登记后，承租人的优先购买权就成了"永远的回忆"，只能要求损害赔偿了。

1. 这个损害的"量"，是很难计算和举证的。如果事先设计了违约金条款，就好办了。

2. 最高人民法院《关于审理城镇房屋租赁合同纠纷案件具体应用法律若干问题的解释》第24条规定："具有下列情形之一，承租人主张优先购买房屋的，人民法院不予支持：（一）房屋共有人行使优先购买权的；（二）出租人将房屋出卖给近亲属，包括配偶、父母、子女、兄弟姐妹、祖父母、外祖父母、孙子女、外孙子女的；（三）出租人履行通知义务后，承租人在十五日内未明确表示购买的;(四)第三人善意购买租赁房屋并已经办理登记手续的。"

3. 如果出租人将出租物卖给善意第三人,但尚未办理过户手续,尽管买卖合同有效,承租人仍可主张优先购买权。

◎ 优先承租权的约定(9)

出租人与承租人约定,租赁终止后,承租人在同等条件下有优先承租权。

1. 这种约定是有效的,是一种预约(合同)。
2. 最好约定违约金,以保证权利的实现。
3. 说是有效,是指有债的效力(在出租人与承租人之间有效),没有对抗效力。

第五目 承揽合同

◎ 承揽合同审查的一个"点"(1)

承揽合同审查的一个重点是:区分承揽合同与雇佣合同,因为它们的结果大相径庭。这种审查,已经不是停留在合同文本上的审查,而是重在对当事人法律关系性质的审查。当事人使用了承揽合同之名,也要看看它是不是承揽合同。应当考虑到名不符实的后果。

1. 概述。承揽合同是承揽人按照定作人的要求完成工作、交付工作成果,定作人给付报酬的合同。承揽合同的定作人的目的在于获得特定的工作成果,承揽人的目的则是通过完成工作成果获得报酬。由于工作成果的特定性,也由于定作人对承揽人的特殊信任(着重于承揽人的特殊技能),要求承揽人须以自己的技术、设备和劳力完成主要工作。

承揽合同的双方是相互独立的责任主体。承揽涉及生活、生产的各个方面，承揽合同的种类繁多，常见的承揽合同有加工合同、定作合同、修理合同、复制合同、测试合同、检验合同等。

2. 承揽与雇佣的区别。

（1）承揽是完成工作成果的合同（承揽多表现为物化劳动成果）；雇佣是提供劳务的合同。就是说，两种合同的给付不同。提供劳务的合同，表面上可能是给付工作成果，但实质上是提供劳务。

（2）承揽人经常为组织体；雇员都是自然人。

（3）承揽人多需要资质；雇员需要自然人的行为能力。

（4）承揽人自备设备、工具等；雇员无须自备工具，但自带简单工具（铁锹、十字镐、吸尘器等）时，不影响雇佣的性质。

（5）定作人对承揽人无管理之责；雇主对雇员有管理之责。

（6）定作人是过错责任、自己责任；雇主是无过错责任、替代责任。

3. 不符合承揽要件，但符合雇佣要件的合同。当事人签订了"承揽合同"，经审查是雇佣合同，此时应当按雇佣合同处理，而不是确认"承揽合同"无效而结案。

例：甲公司（楼主）给乙公司（清洁公司）一笔钱，让乙公司擦洗楼外墙面。楼很高，就用安全带把10个清洁工人吊在上面，其中有3个工人想省事，把3个安全带系在一个桩上了，谁知一阵风刮过，3个人都掉了下来，正好有一个过路人在仰头观望，这3个人就砸在了这个人的身上，造成三伤一死的结果。请问，应当由谁来承担责任？

应该由乙公司来承担责任。这是承揽合同,甲、乙公司之间没有安全上的监督管理关系,乙独立完成工作。

如果楼主不请清洁公司,而从劳务市场找了10个农民工来擦洗外楼面,那么楼主自己承担责任,因为楼主是雇主,其与农民工之间是雇佣合同关系;楼主与农民工之间有安全上的监督管理关系。假如当事人约定为承揽合同,仍应按雇佣合同处理,而不是以承揽合同无效为由驳回当事人的诉讼请求。

◎ 约定著作权的归属(2)

甲出钱让乙制作一雕塑,但没有约定著作权的归属。

有些承揽合同(如接受委托制作雕塑等)其实也是委托完成作品的合同(有些合同兼有两种性质,如定作合同兼有买卖合同的性质)。这时候,要注意约定著作权的归属。无约定的,归"出脑子的",不归"出钱的"。

第六目 技术合同

◎ 技术合同审查、起草的两个重点

重点一:标的

1. 概述。技术合同的本质是一方为另一方提供技术成果,或以技术为依托提供智力性劳务。合同的标的(客体)是给付。

具体到技术合同的审查、起草,要搞清楚当事人想要干什么?技术合同有开发、转让、咨询、服务四个筐,每个筐里还有不同的格,需要对号入座。对合同给付应当作具体表述,对技术标准等可以附件的形式说明。

对于技术开发、技术转让来说,开发人、转让人一般要提

第一部分 合同的起草、设计、审查

供后续服务,该后续服务是从给付义务(如进行技术指导、提供咨询等),对此也应在合同中作具体表述。有时,需要在合同中具体规定一方或双方当事人的附随义务(如保密义务、新情况发生时的通知义务等)。

所谓"义务群",包括主给付义务、从给付义务和附随义务,合同文本中一般不用这些术语,但专业的起草者、审查者,心中要有数,知道这些义务分别用哪些条款表述。

2. 分述。

(1)技术开发合同。技术开发合同包括委托开发合同和合作开发合同。技术开发合同的标的应当是一项新的技术方案,而作为研究开发工作所要完成的成果,可以是该项技术方案本身,也可以是体现该项技术方案的产品、工艺、材料及其组合的成套系统。[1]在使用产品、工艺、材料等术语的时候强调它们是一种待开发的技术。待开发的技术,各方当事人都不掌握。可能世界上没有,也可能虽有但合同各方未拥有。

(2)技术转让合同。技术转让合同是对技术成果的让渡,包括专利权转让、专利申请权转让、技术秘密转让、专利实施许可合同。它们给付的财产(标的财产)是不同的,应当强调各类技术转让合同标的财产的特殊性,以将其与其他合同相区分。

例:甲工业公司设计了独一无二的新型注塑机,一共生产2台。乙塑料制品公司得知消息后欲购买。双方约定,乙支付使用费550万元,甲方交付新型注塑机一台和全套资料;乙方可以仿造该新型注塑机并公开销售,但对生产新型注塑机的技术诀窍应当保密。后来双方发生争议。甲认为双方签订的是技术

---

[1]参见段瑞春:《技术合同》,法律出版社1999年版,第121页。

49

秘密转让合同，乙认为双方签订的是买卖合同。

在本案中，甲、乙双方签订的合同本质上属于技术秘密转让合同，不属于买卖合同。因为独一无二的注塑机是技术秘密的载体，甲公司并没有将成批的货物卖给乙方，而是卖给其一台允许其仿造，同时又给其全套资料，且又规定了保密条款。这些都说明甲出卖的是技术秘密。[1]

对技术秘密转让合同，一是应注意是否为受让人"买断"，二是应注意受让人实施、使用的范围。[2] 对专利实施许可合同，还应注意对专利实施许可方式的文字表述，具体表明是独占实施许可，还是排他实施许可，抑或普通实施许可。

（3）技术咨询合同与技术服务合同。应注意区分技术咨询合同与技术服务合同，在合同文本上注明合同的性质。

第一，技术服务合同的受托人以解决具体技术问题为工作内容，以解决问题的成果为对价，受托人对解决技术问题的实施结果负责；技术咨询合同的受托人就特定技术项目的咨询为工作内容，以可行性论证、技术预测、专题技术调查、分析评价报告等成果为对价，受托人对其咨询意见本身的质量负责，对委托人依据咨询意见作出决策造成的损失不负责。

第二，技术服务合同强调的是受托人对委托人所面临具体技术难题的解决；技术咨询合同强调的是受托人对委托人的决策提出咨询意见。

---

[1] 最高人民法院《关于审理技术合同纠纷案件适用法律若干问题的解释》（以下简称《技术合同解释》）第 1 条第 2 款指出："技术秘密，是指不为公众所知悉、具有商业价值并经权利人采取保密措施的技术信息。"

[2]《合同法》第 343 条规定："技术转让合同可以约定让与人和受让人实施专利或者使用技术秘密的范围，但不得限制技术竞争和技术发展。"

重点二：权利归属

相对于其他合同，技术合同容易发生权属争议，事先在合同中把成果权属固定或明确下来，是非常重要的。起草和审查合同时，在脑海中浮现的关键词，应当是"另有约定"。

1. 委托开发与合作开发成果的归属。

（1）在委托开发中，申请专利的权利，谁完成归谁，约定优先。[1]

（2）在合作开发中，申请专利的权利，完成者共有。[2]

例：甲、乙、丙三方签订研究开发合同，甲、乙各出资40万元，丙出资20万元，甲、乙主张就研究的发明创造申请专利，丙反对。

在本案中，丙不必证明作为技术秘密进行保护、使用，可以给三方带来更大的利益，只要援引《合同法》第340条第3款的规定即可。法律规定单方否决权的原因，在于是否申请专利是涉及各方当事人利益的重大问题，需要取得合意，否则就等于赋予了当事人处置他人财产的权利。

（3）技术秘密成果的使用权、转让权的归属和分享，按约

---

[1]《合同法》第339条规定："委托开发完成的发明创造，除当事人另有约定的以外，申请专利的权利属于研究开发人。研究开发人取得专利权的，委托人可以免费实施该专利。研究开发人转让专利申请权的，委托人享有以同等条件优先受让的权利。"

[2]《合同法》第340条规定："合作开发完成的发明创造，除当事人另有约定的以外，申请专利的权利属于合作开发的当事人共有。当事人一方转让共有的专利申请权的，其他各方享有以同等条件优先受让的权利。合作开发的当事人一方声明放弃共有的专利申请权的，可以由另一方单独申请或者由其他各方共同申请。申请人取得专利权的，放弃专利权的一方可以免费实施该专利。合作开发的当事人一方不同意申请专利的，另一方或者其他各方不得申请专利。"

定，没有约定的，当事人均有使用和转让的权利。[1]

(4) 后续改进技术成果的归属，用一句话可以概括，有约定的按照约定，无约定的，谁完成归谁。[2]

2. 因履行技术咨询合同、技术服务合同所产生的技术成果的归属。一句话，谁完成，归谁，另有约定的除外。[3]

第七目 委托合同、居间合同

◎ 演出经纪合同要注重保护演员（1）

演员与经纪人签订的合同，使用的名称五花八门，本质上是委托合同。从实务上看，一般由经纪人起草合同，几乎把演

---

[1]《合同法》第341条规定："委托开发或者合作开发完成的技术秘密成果的使用权、转让权以及利益的分配办法，由当事人约定。没有约定或者约定不明确，依照本法第61条的规定仍不能确定的，当事人均有使用和转让的权利，但委托开发的研究开发人不得在向委托人交付研究开发成果之前，将研究开发成果转让给第三人。"
《技术合同解释》第20条规定："当事人均有使用和转让的权利，包括当事人均有不经对方同意而自己使用或者以普通使用许可的方式许可他人使用技术秘密，并独占由此所获利益的权利。当事人一方将技术秘密成果的转让权让与他人，或者以独占或者排他使用许可的方式许可他人使用技术秘密，未经对方当事人同意或者追认的，应当认定该让与或者许可行为无效。"

[2]《合同法》第354条规定："当事人可以按照互利的原则，在技术转让合同中约定实施专利、使用技术秘密后续改进的技术成果的分享办法。没有约定或者约定不明确，依照本法第61条的规定仍不能确定的，一方后续改进的技术成果，其他各方无权分享。"第363条规定："在技术咨询合同、技术服务合同履行过程中，受托人利用委托人提供的技术资料和工作条件完成的新的技术成果，属于受托人。委托人利用受托人的工作成果完成的新的技术成果，属于委托人。当事人另有约定的，按照其约定。"

[3]《合同法》第363条规定："在技术咨询合同、技术服务合同履行过程中，受托人利用委托人提供的技术资料和工作条件完成的新的技术成果，属于受托人。委托人利用受托人的工作成果完成的新的技术成果，属于委托人。当事人另有约定的，按照其约定。"

员的所有权利收入囊中。

演员的律师,在审查合同时,一是要注意保护演员的自由空间,二是要保护演员的表演者权。

◎ 引起争论的一句话(2)

媒介居间合同有时有这样一句话:居间人对双方争议进行协调,保证双方的履行。

这里的保证,没有担保履行的意思,居间费的给付,也不应受双方履行义务情况的影响,但居间人和委托人会为此争论不休。也有法官在被媒介居间的合同解除后,只判决委托人向居间人支付一部分费用,理由是居间人没有完成全部合同义务。为减少或避免争议,合同要写成:"双方发生争议,居间方应当积极协调"(表明仅仅提供这种劳务,对劳务的结果,并不负责)。

第八目 和解协议

◎ 起草和解协议的注意事项(1)

> 题记:和解协议是解决争议的合同,代当事人起草和解协议是律师的一项经常性工作,在起草时,应尽量消灭漏洞。

1. 债权债务的约定要具体,一般不要使用"情债两消"这类字眼。这种表述,徒增争议。

2. 最好有一个兜底条款:和解协议履行后,所有的债权、债务关系清结,当事人不得提出他项要求。——否则未约定的部分,当事人还可能再请求支付,已有的判例说明法官会支持当事人的这种请求，这就使约定和解协议的意义降低。"当事人不得提出他项要求"，未必能约束当事人，但实践证明，这种约定还是很有用的。

3. 和解协议与有争议的基础法律关系（基础法律关系包括法定法律关系和意定法律关系，最常见的是侵权责任法律关系和违约责任法律关系）的效力联系，最好在和解协议中作出明确的说明，以减少不必要的争议，如写明和解协议在何时生效、在何时解除等。

4. 有担保的和解协议，应浓彩重墨地说明担保与和解协议的关系。比如说，应当在和解协议中写清楚：和解协议债务人不履行和解协议的，由保证人代为履行（金钱债务与非金钱债务的代为履行）。也就是说，当和解协议的债务人不履行和解协议的时候，由担保人代为履行或者承担其他担保责任，而不是回到原法律关系。

有朋友可能质疑：你的主张是多此一举。——我提出此注意事项是因为理论上存在争议。

◎ 和解协议效力的设计（2）

一方侵权了或违约了，双方协商解决，订立了和解协议（当事人使用的名称可能五花八门，最常使用的是"赔偿协议"），受害人、被违约人一方总是担心对方不履行和解协议。这就需要事先对和解协议的效力作出设计。这里提出附解除条件和附解除权两种方案，供参考。

1. 可以将和解协议设计为附解除条件的。此种设计针对一次性付款为佳。例如，甲对乙进行诽谤，事后甲、乙约定，甲在三日内一次性给付乙 5 万元，乙不追究甲的民事侵权责任，也不再采取自诉方式追究甲的刑事责任。若甲到期不支付约定的款项，则和解协议自动失效。

2. 可以将和解协议设计为附解除权的。此种设计针对分期付款为佳。例如，甲对乙进行诽谤，事后甲、乙约定，甲在一个月内分三次给付乙 9 万元，乙不再追究甲的民事侵权责任，也不再采取举自诉方式追究甲的刑事责任。若甲到期不支付约定的款项，则乙无须催告履行，有权直接通知甲解除和解协议。

3. 第一种和第二种方案中的条件，都是消极条件、随意条件。

第一种方案，在条件成就时，和解协议自动失效。第二种方案，须乙向甲发出解除通知，和解协议才失去效力。此种设计，是把解除和解协议的主动权掌握在被害人手中。若加害人已经支付大部款项，受害人可以选择不解除和解协议。

4. 我国《合同法》第 93 条第 2 款规定："当事人可以约定一方解除合同的条件。解除合同的条件成就时，解除权人可以解除合同。"该款规定了附解除权的合同，并未设置催告履行的前置性程序，但审判实践中掌握颇不一致。因此，在第二种方案中，要注意明确排除催告的前置性程序，这样，可避免争议、规避风险。

◎ **和解协议审查的重中之重（3）**

和解协议是不要式合同，送审的和解协议肯定是书面形式了（作用视觉的纸面形式与电子数据形式），是约定的要式合同。审查的重点在于当事人是否存在重大误解的情形。因为，和解协议事后很难以重大误解的规则进行救济。可加上当事人对争议事项性质认识的"表述条款"。

律师起草、审查和解协议，要重点考虑当事人违约（不履行和解协议）怎么办？无非两种方向：一是，约定和解协议的违约责任，有担保当然更好了；二是，回到基础法律关系，按基础法律关系主张权利、提起诉讼。按第二种方向，要把和解协议的解除，设计到位。

◎ 和解协议，要注重设定条件（4）

例：甲是违约人或侵权人，应当赔偿受害人乙10万元。甲、乙在赔偿协议中约定，甲在三天内支付8万元，剩下的2万元就不要了。

1. 甲、乙的赔偿协议是附生效条件的和解协议。如果甲在三天内不能支付8万元，乙可主张10万元。在和解协议中设定条件，对受害人有利。
2. 和解协议可以附生效条件，也可以附解除条件。
3. 和解协议可以设定担保，也可以约定违约责任。
4. 和解协议可以公证为可以强制执行的债权文书。

◎ 附随意条件的和解协议（5）

甲对同村的乙有侵权行为，造成损害（医疗费等若干）。

1. 甲对乙说，我把家里的老牛赔给你，就两清了吧（要约），乙说，把牛交给我后才算（反要约、新要约），甲同意（承诺）。甲、乙之间的和解协议为附生效条件（停止条件）、积极条件的协议。
2. 甲对乙说，我把家里的老牛赔给你，就两清了吧（要约），乙说，好，不把牛交给我，协议失效（反要约、新要约），甲同意（承诺）。甲、乙之间的和解协议为附解除条件、消极条件的协议。
3. 上述两种情形，都是约定了取决于甲意志的随意条件。

对于给付一头牛来说，两种约定并无实质区别。

但若以金钱给付为随意条件，是生效条件还是解除条件，差别可能比较大，因为金钱之债是可分之债。你看呢？

4. 甲对乙说，我把家里的老牛赔给你，就两清了吧（要约），乙说，不把牛交给我，到时我有权解除协议（反要约、新要约），甲同意（承诺）。甲、乙之间的和解协议为附解除权的协议（参见《合同法》第93条第2款）。此时，乙掌握着主动权。

5. 把和解协议约定为附随意条件加生效条件或随意条件加解除条件，在甲不履行时，乙并无选择的机会，只能要求原法律关系的给付。把和解协议约定为附解除权的合同时，甲若不履行和解协议，乙可以解除和解协议，也可以选择履行和解协议，因为，请求履行原法律关系之债，还要承担举证义务，挺麻烦的。

6. 和解协议不但可以如上例一样附随意条件，也可附偶成条件，还可以附混合条件。和解协议可以负积极条件（肯定条件），也可以附消极条件（否定条件）。

7. 生活是复杂的，因而法律关系也是复杂的。如何设计和解协议，关键看当事人的利益诉求。

第九目　遗赠扶养协议

◎ 遗赠扶养协议审查的五个点

第一，扶养人的义务应当具体化（给付种类、内容应当表述清楚）。遗赠扶养协议具有一定的人身特殊信任关系，因此扶养人不得擅自转托他人，比如扶养人把被扶养人送到养老院是不允许的。短期出差，安排别人照管几天，自应允许。

第二，被扶养人给付扶养人的财产应当具体化（产权、不动产位置、存放地点等），最好编定一个被扶养人财产目录，并约定被扶养人不得擅自处分。"不得擅自处分"的约定，目前只有债的效力，但有约定比没有约定好。

第三，当事人最好约定，被扶养人作为对价的财产之收益如何处理，比如房屋的租金如何处理。

第四，如果被扶养人有法定继承人，最好争取他们在遗赠扶养协议上签字。《继承法》已经明确规定遗赠扶养协议的效力高于遗嘱，遗嘱的效力高于法定继承，找法定继承人签字，是为了防止被扶养人向其法定继承人处分财产。

第五，被扶养人一般为老年人，要审查其行为能力。有些遗赠扶养协议是由监护人来代理签字的。

第十目　夫妻忠诚协议

◎ 夫妻忠诚协议可以发生效力吗？（1）

从目前的判决来看，是可以发生效力的。在起草协议时，要注意强调这属于"附条件的财产给付"（这是为减少无效的风险）。如约定：一方如果"出轨"，就给另一方多少财产。条件包括偶成条件、随意条件、混合条件。这里的条件是随意条件。

◎ 夫妻忠诚协议的设计技巧（2）

有些女士会请律师起草夫妻忠诚协议。夫妻忠诚协议在我国审判史上，存在有效与无效两种判决。在设计技巧上应当注意以下几点：

第一，不能剥夺"出轨"人的抽象财产权利，

例如：约定"出轨"一方的所有财产归对方（净身出户）。

——约定剥夺抽象财产权利的，无效。

——可以约定"出轨"一方给付具体财产，不宜就"出轨"人的"将来"的财产作出约定。

第二，不能违反善良风俗，例如：约定"空床费"、"特许费"是违反善良风俗的。

——以配偶权（人身权）的权能做交易的，当然无效。

第三，关于法律规避。《婚姻法》及有关司法解释是不允许婚内进行物质损害赔偿和精神损害赔偿的，理由是"三口子不如两口子近"。夫妻忠诚协议约定的给付在性质上属于精神抚慰金。从法理而言，当事人约定婚内赔偿是有效的，但承办法官可能有不同认识，有的法官不理解约定大于法定的规则，会死套法条。可以这样设计：一方违约后，另一方可在婚内或离婚时请求给付约定的财产。这样不至于被法官一棍子打死。

第四，实践中的"夫妻忠诚协议"一般仅以男方为义务人，似乎有"性别歧视"的嫌疑。这样约定其实是可以的，但为保险起见，可作对等的约定。

第五，夫妻忠诚协议不能影响到抚养、赡养等义务，不能侵害债权人的利益。

◎ 婚外同居"散伙"时，"经济补偿协议"的设计（3）

例：张女与李男同居数月，偶然发现李男已婚，遂提出"散伙"，并以李男骗了自己为由要求补偿。双方签订了"经济补偿协议"，约定李男向张女分三期补偿30万元。李男向张女支付10万元后反悔，并以行使任意撤销权为由拒绝支付其余20万元。

1. 赠与合同是诺成合同，已经履行的部分不能任意撤销。
2. 如果法官坚持认为是赠与的话，张女可以主张是道德义务的赠与，不能任意撤销。但对道德义务赠与的认定，法官有自由裁量的余地，未必能支持女方的主张。

3. 实际上，男女双方签订的"经济补偿协议"，本质上是和解协议。和解协议是双务合同，而赠与合同是单务合同。

4. 为了避免误认为是赠与，保住"经济补偿协议"的效力，可将一方给付的款项明确为"精神抚慰金"或"精神损害赔偿金"，有法定"精神抚慰金"，也可以由当事人约定"精神抚慰金"。

5. 实务中，有的当事人口头达成了"经济补偿协议"，然后由一方给另一方写了借条，声明一方向另一方借了多少钱。持条人打官司时，法官会以当事人之间不存在真实法律关系（真实借款关系）为由，驳回持条人的诉讼请求。因此，还是书面言明协议的经济补偿的性质为好，或者直接言明该协议为和解协议。

6. 和解协议被误认为赠与的可能性不大。

7. 本案"经济补偿协议"是否因违反善良风俗而无效呢？本案并非因张女与李男同居数月，李男给予补偿，而是李男欺诈了张女，使其精神上受到伤害而给予的补偿，不存在违反善良风俗的事由。

第十一目　担保合同

第一分目　保证合同

◎ 保证合同设计和审查的核心（1）

保证合同的核心是：保证人是承担连带保证责任，还是承担一般保证责任。

《担保法》第 16 条规定："保证的方式有：（一）一般保证；（二）连带责任保证。"第 17 条第 1 款和第 2 款规定："当事人在保证合同中约定，债务人不能履行债务时，由保证人承担保证责任的，为一般保证。一般保证的保证人在主合同纠纷未经审判或者仲裁，并就债务人财产依法强制执行仍不能履行债务前，对债权人可以拒绝承担保证责任。"第 18 条规定："当事人在保证合同中约定保证人与债务人对债务承担连带责任的，为连带责任保证。连带责任保证的债务人在主合同规定的债务履行期届满没有履行债务的，债权人可以要求债务人履行债务，也可以要求保证人在其保证范围内承担保证责任。"第 19 条规定："当事人对保证方式没有约定或者约定不明确的，按照连带责任保证承担保证责任。"

再往下看，这儿有类似文字游戏的东西。

最高人民法院《关于涉及担保纠纷案件的司法解释的适用和保证责任方式认定问题的批复》(2002 年 11 月 11 日由最高人民法院审判委员会第 1256 次会议通过，自 2002 年 12 月 6 日起施行）指出："保证合同中明确约定保证人在债务人不能履行债务时始承担保证责任的，视为一般保证。保证合同中明确约定保证人在被保证人不履行债务时承担保证责任，且根据当事人订立合同的本意推定不出为一般保证责任的，视为连带责任保证。"

瞧瞧，使用"不能履行""术语"的，为一般保证；使用"不履行""术语"的，为连带保证。其隐藏的含义是："不能履行"是以其责任财产不能履行；"不履行"包括"主观不能"和"客观不能"。

我们在设计和审查保证合同时，"术语"的使用要准确。为避免不必要的纠纷，在合同中还要对"术语"进行解释。注明"不能履行"为一般保证，"不履行"为连带保证。最好的办法是撇开"术语"的使用，直接注明是一般保证，还是连带保证。

我经常想，一字之差，结果竟如此不同，肯定是立法出了问题。建议将来的立法予以改善。

另外，本应以一般保证为常态，以连带保证为"变态"（非常态)，在我国恰恰掉了一个"个"。一般保证责任较轻，连带保证责任较重；一般保证不容易被骗保，连带保证容易被骗保。推行一般保证，会鼓励更多的人提供保证。

◎ 起草、审查保证合同应注意的一个术语（2）

例：甲方借给乙方 10 万元，债权人甲方与第三人丙方的保证合同是这样写的："甲方无息借给乙方人民币 10 万元，借款期限为 2013 年 3 月 1 日至 2014 年 3 月 1 日，保证期间乙方另行提供抵押担保登记时，保证人丙方不再承担保证责任。"在乙方与丙方的委托担保合同中写道："2013 年 9 月 1 日前，乙方承诺为甲方另行提供抵押担保，解除丙方的保证责任。"

本来甲方与丙方的保证合同是一个附解除条件的保证合同，当条件成就后，丙方免除保证责任。但保证合同中使用了"保证期间"的术语，这就会引起争议。因为，最高人民法院《关于适用〈中华人民共和国担保法〉若干问题的解释》（以下简称《担保法解释》）第 32 条第 1 款规定："保证合同约定的保证期间早于或者等于主债务履行期限的，视为没有约定，保证期间为主债务履行期届满之日起六个月。"而替代丙方担保的时间是 2013 年 9 月 1 日之前，即早于主债务履行期限。债权人甲方会主张丙方的保证期间至 2014 年 9 月 1 日，而不管是否存在替代担保。尽管甲方的主张不能成立，但是会带来很大麻烦。

起草、审查这种保证合同时，不用或删除"保证期间"的术语就可以了。可以强调一下丙方是附解除条件的保证,其条件的成就是不受保证期间限制的。

◎ **签字人之前要有定语**(3)

例:甲向乙借钱,丙在甲、乙签订的合同中签字,合同中并无表明丙义务的条款。后甲到期不清偿债务,乙向丙请求履行。丙的抗辩可能是,我是中间人(居间人)或见证人,不是保证人,因此我不承担保证责任。

《担保法解释》第22条第2款规定:"主合同中虽然没有保证条款,但是,保证人在主合同上以保证人的身份签字或者盖章的,保证合同成立。"保证合同未单独签订,保证人只是在主合同中签了个字,其有可能脱逃责任。审查这类保证合同时,关键要看签字人前边有无"保证人"三字,即签字人之前要有定语。

◎ **保证的保证**(4)

1. "保证的保证"是对保证人不履行主债务的保证。

例:甲对乙有100万债权,由丙提供保证担保(人保),甲对乙是主债权、对丙是保证债权(从债权)。当丙的保证债务不履行或者不能履行时,由丁承担保证责任。丙担保的是主债务的履行,丁担保的是保证债务的履行。

2. "保证的保证"不同于共同保证,共同保证担保的是主债务的履行。

3. "保证的保证"不同于反担保。反担保是对担保人(保证人和物上保证人)向主债务人追偿权的担保;保证的保证是对保证债务履行的担保。

4. 设计"保证的保证"时，要特别注意区分和明确连带保证和一般保证。此处容易出现合同陷阱。我们反对设置合同陷阱，诚实信用原则是民法的帝王规则。但是，害人之心不可有，防人之心不可无，律师应当"提前"维护委托人的利益。

◎ 对"变更"审查（5）

例：甲、乙签订了买卖合同，丙作为买受人乙（主债务人）支付货款的保证人。后甲、乙协商一致变更主合同。

1. 原合同是书面形式，变更协议原则上也应当采用书面形式。
2. 有主合同和第三人作为担保人的从合同（担保合同），主合同当事人"变更"主合同（成立变更协议）时，审查者要注意的是：第一，该变更是加重了主债务人的负担，还是有所减轻，如果是加重的话，应当取得第三人（担保人）的同意；第二，该"变更"是不是变更，如果是更新，担保人就实现了胜利大逃亡。

第二分目　定金合同

◎ 定金合同的起草与审查（1）

> 题记：准确把握定金的性质，对起草和审查定金合同很重要，对诉讼也很重要。
> 　　合同写得好，可以减少甚至避免争议；律师把好关，可以为当事人节约财富。

1. 定金合同是从合同，是从法律关系，从属于主债权。支付定金的一方同时是主合同的债务人，不像保证，保证人是第三人，抵押人、出质人也可以是第三人。

2. 主合同无效的，定金合同也无效，依据《担保法》第5条，当事人可以特约主合同无效时，定金合同仍有效。但起草或审查定金合同时，对此点仍应从严把握，要具体问题具体分析。

3. 定金合同可以是一份单独的合同书，也可以表现为主合同书中的条款。

4. 交付定金的一方是主合同的后履行义务人，收受定金的一方是主合同的先履行义务人。但是，立约定金中，先在合同上签字盖章的一方可能交付定金。

5. 定金一般是担保非金钱之债的履行；定金也可以担保金钱之债的履行，但实务上罕见。担保金钱之债的，常是押金。

6. 定金本身是货币之债。理论上认为，货币以外的其他物也可以作为定金。[1] 比如以交付一把椅子作为定金，收受一方不履行合同的，应当返还两把椅子。以我三十年之经验，未发现过货币以外的定金。定金的交付不一定是交现金，划款（间接交付）当然可以。

7. 设计定金合同时，要有"定金"的字样，避免与保证金、押金、预付款等混淆，以预付款等名义，而约定适用定金罚则的，应当认定为是定金。

8. 所有的定金都是违约定金，在违约定金之下具体分为立约定金、成约定金、解约定金、证约定金。定金的具体性质，

---

[1] "定金通常多为金钱，但不限于金钱，其他代替物（如白米），亦无不可（此点虽法无明文，但学说上并无异议），惟不代替物却不可用作定金，因受定金之当事人，如可归责于自己之事由，致契约履行不能时，应加倍返还。不代替物，则无法办理也。"参见郑玉波：《民法债编总论》，陈荣隆修订，中国政法大学出版社2004年版，第12页。

在合同中一般并不注明。证约定金一般是针对口头合同,在书面合同中,如果注明立约定金、成约定金或解约定金,有助于减少争议。

9. 定金是双方担保,不要以格式条款的形式写成单方担保。因为,发生争议时,要依照《合同法》第41条的规定,作不利于格式条款提供人的解释。

10. 定金一般不适用于持续性给付,而适用于一次性给付。

11. 定金不能超过标的额的20%,超过部分可按预付款处理。审查合同时见当事人写多了,可建议缩减至20%以下。双方当事人都愿意多交定金,比如执意约定为标的额的30%,应当向当事人说明利害。一方违约后,可自动按30%履行(目前的审判实践还没有意识到定金超高、利息超标等是可以自愿履行的)。

12. 定金是不充分担保,因此定金不适用于反担保。

13. 定金是不充分担保,因而还要考虑与违约金、赔偿金的协调。对同一违约行为,如果既约定交付定金,又约定违约金(约定的赔偿金属于违约金),则将来存在"二选一"的问题。[1]可以特约定金与违约金并用,但一定要表述清楚。定金与赔偿金可以并用,但该赔偿金是法定赔偿金,如果对赔偿金事先作出约定,那该赔偿金实际上是违约金,即约定赔偿金是违约金,也要二选一。

14. 对两个以上违约行为,可以分别约定定金和违约金。它们并不冲突。例如,对不交付租赁物导致合同解除,可约定定金,半路毁约可约定违约金。

15. 定金不适用于迟延履行,因迟延履行而解除合同,合同履行义务终止时,可适用定金罚则。

---

[1]《合同法》第116条规定:"当事人既约定违约金,又约定定金的,一方违约时,对方可以选择适用违约金或者定金条款。"此规定为任意性规定。

16. 定金不适用于瑕疵履行，因瑕疵履行而解除合同，合同履行义务终止时，可适用定金罚则。

17. 定金适用于不履行。适用定金罚则后，就免除了继续履行的义务。如果约定适用定金罚则后，还须继续履行，那么，这种"定金"实质上是违约金（这一点对诉讼律师很重要）。定金不能调整，违约金可以调整。[1]

18. 为了计算简便，为了简化法律关系，定金是不计算利息的。有时候定金的数量很大，比如500万元、1000万元等，当事人可以特约利息。比如，甲向乙交付1000万元定金，约定返还的时候计算利息或者将利息折抵价款。对利息的特别约定当然是允许的。

◎ 定金合同审查的五个点（2）

1. 定金是从合同，大多数情况下，表现为主合同书中的一个条款，也有将定金合同单写成一份合同的。

2. 定金合同是实践合同，当事人把实践合同约定为诺成合同的，约定有效。好处是便于追究不交定金一方的违约责任。

3. 定金的数额不能超过标的额的20%。

4. 当事人约定了迟延履行适用定金罚则。——这样的约定是不对的，要帮当事人改过来，改成不履行时或解除后（解除后处于不履行状态）适用定金罚则。

5. 要看一下，当事人规定定金是分次交付，还是一次性交付。定金原则上应一次交付，并应明确交付一部的，不发生变更定金合同的效果。定金合同是实践合同，很多学者和法官认

---

[1]《合同法》第114条第2款规定："约定的违约金低于造成的损失的，当事人可以请求人民法院或者仲裁机构予以增加；约定的违约金过分高于造成的损失的，当事人可以请求人民法院或者仲裁机构予以适当减少。"

为：一方交付不足，另一方受领了，就变更了定金合同的数额——此点不得不防。

◎ **明确定金的性质（3）**

例：甲、乙签订了一份买卖1000万元中药材的合同。双方约定，在买受人乙交付100万元定金时，该买卖合同生效。在乙交付100万元定金后，甲无理拒不履行合同，乙催告履行无效果后，通知甲解除合同，并要求甲双倍返还200万元。甲拒绝，理由是双方约定的是立约定金，不是主合同的违约定金，因此对主合同的不履行，不能适用定金罚则。

1. 本案双方约定的定金是成约定金，成约定金兼有主合同违约定金的性质。因此应当适用定金罚则（双倍返还）。同样，成约定金的交付一方不履行主合同的，无权请求返还定金。

2. 起草或审查定金合同，首先要明确定金的性质。比如，预约约定的定金，一般是立约定金，此时对定金性质的审查，也是对定金（从合同）担保的主合同性质的审查，即是说，立约定金与预约可以相互印证。

第三分目　抵押合同

◎ **签订动产抵押合同的一个技巧（1）**

依据我国《物权法》的规定，不动产抵押采登记生效主义，不登记，抵押权不能生效（不动产抵押权合同已经在先生效）；动产抵押采登记对抗主义，不登记也生效，但是不能对抗善意的第三人。动产抵押合同与动产抵押权是同时生效的，而不动产抵押合同与不动产抵押权的效力采区分原则（分离原则）。

在主债权额较小，以动产作抵押时，当事人往往不愿去登记，嫌麻烦。不登记，抵押人将抵押物让与善意第三人，债权人的抵押权随之丧失。结果是竹篮子打水，一场空。

我所说的技巧，是指第三人为抵押人（物上保证人之一种）时，主债权人要求抵押人承诺：由于抵押人的原因对抵押物不能行使抵押权时，抵押人在抵押物价值范围内承担保证责任。这样，抵押人就兼有物上保证人与保证人双重身份，当物上保证人的身份消失后，就以保证人的身份承担责任，前者是物上有限责任，后者是无限责任。

那么，抵押人会在抵押合同中加上一句话，来承诺自己的义务吗？一般会的，他会想，抵押我都干了，对抵押担保一下又什么不可以呢？在设立抵押时，抵押人一般不会想着将抵押物让与他人。一句话的事，这个技巧在实务中是很有用的。

以上是从主债权人的角度考虑的，加上了一句话，抵押人的风险又是什么呢？请君深思之，律师不可能只为债权人一方服务。

◎ 签订不动产抵押合同的一个技巧（2）

依据我国《物权法》的规定，不动产抵押采登记生效主义，不登记，抵押权不能生效（不动产抵押权合同已经在先生效）。不动产抵押合同与不动产抵押权的效力采区分原则（分离原则）。

一般情况下，不动产抵押登记后，即取得切实担保后，主债权人才开始履行合同。但事事不能都如人愿，有的时候，在不动产抵押合同签订后，尚未办理抵押登记前，主债权人就要履行合同。那么技巧在于，主债权人在抵押合同中与抵押人约定，在抵押登记之前，抵押人承担保证责任，即先承担人保的责任，登记后转化为物保。

抵押人承担保证责任可以有两种情况：其一，抵押人就抵押物承担有限保证责任，即以抵押物作为保证的责任财产；其二，抵押人以全部财产作为责任财产，此与我们通常所说的保证无异。

◎ 抵押双保险的一个技巧（3）

例：主债权人甲对主债务人乙有1000万元债权，甲与抵押人丙（物上保证人）约定，由于丙的原因对抵押物不能行使抵押权时，抵押人丙在抵押物价值范围内承担保证责任。

这是对主债权人双保险的一个例子。抵押责任是物上有限责任，而保证是无限责任。这种特殊约定，对债权人有利，因为，它不仅约定了物上有限责任，而且约定了对物价值的无限责任。此种约定，对抵押人也非不公平。

◎ 抵押双保险技巧及担保陷阱（4）

例：主债权人甲对主债务人乙有200万元债权，甲与抵押人丙（物上保证人）约定，当主债务人乙不履行到期债务时，由丙在15天内代为履行，丙在约定的期限内不代为履行的，甲有权请求实行抵押权（就抵押物变价而优先受偿）。

1. 这是对主债权人一个双保险的例子。这种特殊约定，对债权人有利。

2. 在一定意义上，这种特殊约定对抵押人（物上保证人）也是有利的。因为，理论上认为，"抵押是有责任，无债务"，即抵押人（物上保证人）对主债务人并无代为清偿的债务，而只有以抵押的变价款代为清偿的责任。通过当事人的事先约定，抵押人可以代为清偿，涤除（解除）抵押权，保住自己的抵押物。

3. 这种特殊约定极易形成对担保人的合同陷阱（担保陷阱）。因为，主债权人会说，抵押人（物上保证人）代为清偿的约定，是保证责任（无限责任），对该无限责任，抵押人（物上保证人）还有一个抵押担保。这种担保陷阱，是为了追究抵押人的双重责任。这样，抵押人（物上保证人）就很被动了。

4. 破解这种合同陷阱（担保陷阱）的方法是约定抵押人（物上保证人）的涤除权。当事人可以这样写："主债务人乙到期不履行债务时，抵押人丙可以通过代为履行涤除（解除）主债权人甲的抵押权。上述代为履行，非保证责任。"

◎ 动产抵押权实行的技巧（5）

例：甲、乙约定，甲把一台磨床抵押给债权人乙，交付后办理抵押登记。合同的标题是："抵押合同"。

当事人既办理动产抵押权登记，又将担保物交付给债权人乙（担保权人必为债权人）。这实际上是动产抵押权与动产质权的一种竞合现象。那么，竞合对担保权人（债权人）有什么好处呢？

1. 动产质权人可以对质物自助出卖，就变价款优先受偿。抵押权人没有这样的权利，经法院才能变卖、拍卖，并就变价款优先受偿。原因在于，动产质权人取得了对担保物的占有，而抵押权人没有取得对担保物的占有。

2. 在竞合时，债权人（抵押权人、质权人必为债权人）在进入实行阶段后，就可以通过自助出卖的方式，就标的物的变价款而优先受偿。

3. 既然动产质权人可以自助出卖，那就干脆设立一个质权罢了，为什么还要办理抵押登记呢？因为，质权在次序上有软肋。《担保法解释》第79条第1款规定："同一财产法定登记的抵押权与质权并存时，抵押权人优先于质权人受偿。"[1]当抵押权人和质权人为不同主体时，就有一个"排队队，吃果果"的问题。比如本案的甲在向乙交付质物设立质权后，又向第三人丙抵押，办理了抵押登记。这样，丙就会主张自己在乙之前受清偿。

4. 但是，合同的标题写为"抵押合同"，也是有风险的，有些法官基于"直线思维"会认为，既然写了是"抵押合同"，就是抵押合同，不承认抵押与质押的竞合。律师在审查合同时，可以建议当事人加上几个字，说明这既是抵押合同，又是（动产）质押合同。

◎ **抵押与质押的竞合（6）**

例：甲、乙写了抵押合同，但约定甲向债权人乙交付标的物。抵押不移转占有；质押移转占有。

1. 此案是抵押与质押的竞合。在对抗效力上，应按质押合同处理（占有具有对世性）。如果按抵押合同处理，会影响到债权人乙的利益。

2. 依《物权法》第188条的规定，动产抵押采登记对抗主义，不登记的也生效，但不能对抗善意的第三人。[2]依照《物权法》第199条的规定，未登记的动产抵押权，在清偿次序上

---

[1] 对此条有不同认识，这是另一问题。这里不再讨论。
[2] 《物权法》第188条规定："以本法第180条第1款第4项、第6项规定的财产或者第5项规定的正在建造的船舶、航空器抵押的，抵押权自抵押合同生效时设立；未经登记，不得对抗善意第三人。"

不占优势。[1] 未登记的动产抵押权，实际是债权的物权化，没有真正的对世性。

3. 抵押权人因欠缺占有，不能自助出卖；质权人因处于他物占有状态，可以自助出卖。

4. 律师审查合同的时候，要注意把握合同名称的设计（没有抵押登记时，应写成质押合同），防止、减少日后的争议。

◎ **不要写抵押期间（7）**

例：当事人在抵押合同中写了抵押期间，比如写了抵押期间为自合同订立之日起或登记起两年。

律师审查合同，发现这样的文字应当删除之。因为我国不承认类似于保证期间的抵押期间。

◎ **抵押登记时间的把握（8）**

例：甲把房屋抵押给乙，双方在合同中约定，20天内去办理抵押登记。到第20天，双方到登记机关办理了抵押登记。抵押权人乙万万没有想到，在签订抵押合同后、抵押登记前，乙把房屋租给了丙。丙的租赁权（债权）得对抗乙的抵押权。

1. 不动产抵押，要先签订抵押合同，再办理抵押登记。[2]

---

[1]《物权法》第199条规定："同一财产向两个以上债权人抵押的，拍卖、变卖抵押财产所得的价款依照下列规定清偿：（一）抵押权已登记的，按照登记的先后顺序清偿；顺序相同的，按照债权比例清偿；（二）抵押权已登记的先于未登记的受偿；（三）抵押权未登记的，按照债权比例清偿。"

[2]《物权法》第187条规定："以本法第180条第1款第1项至第3项规定的财产或者第5项规定的正在建造的建筑物抵押的，应当办理抵押登记。抵押权自登记时设立。"第180条规定："债务人或者第三人有权处分的下列财产可以抵押：

2.《物权法》第190条第2句话是："抵押权设立后抵押财产出租的,该租赁关系不得对抗已登记的抵押权。"不动产抵押权,是登记设立,合同签订后,抵押权设立前,不能对抗承租权(债权)。所以,要特别注意缩短"抵押合同签订"与"抵押登记"的时间段。缩短时间,会降低抵押人出租的机会。抵押登记后,抵押权人就不怕出租了。

3. 当然,住宅房与商铺是否有租户,影响大小不一。住宅房中有人的,就不好卖,或者卖不出高价。而拥有商铺,往往就是为了出租,如果租期长,价钱又合理,反而容易变价。

◎ 为浮动抵押加一把锁（9）

例：在给银行系统讲物权法课的时候,一位学员问我：如果浮动抵押物的数量非正常往下浮动,抵押权人怎么办?

我当时的回答是：抵押权人可以行使保全权。《物权法》第193条规定："抵押人的行为足以使抵押财产价值减少的,抵押权人有权要求抵押人停止其行为。抵押财产价值减少的,抵押权人有权要求恢复抵押财产的价值,或者提供与减少的价值相应的担保。抵押人不恢复抵押财产的价值也不提供担保的,抵押权人有权要求债务人提前清偿债务。"浮动抵押物（种类物）是浮动的,可多可少,但非正常减少,是不能允许的。

保全权是事后的救济,在事前,可以为浮动抵押加一把锁,

（接上页）（一）建筑物和其他土地附着物；（二）建设用地使用权；（三）以招标、拍卖、公开协商等方式取得的荒地等土地承包经营权；（四）生产设备、原材料、半成品、产品；（五）正在建造的建筑物、船舶、航空器；（六）交通运输工具；（七）法律、行政法规未禁止抵押的其他财产。抵押人可以将前款所列财产一并抵押。"依上述规定,不动产抵押为登记生效主义,签订了不动产抵押合同,只是抵押合同生效,抵押权不生效（不设立）。办理了抵押登记,抵押权才生效（设立）。

防止浮动抵押物非正常减少。

实务中,有这样的例子:甲将仓库的产品质押给乙,乙派出保管员管理甲的仓库,货物按照约定可以进出(出质人进货、发货),进出由乙的保管员监管,其监管的目的是保证仓库库存保留约定的数量。这种质押的好处是,乙无须将货物拉到己处,甲方仍然可以进货出货,不影响生产经营。这样的质权是否有效?

我认为这样的质押欠缺占有的可识别性,风险很大。但是甲、乙可以签订浮动抵押合同,约定正常进出货的标准(数量、时间等),抵押权人乙派人到甲仓库坐镇,抵押人甲出货、进货由乙方人员监管,这就为浮动抵押物的不正常减少加了一把锁。浮动抵押进入实行期后,就转变为固定抵押,抵押权人就可以禁止抵押物出库。

读者可能提出这样的疑问:浮动抵押若经登记,是对抗任何人的,还需要六指挠痒,多来一道吗?

——登记的浮动抵押,在未进入实行期以前,购买抵押物的第三人仍可不受登记的制约(参见《物权法》189条第2款)。这是浮动抵押与一般抵押的不同之处。[1]

---

[1] 附:《物权法》关于浮动抵押规定。
《物权法》第181条规定:"经当事人书面协议,企业、个体工商户、农业生产经营者可以将现有的以及将有的生产设备、原材料、半成品、产品抵押,债务人不履行到期债务或者发生当事人约定的实现抵押权的情形,债权人有权就实现抵押权时的动产优先受偿。"第189条规定:"企业、个体工商户、农业生产经营者以本法第181条规定的动产抵押的,应当向抵押人住所地的工商行政管理部门办理登记。抵押权自抵押合同生效时设立;未经登记,不得对抗善意第三人。依照本法第181条规定抵押的,不得对抗正常经营活动中已支付合理价款并取得抵押财产的买受人。"第196条规定:"依照本法第181条规定设定抵押的,抵押财产自下列情形之一发生时确定:(一)债务履行期届满,债权未实现;(二)抵押人被宣告破产或者被撤销;(三)当事人约定的实现抵押权的情形;(四)严重影响债权实现的其他情形。"

◎ 宜将从物写入抵押合同（10）

1. 无论是否写入抵押合同，无论是否登记，抵押权都及于从物。《物权法》第 115 条规定："主物转让的，从物随主物转让，但当事人另有约定的除外。"该条有瑕疵（本应写为"主物处分的，从物随同处分"），极易产生争议。如果从物价值较大或难以确认，最好将从物写进抵押合同，可以具体写，也可以概括写，如进行抵押登记，将其与主物一并登记。

2. 质押与抵押不同。即使质押合同写明了从物，质物的从物未交付的，质权也不及于从物；即使质押合同未写明从物，从物交付的，质权也及于从物。也就是说，质押合同是否写明从物，倒影响不大。

◎ 移转所有权的"抵押"无效（11）

例：甲与乙签订"投资合同"，约定甲对乙承包的山林投资，乙将自己的房屋过户登记给甲作为抵押。同时约定，到期乙不能清偿债务，不能请求返还房屋。

1. 以转移所有权的方式设立"抵押"的，无效，因为违反了《物权法》第 5 条规定的物权法定原则。该条规定了种类法定和内容法定："物权的种类和内容，由法律规定。"甲、乙突破了种类法定的"禁区"，因而抵押无效。

2. 律师审查合同，不能对此类条款视而不见。

◎ 商铺抵押的一个特殊风险（12）

例：银行抵押贷款，要求 70% 的抵押率（比如，100 万元的抵押物，担保 70 万元的贷款），这大大降低了风险。银行以外的其他抵押权人（抵押权人必为债权人），在签订抵押合同时，一般也要考虑抵押率的大小。

1. 商铺抵押率，要考虑商铺抵押的特殊风险。商铺一般不是空着的，具体地说，在抵押登记前，商铺可能已经出租给他人了。这时，要看一下租金是否合理，租金如果过低而租期过长，在实现抵押权时，商铺就卖不出高价或正常价了——这是抵押权人的一个特殊风险，比如，贷款了8000万元，作为抵押物的商铺才卖出7000万元。

2. 商铺租金过低，承租人可能不会主张优先购买权，因为，他要享受低租金的待遇。

◎ **要注意界定最高额抵押的担保范围**（13）

例：当事人约定"最高额"为1000万元，主债务人到期不履行的金额为995万元，实现担保物权的费用为10万元，则抵押权人（必为债权人）有5万元不能优先受偿。

1. 此例可作为律师起草最高额抵押合同的参考。
2. 《物权法》第203条规定："为担保债务的履行，债务人或者第三人对一定期间内将要连续发生的债权提供担保财产的，债务人不履行到期债务或者发生当事人约定的实现抵押权的情形，抵押权人有权在最高债权额限度内就该担保财产优先受偿。最高额抵押权设立前已经存在的债权，经当事人同意，可以转入最高额抵押担保的债权范围。"
3. 《物权法》第173条规定："担保物权的担保范围包括主债权及其利息、违约金、损害赔偿金、保管担保财产和实现担保物权的费用。当事人另有约定的，按照约定。"
4. "最高额抵押"之"最高额"是指主合同债权的"最高

额"，包括"主债权及其利息、违约金、损害赔偿金、保管担保财产和实现担保物权的费用"。起草、设计最高额抵押合同，一定要考虑实现担保物权的费用。

第四分目　质押

◎ 界定质物，要写收条（1）

例：出质人甲与质权人乙签订了质押合同。但质权合同的描述，与实际交付的物不一样。在返还质物或变价后，出质人甲可能会追究质权人乙的保管责任，说质权人保管不善造成价值减损，或者说数量不足。

1.《物权法》第 210 条规定了质权合同应当包括的条款。其中第（三）项是："质押财产的名称、数量、质量、状况。"当事人事先在质权合同中约定上述内容，有预防争议的作用。

2. 最好的办法，是在质权合同中注明质物的数量、质量、状况等，以质权人出具的收条（或验收的字据、清单）为准。收条是出质人持有的，其自应审查收条的内容。质物数量较多时，双方应当在质权人收到质物后的清单上签字。

◎ 物由第三人占有，宜设计为抵押（2）

例：甲、乙签订质押合同，约定债务人甲将租给丙（现由丙占有）的冲床质押给债权人乙，租期尚余一年。甲将质押的情况，通知了丙。

1. 在甲通知丙（指示交付）后，乙并不能取得动产质权。因为，指示交付作为观念交付，不能使债权人乙取得现实占有。

《物权法》212条规定:"质权自出质人交付质押财产时设立。"未交付的,不能取得对世的效力,且债权人乙(指示交付的受领人)请求丙现实交付时,丙会行使占有抗辩权,在租期届满之前,拒绝向乙交付。

2. 若质权人(兼为债权人)乙委托律师审查合同,律师应当为乙算计:是写成质押好,还是改为抵押好?如债权数额较大,还是改为抵押较好,如辅之以抵押登记,更好。

◎ **保证金不能质押(3)**

例:甲农用物资公司与乙银行订立"保证金质押合同",甲农用物资公司存入乙银行1000万元,作为保证金质押,担保今后乙银行的"相关"债权。所谓"相关债权",是指甲农用物资公司卖给客户、农民农用物资,而购买人又缺少资金,由购买人向乙银行贷款,由甲农用公司以"保证金质押"的方式,在1000万元的范围内担保乙银行债权的实现。

1. 保证金是一种独立的担保方式,是不能质押的。当事人使用的合同名称不准确。

2. 如果甲物资公司将1000万元汇入乙银行的账号,属于保证金担保;如果甲物资公司将1000万元存入乙银行为自己开立的账号,而将存款凭证交付给乙银行质押,则属于最高额权利质押。

3. 最高额抵押、最高额质押、最高额保证,不一定是担保一个人的债务,可以担保两个以上人的债务。起草合同,第一,要把合同名称写准确,第二,条款设计要具体。

◎ 要审查抵押、质押合同有无流押、流质条款（4）

例：债务人某甲把一台机器抵押给债权人某乙，1月1日订立抵押合同。某甲债务履行期限届满之日为同年12月1日。在1月1日到12月1日（含该日）之前，约定某甲"不履行到期债务，该机器归某乙所有"的，为无效；在12月1日以后作出这种约定（折价协议）的为有效。

审查合同，发现有流押、流质条款，应当删除之。

1. 流押条款和流质条款禁止的规定。《物权法》第186条对流押规定："抵押权人在债务履行期届满前，不得与抵押人约定债务人不履行到期债务时抵押财产转移为债权人所有。"第211条对流质规定："质权人在债务履行期届满前，不得与出质人约定债务人未履行债务时质押财产为债权人所有。""流"是流失的意思。

（1）违反了上述规定，导致抵押合同、质押合同的部分无效，流押、流质条款的无效不影响其他条款的效力。

（2）违反上述规定，也违反了物权法定原则中内容法定的要求。《物权法》第5条规定："物权的种类和内容，由法律规定。"

（3）"不得"的时间，在债务履行期限届满之前。也就是说，在履行期限届满之后（进入抵押权、质权实行期之后），双方当事人可以约定抵押财产归抵押权人，质押财产归质权人。这种约定称为折价协议。

2. 禁止流押条款、流质条款的原因。

（1）一般认为，禁止流押条款和流质条款，是为了防止债权人乘人之危。

（2）其实，还有一个重要的原因，就是流押不能满足物权变动的形式要件，易使第三人蒙受不测之损害，危害交易安全。《物权法》第6条规定："不动产物权的设立、变更、转让和消灭，应当依照法律规定登记。动产物权的设立和转让，应当依照法律规定交付。"

流押和流质，当事人约定的物权变动是以债务人不履行到期债务为条件的。流质尚可解释为动产简易交付，抵押不移转占有，连解释的余地都不存在。流押应当禁止，流质在法律上是否可以放宽，不无探讨的必要。

（3）第三个原因，是流押和流质约定的折价价格到时可能会有很大变化，可能造成显失公平的后果。

3. 流押条款、流质条款对谁不利。一般认为，流押条款、流质条款对抵押人、出质人不利。假如流押条款、流质条款有效，也有可能对债权人不利（抵押权人、质权人必为债权人）。比如，在债务人为抵押人、出质人时，债权人只是以抵押财产和质物为责任财产，而排除了债务人的其他责任财产。

4. 实务中的两个重要问题。

（1）将抵押物、质物抵债，需要当事人的二次约定，即当事人先签订抵押合同、质押合同（第一次约定），在进入实行期后，要再行约定以担保物抵债（第二次约定为折价协议）。

我见到过这样一个判例：当事人约定了流押，进入实行期后，双方当事人对流押条款都没有任何异议，都同意以抵押物抵债，后来当事人因主合同发生争议，抵押人就向法院提出请求确认流押条款无效。当事人关于折价抵债的合意就被判决粗暴地否决了。

这是一个意思表示解释的问题，按照真意解释原则，应认定上述当事人有了二次协议。《合同法》第125条第1款规定：

"当事人对合同条款的理解有争议的，应当按照合同所使用的词句、合同的有关条款、合同的目的、交易习惯以及诚实信用原则，确定该条款的真实意思。"

(2) 当事人能否在订立抵押合同、质押合同时，就折价协议订立预约？是可以的，因为预约就规定了当事人进入实行期要进行二次约定。

第二部分 合同法

第一节 要约、承诺

◎ **不可撤销的要约（1）**

> **题记**：律师代为起草要约时，应当询问委托人是否有撤销的意向。

要约分为可撤销的要约与不可撤销的要约。我国《合同法》第19条规定："有下列情形之一的，要约不得撤销：（一）要约人确定了承诺期限或者以其他形式明示要约不可撤销；（二）受要约人有理由认为要约是不可撤销的，并已经为履行合同作了准备工作。"

1. 要约人在要约中确定了承诺期限。

（1）为何确定了承诺期限就不可撤销？因为确定了承诺期限，也就是规定了要约的有效期限，即意味着要约人在要约期限内等待受要约人承诺的送达。要约规定了承诺期限，法律就认为要约人放弃了撤销权。或者说，规定了承诺期限，就意味着要约人保证在承诺期限内不撤销要约，保持要约的形式拘束力。

（2）要约确定了承诺期限，就没有撤销权，是基于保护受要约人信赖利益作出的规定。第一，要约人确定了承诺期限，一般就说明他对行情和交易条件的变化有了比较准确的把握。要约人在设计承诺期限的时候，自然地考虑到了对自己利益的保护。如鲜活产品的现货出售，要约人在设计承诺期限的时候，自然要考虑保鲜的问题，从而承诺期限要短；在处于卖方市场的情况下，卖方也会将承诺期限缩短；在行情剧烈变化的市场条件下，要约人也不会给对方留下太多的犹豫时间。因而，规定了承诺期限，就不允许撤销，从宏观上看，不会影响到要约人的利益。第二，规定了承诺期限，会使受要约人产生合理的信赖，受要约人会根据承诺期限的长短，来决定自己的相关行为。比如，某甲在1月1日以信件向某乙发出要约，以100万元的价格出售一所房屋，承诺期限为15天，信件的往返时间为6天。承诺期限的最后一天为1月16日。受要约人某乙，就会在预留回信时间的前提下，进行准备工作，如某乙可能四处向亲友告贷。如某甲在承诺期限内突然撤销，就会造成某乙的损失。第三，或许有人认为，若允许要约人对有承诺期限的要约进行撤销，造成了受要约人的损失可以采取损害赔偿的方法解决。若采取这种办法，不符合《合同法》尽量保护交易关系、尽量促使社会积累财富的思想，会使市场的效率、效益下降。须知，合同数量的增加，即交易数量的增加，交易数量的增加，即社会财富的增加。

（3）既然要约人规定承诺期限是放弃撤销权，那么要约人在规定承诺期限的同时也可以保留自己的撤销权。如甲对乙、丙同时发出要约说：现仅有一个出租摊位，租给10天内先将头3个月租金打入我公司账号者。要约中对一个摊位，赋予两个人以承诺权，必然保留了其中一个（后来者）的撤销权，这种规定是有效的。《合同法》第19条关于要约人确定了承诺期限不得撤销的规定,是任意性规范,可以排除适用。

(4)实践中对于承诺期限的表达方式多种多样。比如,有的要约中这样规定:"6月7日后价格及其他条件将失效。"要约中的"6月7日"就是承诺期限的最后一天。"请按要求在3天内将水泥送至工地"、"请在15天内答复"、"3个月内款到即发货"等,都属于对承诺期限的表述。

2. 明示要约不可撤销的情形。下列情形都可以认为是明示表达要约不可撤销的表示:"我方将保持要约中列举的条件不变,直到你方答复为止";"这是一个不可撤销的要约"等。如果当事人在要约中称:"这是一个确定的要约",仅仅这样表述,不能认为该要约不可撤销。因为,要约本身就是确定的。明示要约不可撤销,并不等于要约永远有效,如果受要约人在合理的时间内未作答复,要约自动失效(《合同法》第20条、23条),否则,经过100年,要约还会有效。

3. 受要约人有理由认为要约是不可撤销的,并已经为履行合同作了准备工作。

(1)要约人没有规定承诺期限,要约的效力也不会永久存续,要么经过合理的期间自然终止,要么由要约人撤销。要约人没有规定承诺期限,可能是因为疏忽或者对交易习惯和对行情与时间的关系把握不准,当然还有其他原因。

(2)在没有规定承诺期限的情况下,受要约人可能已经依信赖行事。依照信赖行事,就击破了要约人的法定撤销权。首先是信赖(受要约人有理由认为要约是不可撤销的),其次是行事(已经为履行合同做了准备工作)。尽管没有规定承诺期限,但要约仍然可能因为双方的交易习惯或者要约人的表达等使受要约人产生合理的信赖。比如,要约人向受要约人发出"求救"的信息:"工地告急,急需水泥300吨……"显然受要约人对此类要约是可以产生合理信赖的。

(3) 一般来说,要约中要求受要约人以行为作为承诺的,受要约人就有理由认为要约是不可撤销的。如要约中指出:"款到即发货"、"如同意,请尽快发货"等。除了受要约人有理由认为要约是不可撤销的以外,还有一个并列的条件,就是受要约人已经为履行合同作了必要的准备工作,比如:购买原材料;办理借贷筹备货款;购买车船机票准备到要约人指定的地点去完成工作,与他人签订相关的合同等。

◎ 要约人与受要约人的博弈 (2)

1. 要约人对"因迟发而迟到的承诺"的两次机会。承诺应当在承诺的期限内发出并送达。迟发是指超过承诺期限发出承诺,迟发必然迟到。《合同法》第28条规定:"受要约人超过承诺期限发出承诺的,除要约人及时通知受要约人该承诺有效的以外,为新要约。"

对迟发而迟到的承诺,要约人可以不予理睬,但要约人有两次成立合同的机会。第一次机会是及时发出对"迟发承诺"的承认通知,则"迟发的承诺"取得与承诺相同的效果,这样符合双方的利益。第二次机会是在"迟发的承诺"为新要约时,(原)要约人可以通过承诺成立合同。

2. 受要约人亡羊补牢的机会。对"因迟发而迟到的承诺",在要约人未及时发出否认通知的情况下,性质转变为新要约,(原)要约人有承诺权(简单形成权、发生形成权)。(原)受要约人处于听人宰割的境地。不过,(原)受要约人还有一个亡羊补牢的机会,这个机会就是行使要约撤销权。

例:北京的甲向南京的乙发出要约,要约注明:"要约有效期至 7 月 1 日截止",乙本应在 7 月 1 日之前发出并送达承诺,但乙在 7 月 2 日才发出承诺,于 7 月 6 日送达至甲。甲未及时通知乙承诺有效,则乙的承诺被拟制为新要约。乙后悔了,不想与甲成立合同。

因乙的要约是被拟制的,其中没有承诺期限,乙应尽快向甲发出通知,撤销被拟制的新要约。[1] 实务中,乙的措辞不必很规范,明确表达不想与甲成立合同的意思即可。

3. 结语。吃后悔药的机会,当事人可以不知,法务、法律顾问不可不知。不要给当事人留下埋怨的机会。

◎ **别忘了发否认通知(3)**

承诺不但要在承诺期限内发出,而且要在承诺期限内送达。

未迟发而迟到的承诺是狭义的承诺迟延,是指承诺的通知在发出时虽然不构成迟延,但由于传递故障等外在原因,到达要约人时超过了承诺的期限。口头通知、手机短信和电子邮件,都不会构成狭义的承诺迟延。

《合同法》第 29 条规定:"受要约人在承诺期限内发出承诺,按照通常情形能够及时到达要约人,但因其他原因承诺到达要约人时超过承诺期限的,除要约人及时通知受要约人因承诺超过期限不接受该承诺的以外,该承诺有效。"

"及时",是合理的最短时间。要约人未及时通知的,其承诺视为未迟到。为什么要求要约人及时发出否认通知(迟

---

[1] 《合同法》第 18 条规定:"要约可以撤销。撤销要约的通知应当在受要约人发出承诺通知之前到达受要约人。"第 19 条规定:"有下列情形之一的,要约不得撤销:(一)要约人确定了承诺期限或者以其他形式明示要约不可撤销;(二)受要约人有理由认为要约是不可撤销的,并已经为履行合同作了准备工作。"

到通知）呢？这是从交易安全角度进行的设计，由于外在的原因，受要约人一般不知道承诺陷于迟延，还在那里傻傻地等待。

在合同法中，书面形式主要起证据作用。在交换意思表示时，一般采对等规则。你来我往用同样的形式，你给我书面信件，一般我的回复也应是书面信件。为防止承诺人陷于被动，可先打电话或使用电子邮件（非纸质书面形式）为否认通知（迟到通知），再发信正式表明态度。只打电话不行！

毕竟，是承诺人承担迟延的风险，要约人若怠于通知，岂不是对法律的优惠视而不见？

例：一般信件异地的传递时间是三天。甲以信件向乙发出要约的时间是1月1日，承诺期限是15天，承诺期限的最后一天是1月16日。乙接到要约的时间是1月4日，经过考虑，乙于14日向甲邮寄接受要约（承诺）的信件。信件本应于承诺期限的最后一天（1月16日）到达甲，但由于自然灾害导致邮路不畅或者邮局人员的工作失误，1月17日承诺才送达甲。甲如果不接受迟到的承诺，必须及时发出否认通知，否则承诺生效、合同成立。

◎ 镜像规则的例外（4）

1. 承诺与要约相一致的要求，被称为镜像规则。镜像规则要求承诺就像对着镜子反射一样与要约取得一致（要约与承诺就像照镜子一样内容相同、方向相反）。但是，受要约人对要约人答复，经常对要约的内容有变更，实质性变更与非实质性变更，有不同的效果。实质性变更为新要约。也有的受要约人针对要约提出要约邀请。受要约人提出新要约和要约邀请，都否定了原要约的效力。

2. 对要约的非实质性变更，可构成镜像规则的例外。《合同法》第31条规定："承诺对要约的内容作出非实质性变更的，除要约人及时表示反对或者要约表明承诺不得对要约的内容作出任何变更的以外，该承诺有效，合同的内容以承诺的内容为准。"非实质性变更，是指虽有表面上变更，但这种变更没有实质改变要约的内容，即没有提出新的权利义务的设计或者虽有变更但没有增加要约人的负担。"及时"，是最短的合理时间。

例1：甲向乙发出要约，要出卖给乙100万元的货物，但要约中没有不得做任何变更的限制。乙回信说同意甲提出的条件，但要求把货物由路运改为水运。如果由路运改为水运，没有增加甲的费用和麻烦，即为非实质性变更。甲不同意这种非实质性变更，应及时表示反对，否则以承诺的内容为准成立合同。

例2：甲向乙发出要约，要购买乙2万元的货物，在要约中提出以现金向乙支付。乙回复说同意甲提出的条件，但要求现金支付改为用银行卡支付，此为非实质性变更。甲不同意这种非实质性变更，应及时表示反对，否则以承诺的内容为准成立合同。

第二节　合同的类型

◎ 就要式合同达成的口头协议（1）

1. 要式合同的"式"是方式，要式合同是以某种方式的具备作为合同成立的要件。例如，我国《物权法》、《担保法》规定的担保合同（保证合同、定金合同、抵押合同、质押合同）应当采用书面形式。方式除了书面方式以外，还包括公证、第三人见证等。

2. 要式合同分为法定要式合同和约定要式合同。

（1）支票或者其他票据，上边的格式是中国人民银行规定的，这种格式不能改变，否则就取不出钱，所以票据是绝对要式行为。法定书面形式的合同不等于绝对要式合同，因为《合同法》规定：法律规定要采用书面形式的，当事人没有采用，合同照样可以生效。比如说，通过行为，一方履行，另一方受领，行为可以排除法定的书面形式（《合同法》第36条、37条）。也就是说，合同法规定的书面形式不是绝对要件。

（2）对于法定要式合同，当事人作了口头约定，可以成立预约。例如，技术开发合同、技术转让合同、建设工程合同、六个月以上的租赁合同等是法定要式合同，当事人先以口头形式达成合意的，可以构成预约。违反预约也可以构成违约责任。

（3）约定的要式合同，是法律并没有规定书面形式等要件，而该要件由当事人口头或书面约定而产生。当事人的这种约定本身，可构成预约。《买卖合同解释》所列举的预约都是书面形式，[1]其实口头形式的预约也是常见的。

3. 口头约定要式合同一例。

例：甲、乙3月1日通过电话协商一致（口头约定），甲以10万元的价格出卖给乙一匹名为"神风"的赛马，约定同年4月1日在某地签订书面合同，该口头约定构成预约。买卖一匹

---

[1]《买卖合同解释》第2条规定："当事人签订认购书、订购书、预订书、意向书、备忘录等预约合同，约定在将来一定期限内订立买卖合同，一方不履行订立买卖合同的义务，对方请求其承担预约合同违约责任或者要求解除预约合同并主张损害赔偿的，人民法院应予支持。"

马的合同本为不要式合同，但由于当事人的特约，使本约成为约定要式合同。本约的签订，产生第二个法律关系。分阶段进行交易，是正常现象。

◎ **诺成合同与实践合同的转换（2）**

1. 诺成合同是双方意思表示一致即可成立并生效的合同。实践合同又称为要物合同，其法律构成是"合意加动产交付"，两个意思表示一致还不够，须交付标的物合同才成立或者生效。我国法律对于实践合同采取双重标准。如定金合同，双方达成一致意见时（取得合意时）成立，交付定金合同生效。按照《合同法》关于自然人借款合同的规定，自然人之间的借款合同于双方达成合意时成立，提供借款时生效。按照合同法关于保管合同的规定，提交保管物给保管人的时候合同成立（不是生效）。双重标准（二元化标准）是立法技术不成熟的表现。

诺成合同是常态，实践合同是变态。只有极少数合同规定为实践合同。实践合同包括定金合同，双方都是自然人的借款合同、保管合同、使用借贷合同等。还有一些是按照交易习惯形成的实践合同。

2. 诺成合同可以约定为实践合同，例如，将买卖合同约定为交付定金（成约定金）时成立或交付标的物时成立。实践合同的意义在于当事人有反悔权。法定的实践合同，有法定反悔权，约定的实践合同，有约定的反悔权。再如，将赠与合同约定为实践合同。

将诺成合同约定为实践合同，等于加了一个预约。

3. 实践合同可以约定为诺成合同。例如，将自然人之间的借款合同（实践合同）约定为诺成合同。这种约定的意义是取消当事人的反悔权。

将实践合同约定为诺成合同,等于取消了一个预约。

4. 实践合同、诺成合同的规定,并非强制性、禁止性规定,当然可以调整。意思自治不是空话。

5. 律师设计合同,可以根据当事人的需要,在诺成性与实践性之间进行转换。

◎ 保管合同的"另有约定"(3)

我国《合同法》第367条规定:"保管合同自保管物交付时成立,但当事人另有约定的除外。"根据条文中的"另有约定",当事人可以把保管合同约定为诺成合同。这种约定,是为了保护寄存人的利益。

其他实践合同能否"另有约定"?具体地说,其他实践合同法律未特别规定"另有约定的除外"时,当事人能否将其约定为诺成合同?

禁止性规定,法律应设明文,未设明文的,不能认为是禁止的。不能认为,没有规定"另有约定的除外"的,就不允许"另有约定"。

实践合同可以约定为诺成合同,诺成合同也可以约定为实践合同。在债法领域,没有类似于物权法定的限制。比如,两个自然人之间的借款合同是实践合同,当事人可以约定为诺成合同,排除出借人(贷与人)的反悔权。

◎ 预约和本约(4)

《买卖合同解释》第2条规定:"当事人签订认购书、订购书、预订书、意向书、备忘录等预约合同,约定在将来一定期限内订立买卖合同,一方不履行订立买卖合同的义务,对方请求其承担预约合同违约责任或者要求解除预约合同并主张损害赔偿的,人民法院应予支持。"买卖合同可以有预约,其他合同当然也可以有预约。

1. 预约又称为预备合同。预约是指当事人约定于将来成立某一合同的合同。预约是以订立另一合同(本约)为内容,即对预约的履行是成立本约。本约又称为本合同,是依照预约成立的合同。预约与本约的概念是"姊妹花",没有预约,也就无所谓本约,反之亦然。

预约与本约是两个合同法律关系。预约可以过渡到本约,但这种过渡并不具有必然性。

2. 预约的表现形式有认购书、订购书、意向书、意向协议、备忘录等。但有其名不一定有其实,认购书、意向书等是否构成预约,属于合同解释问题。如果签署认购书、意向书等文件的当事人并不希望受"意向"的约束,只是表达一种不受约束的愿望,那么就不是预约。如果有成立本约的意思表示,就可构成预约。

当事人也可能以口头形式成立预约,法律并未对预约的形式作限制性规定。特别是买卖合同,本身就是不要式合同。

3. 实务中,经常有这样的现象:成立了一项交易,在合同中对有关联的交易作出了预约,即一份合同包含了本交易和预约两个法律关系。这一点在帮当事人审查合同时要特别注意。表示要签订补充协议的,通常不是预约。

4. 预约的内容,可能包括了本约的必要条款,也可能不包括本约全部必要条款。

5. 预约分为双务预约和单务预约。双方都负担成立本约义务的,为双务预约,一方负担成立本约义务的,为单务预约。是双务预约还是单务预约,主要受买方市场或卖方市场的制约。

6. 对预约的履行，不能强制执行（法律不能）。违反预约的，被违约人可以请求赔偿。按照《买卖合同解释》第2条的精神，这种赔偿是违约责任。[1]

7. 《买卖合同解释》第2条使用了"要求"解除预约合同提法。实际上，被违约人可以依据《合同法》第94条的规定通知对方解除合同，预约也是合同，自可适用《合同法》的规定。

8. 将交易区分为预约和本约两个环节，可以避免可得利益的赔偿。但刻意地区分为两个环节，效果不一定好，帮助当事人设计合同，还是要根据实际情况，还是要实事求是。

9. 《商品房买卖合同解释》第5条规定："商品房的认购、订购、预订等协议具备《商品房销售管理办法》第16条规定的商品房买卖合同的主要内容，并且出卖人已经按照约定收受购房款的，该协议应当认定为商品房买卖合同。"

"商品房的认购、订购、预订等协议具备《商品房销售管理办法》第16条规定的商品房买卖合同的主要内容"说明预约中已经包含了本约的必要条款，但它还是个预约。"出卖人已经按照约定收受购房款的，该协议应当认定为商品房买卖合同"，这样规定是为了方便裁判。从法律关系论的角度来看，房款的收受，导致进入本约法律关系。

10. 我曾经办过、写过预约案件，挑出一个，供大家参考。

例：2002年1月，甲乙双方签订"买卖合同"。约定：甲卖给乙皮衣480件，于2002年8月、9月间分6次发货，每次发

---

[1] 理论上通常将不能缔结本约的责任称为缔约责任，缔约责任是相对于本约而言的，我也曾使用缔约责任的提法，参见拙著：《合同法要义》，中国人民大学出版社2011年版，第26页。违约责任的提法更好。

货80件。每次发货前依当时行情分别签订合同。2002年11月，乙起诉甲，追究甲到期不发货的违约责任。甲辩称，因未另行签订合同，无法发货。

甲、乙双方签订的"买卖合同"实为买卖交易关系的预约。在本案中，对预约的履行是签订本约。6份本约并未签订，标的未具体化，价款未确定，乙不能追究甲不发货的违约责任。

◎ 单务预约与双务预约（5）

例：甲出租门面房，乙想搞一个著名品牌的快餐连锁店，想把这个门面房租下来，又怕品牌申请不到，租到的房子用不上。遂与甲协商，双方约定：两个月内双方签订"正式"租赁合同，甲等待乙两个月，乙到期可以不签。

预约分为双务预约和单务预约。双方都负担成立本约义务的，为双务预约，一方负担成立本约义务的，为单务预约。本案甲、乙之间的协议，是单务预约。在这份预约中，甲负担签订本约的义务，而乙可以不签订。

甲、乙之间的约定不是附生效条件（停止条件）的合同，因为这种合同在条件成就时自动生效，不需要再签订的程序；也不是附始期的合同，始期对合同的生效其实没有什么意义。

◎ 预约为什么可以按照本约处理（6）

《商品房买卖合同解释》第5条规定："商品房的认购、订购、预订等协议具备《商品房销售管理办法》第16条规定的商品房买卖合同的主要内容，并且出卖人已经按照约定收受购房款的，该协议应当认定为商品房买卖合同。"[1]

商品房的认购、订购、预订等协议是预约，为什么可以认定为商品房买卖合同（本约）呢？对预约的履行是成立本约，而交付购房款是对本约的履行。在当事人已经履行本约的情况下，当然可按本约处理。

预约通常会包含本约的部分条款，甚至包含本约的主要条款。

以上分析，有无法学方法论的影子？

◎ 谈射幸合同（7）

射幸合同，是一方或双方当事人的给付或给付多少系于偶然事件的合同。实务中常见的，是一方给付实定，另一方的给付不确定。

例：在我老家山东半岛临海的一些地方，游客与渔民达成口头射幸合同：渔民驾船用拖网捕捞，一网下来，有多少算多少。一网有时十来斤，有时五六十斤，一网400元钱。网中有鱼、虾、螃蟹等。

本案双方的合同（双务合同）是结合法律关系，包含两个单一法律关系，一个是游客为给付的单一法律关系，一个是渔

---

[1]《商品房销售管理办法》第16条规定："商品房销售时，房地产开发企业和买受人应当订立书面商品房买卖合同。商品房买卖合同应当明确以下主要内容：（一）当事人名称或者姓名和住所；（二）商品房基本状况；（三）商品房的销售方式；（四）商品房价款的确定方式及总价款、付款方式、付款时间；（五）交付使用条件及日期；（六）装饰、设备标准承诺；（七）供水、供电、供热、燃气、通讯、道路、绿化等配套基础设施和公共设施的交付承诺和有关权益、责任；（八）公共配套建筑的产权归属；（九）面积差异的处理方式；（十）办理产权登记有关事宜；（十一）解决争议的方法；（十二）违约责任；（十三）双方约定的其他事项。"

民为给付的单一法律关系。游客的给付是确定的（实定），渔民的给付是不确定的（即使颗粒无收，也不影响双务合同的性质），偶然性很强。

渔民捕到鱼虾，因先占取得所有权，交付给游客，物权变动，游客对所有权是传来取得。此处交付，满足了《物权法》第 6 条、第 23 条规定的（动态的）公示要件。

◎ **主合同、从合同和委托合同（8）**

1. 先看一下三角法律关系图。

甲————————————乙
（债权人）　　　　　（债务人）

丙
（保证人或者物上保证人）

（1）甲、乙是主合同；甲、丙是从合同（担保合同）；乙、丙是委托合同，个别情况下，乙与丙是无因管理关系。

（2）如果乙自己提供定金、抵押、质押担保，则主、从法律关系都发生在甲、乙之间。

2. 根据两个合同的从属关系，可以把合同分成主合同和从合同。这种分类方法与合同的一般分类方法不同。一般的分类，如诺成合同与实践合同可以各自独立存在，而主合同与从合同不能各自独立存在，两个合同胶结在一起，才有主从之分。没有主合同，就没有从合同，反之亦然。

3. 主合同与从合同区分的意义。

（1）效力上的从属性。主合同的效力决定了从合同的效力。

根据我国《担保法》第5条第1款规定，主合同无效，从合同也无效，当事人另有约定的除外。我国《物权法》第172条第1款规定："设立担保物权，应当依照本法和其他法律的规定订立担保合同。担保合同是主债权债务合同的从合同。主债权债务合同无效，担保合同无效，但法律另有规定的除外。"依据以上规定，主、从合同具有效力上的从属性。

例：甲公司卖给乙公司一批走私手表，甲（债权人）先交货，乙后给钱（乙是债务人），给债务人提供担保的是丙，甲和丙约定主合同无效，从合同继续有效。后丙拒绝承担担保责任，主张从合同无效。甲则主张："主合同无效，从合同也无效，当事人另有约定的除外。我们双方另有约定，因此从合同有效。"

这个关于从合同有效的约定本身是无效的，因为从合同所担保的主合同是一个买卖走私物品的合同。"另有约定"的本身，也要合法。

一般情况下是主合同决定从合同的命运，但是也有例外。例如，甲方和乙方在买卖合同中约定，甲方给乙方50万定金，定金交付时，主合同生效，这就是成约定金，成约定金的交付是主合同生效的条件，这是当事人通过合意使从合同的生效成为主合同生效的前提（约定立约定金，使作为诺成合同的买卖合同成为实践合同）。但是主合同毕竟是主合同，甲、乙就盗赃物签订买卖合同，约定交付定金时生效，即使完成了定金的交付，主、从合同都不能生效。这是主合同性质（买卖禁止流通物）决定的。

（2）给付上的从属性。担保人（保证人和物上保证人）是以"主债务人的给付为给付"的，当主债权人的债权到期不能从主债务人处得到实现时，才由担保人清偿。

(3) 移转上的从属性。我国《合同法》第 81 条规定："债权人转让权利的，受让人取得与债权有关的从权利，但该从权利专属于债权人自身的除外。"当主债权移转时，对担保人的从权利一并移转。

4. 为什么主债务人与担保人之间的合同不是从合同？上图中主债务人乙与担保人丙之间的合同是委托合同，它不是从合同。因为它在效力上没有从属性；在给付上没有从属性；在移转上没有从属性。

◎ **互易的法律适用（9）**

1. 就像赠与是赠与合同的简称一样，互易是互易合同的简称。互易合同是诺成合同、双务合同、有偿合同，原则上是不要式合同（不动产互易应为要式合同）。

2. 互易有狭义、中义和广义。

狭义的互易，是指当事人约定相互交换金钱以外标的物所有权的合同，即其是金钱以外的有体物互易合同，又称为易货或易货交易。《合同法》第 175 条规定："当事人约定易货交易，转移标的物所有权的，参照买卖合同的有关规定。"这是针对狭义互易的。有体物的互易合同是双务合同，是双种典型契约。[1]中义的互易，是指财产权的互易，所有权是财产权的一种。广义的互易，不限于财产权的互换，劳务也可以互易。比如农村居民的换工，就是一种互易。

3. 研究互易的目的，主要在于法律的适用。比如，甲将房屋给乙居住，不收钱，但乙要用自己的布料给甲做一套西服

---

[1] "双种典型契约（Doppeltypische Vertrage，Gekoppelte Vertrage），或称混血儿契约（Zwittervertrage）：即双方当事人互负的给付各属于不同的契约类型。"参见王泽鉴：《债法原理》（第 1 册），中国政法大学出版社 2001 年版，第 114 页。

（用益与动产所有权的互易，甲有请求交付定作物的债权，乙有用益债权）。甲出了问题，要适用租赁合同的规定，乙出了问题，要按定作合同（兼有买卖合同的性质）处理。

例：甲到城里工作，将自己在村子里面的有院子的房子交给乙看管，同意乙"无偿"住在房子里面，乙正好没宽敞房子住，与甲一拍即合。甲的院子里有一几百斤重的石头，上边刻有花纹，有一定的文物价值，估价十余万元。一日夜，盗贼入院（院门是锁上的），挖走了石头，院子里留下一个大坑。从院外道路的痕迹来看，是用机动车把石头拉走的。甲质问乙，乙说在屋里睡觉，全家数口人均未听到任何动静。

乙是否有重大过失，有争议，但乙至少有轻过失。

甲、乙之间是广义的互易合同，是有偿合同。乙出了问题，应适用有偿保管合同的规定（乙的给付等同于有偿保管合同保管人的给付）。无偿保管的保管人轻过失免责，有偿保管的保管人轻过失不免责，乙应当赔偿甲的损失。

本案最关键处是：不能当作无偿合同处理。

◎ 以物易物与买卖合同有何不同？（10）

以物易物，是狭义的互易合同。有人认为，以物易物是两个买卖合同的结合。从法律关系的角度看，这种观点不能成立的。因为，买卖合同是以货币的所有权移转作为物的所有权移转的对待给付的，即买卖合同存在两个单一法律关系，一个给付（标的）为移转物的所有权，另一个给付（标的）为给货币所有权。实务中，未必对货币进行交付，而为间接给付（划账、卡上拨付等方式），但未改变买卖合同以货币为对待给付的性质。以物易物没有货币作为对待给付，因此不能说成是两个买卖合同的结合。

我国《合同法》第175条规定："当事人约定易货交易，转移标的物的所有权的，参照买卖合同的有关规定。"这就意味着，以物易物与买卖是非常近似的，以至可以适用买卖合同的规则。最重要的是，以物易物的双方都负担出卖人的瑕疵担保义务（这些瑕疵担保义务并非针对货币而设）。当事人也可以（对动产）约定所有权保留。例如，甲方给乙方一枚祖传的翡翠挂件换取乙方的一套房屋，双方约定甲方先将翡翠交付给乙方，待乙方房屋的所有权过户到甲方名下时，翡翠的所有权移转给乙方。在履行抗辩等方面，易物合同也都可以适用买卖合同的规定。

◎ 寄养马匹是什么合同（11）

近年来，北京有一股小小的养马热。城里人没有足够的空间养马，一般寄养在城郊的养马场。

例：甲花两万元买了一匹小马驹，与乙（养马场）签订"寄养合同"，约定，由乙负担马料、喂养、看护、体检等义务，甲不支付任何费用，但乙可以利用该小马驹进行经营活动，游客可以牵马、照相等，待小马驹长大，可供游人骑乘，收入归乙。一日，由于乙的轻过失，致马腿折断，甲起诉要求赔偿。在诉讼中，甲主张本案"寄养合同"为保管合同，乙主张是委托合同。

本案"寄养合同"是广义的互易合同。

互易合同是有偿合同，因而养马场轻过失不能免责，应当承担赔偿责任。原告、被告之间保管合同、委托合同之争，对案件的处理结果，并无决定意义。不过，法官有时会听听律师对合同性质的看法。

甲的给付,是允许乙使用收益,这种允许,是有对价的,相当于租赁法律关系中出租人的给付。

乙的给付,是提供有关劳务并负担喂养费用,是有对价的,相当于有偿委托合同受托人的给付。为什么不相当于保管合同保管人的给付呢?

委托合同的标的为"事务之处理",保管合同的标的是特定的保管行为(法理上为特定"事务之处理")。保管,不能涵摄乙的给付,因为最重要的是"养"(增值行为),所以认定乙的给付相当于委托合同的给付更为合理。

◎ **餐饮合同是无名合同吗?**(12)

很多人认为餐饮合同是无名合同,实际上,餐饮合同是有名合同。自助餐及麦当劳之类的快餐,是买卖合同;点菜专为顾客制作的,为定作合同(兼有买卖合同的性质)。提供就餐环境和条件,为从给付义务。"从给付义务具有补助主给付的功能,不在于决定债之关系的类型,乃在于确保债权人的利益能够获得最大的满足。"[1]保障顾客安全(如保持地面干净不至于使顾客滑倒等)属于附随义务。

---

[1] 王泽鉴:《债法原理》(第1册),中国政法大学出版社2001年版,第37页。

第三节　合同的效力

◎ **合同附条件的好处（1）**

对双务合同来说，合同附条件是两个给付附条件。当事人也可以约定双务合同中的一个给付附条件。

附条件是为了满足复杂社会生活的需要。附条件的功能在于分配危险、引导当事人的特定行为和赋予动机以法律意义。

第一，分配风险。当事人订立合同，往往基于对将来发展的预期，但将来发展的状况如何，虽然能够分析判断，但不能准确预知。订立合同时就可以通过附条件来分配风险。如当事人约定3个月内付清价款后标的物所有权转移，即标的物所有权之转移，以3个月内付清价款为条件。

第二，引导相对人为特定行为。当事人可以通过附条件，引导当事人追求、履行特定的行为。如张父与其子约定，其子在3年内结婚，张父即送房屋一套（附混合条件）。

第三，赋予动机以法律意义。动机对合同的效力通常不发生影响，动机通常不为合同之内容。我经常说的一句话是："莫斯科不相信眼泪，民事法不相信动机。"但当事人可以通过附条件，将动机转化为合同条件，以保护自己的利益。

例1：甲预计其父将会把A房分给自己，就买了乙在A房下边的车库，结果其父将B房给了自己。甲不能以重大误解要求撤销合同，因为动机并未进入合同（动机上的错误不构成重大误解）。

例2：甲预计其父将会把A房分给自己，就买了乙在A房下边的车库，双方约定甲得到A房时合同生效。其父将B房给

103

了甲，甲就不会因与乙的交易受到损失。

◎ **是附条件还是附期限，抑或是条件拟制？（2）**

例：甲借给乙企业100万元，约定乙企业盈利时偿还。此约定是附条件还是附期限？

我国《合同法》第45条规定："当事人对合同的效力可以约定附条件。附生效条件的合同，自条件成就时生效。附解除条件的合同，自条件成就时失效。当事人为自己的利益不正当地阻止条件成就的，视为条件已成就；不正当地促成条件成就的，视为条件不成就。"第46条规定："当事人对合同的效力可以约定附期限。附生效期限的合同，自期限届至时生效。附终止期限的合同，自期限届满时失效。"

1. 要采有利于债权人的解释规则。

2. 原则上应认定为附期限的给付，经过合理期限无论是否盈利都要还钱。

3. 如甲有"乙企业不盈利，就不要求其偿还"的真实意思，可以认定为是附条件的。

4. 如果乙企业能够盈利而乙企业又不积极争取盈利，可认定为条件的拟制（恶意阻止条件成就）。

◎ **以射幸合同为例谈给付附条件（3）**

1. 我国《合同法》第45条第1款规定："当事人对合同的效力可以约定附条件。附生效条件的合同，自条件成就时生效。附解除条件的合同，自条件成就时失效。"这是规定合同附条件，其实，应当具体到给付附条件。

2. 合同分为射幸合同与实定合同。射幸合同是指当事人一方或双方对于合同的给付,因不确定的偶然事件而发生的合同。[1]比如保险合同、赌博合同、有奖抽彩合同等。保险合同是给付附条件的合同。赌博合同为我国法律所禁止。抽彩合同具有押赌性质,但为社会福利或其他公益目的,经过批准,也可以搞有奖抽彩活动,成立有奖抽彩合同,有奖抽彩合同也是给付附条件的合同。实定合同是指当事人双方的给付义务在合同订立时已经确定,不以不确定的事件为产生前提。

3. 保险合同是典型的双务合同,在所谓条件成就之前,它是生效的。双务合同是一个复合法律关系,包括两个单一法律关系:一个是投保人为给付的单一法律关系,这个给付是事先已经确定下来的,不是附条件的;另一个是保险公司为给付的单一法律关系,是附条件的。

4. 甲到乙的鱼塘钓鱼,约定一斤鲤鱼15元钱,甲钓到10斤鲤鱼,应当支付150元,这是一般买卖合同,对价具有确定性,不是射幸合同。甲到乙的鱼塘钓鱼,约定无论是否钓到鱼,无论钓到多少鱼,都给100元。甲对乙的给付是"实定"的,乙对甲的给付是"射幸"的,是附条件的。

5. 这个片段是想提示一点:我们在设计合同的时候,要注意为给付附条件,而不是一根筋地为合同附条件。

◎ **容忍委托授权与无权代理、表见代理(4)**

1. 容忍委托授权的规定。代理人须有代理权。《民法通则》第66条第1款规定:"没有代理权、超越代理权或者代理权终止后的行为,只有经过被代理人的追认,被代理人才承担民事

---

[1]《法国民法典》第1105条对射幸合同的规定可供参考:"当事人各方根据不确定的事件而在取得利益或遭受损失方面存在偶然性时,此种契约称为射幸契约。"

责任。未经追认的行为,由行为人承担民事责任。本人知道他人以本人名义实施民事行为而不作否认表示的,视为同意。"本人(被代理人)的沉默(不作为),是默示方式的授权行为,学说上称为"容忍委托授权",这种容忍是有意容忍,区别于表见代理本人(被代理人)的过失,故不属于表见代理(无权代理之一种),亦不属于狭义的无权代理,行为人为有权代理。

2. 无权代理的规定。《合同法》第48条第1款规定:"行为人没有代理权、超越代理权或者代理权终止后以被代理人名义订立的合同,未经被代理人追认,对被代理人不发生效力,由行为人承担责任。"第2款规定:"相对人可以催告被代理人在一个月内予以追认。被代理人未作表示的,视为拒绝追认。合同被追认之前,善意相对人有撤销的权利。撤销应当以通知的方式作出。"

3. 容忍委托授权与无权代理的区别。《民法通则》第66条第1款中有:本人(被代理人)"不作否认表示的,视为同意"。《合同法》第48条第2款中有:"相对人可以催告被代理人在一个月内予以追认。被代理人未作表示的,视为拒绝追认。"两个条文中的沉默都构成了默示意思表示。

(1)前一沉默在代理人实施代理行为时和准备实施代理行为的阶段;后一沉默在代理人订立合同之后(无权代理行为完成之后)的阶段。

(2)前一沉默构成授权;后一沉默经过一定时间构成拒绝追认。

(3)前一沉默曾被学者认为有追认之效力(追认的拟制),《合同法》生效后,所谓"追认之效力"与《合同法》(新法)第47条发生冲突,不能存在。

例：甲公司"一把手"将一本（内有20张）加盖公章的空白介绍信交给"工头"张某。原定张某只能用这些介绍信购买施工用原材料。张某在空白介绍信上填写自己获得某某具体授权，以甲公司的名义与他人订立合同。甲公司明知张某已经数次越权并未表示反对，等于让张某随意使用这些介绍信。后来，张某代理甲公司与乙公司签订承揽合同，在履行中产生了争议。甲公司主张是无权代理，乙公司主张是表见代理。

本案属于容忍委托授权，是有权代理。

◎ **判断相对人非善意的一个细节（5）**

《合同法》第48条就无权代理规定："行为人没有代理权、超越代理权或者代理权终止后以被代理人名义订立的合同，未经被代理人追认，对被代理人不发生效力，由行为人承担责任。相对人可以催告被代理人在一个月内予以追认。被代理人未作表示的，视为拒绝追认。合同被追认之前，善意相对人有撤销的权利。撤销应当以通知的方式作出。"

《合同法》第49条就表见代理规定："行为人没有代理权、超越代理权或者代理权终止后以被代理人名义订立合同，相对人有理由相信行为人有代理权的，该代理行为有效。"

构成表见代理的一个要件是，相对人是善意的。很多人把善意等于不知情，其实，善意的构成是"不知情且无过失"。无权代理的相对人，即使有过失，也可以构成善意。

在认定表见代理的场合，对善意的判断是一个复杂的问题，这里提供一个细节：合同抬头的当事人条款与落款的公章不同，说明相对人是知道与谁建立法律关系的（非善意）。

例：合同的抬头：甲方：A公司，乙方：B公司。乙方与甲方下设的某某俱乐部（没有法人资格，亦不属于分公司）协商签订了合同，甲方在落款处盖的公章是某某俱乐部，签字的是该俱乐部主任张某（未经授权）。后发生争议，A公司主张张某是无权代理，B公司主张是表见代理。

合同当事人条款写的是A公司，而未写某某俱乐部，说明乙方知道谁是交易的对象，因而不构成善意，应以无权代理认定合同的效力。

◎ 委托代理合同、委托授权与代理行为（6）

委托又称为委任，是委托合同的简称。委托是双方法律行为，委托代理合同是委托合同的一种，是代理权发生的基础法律关系之一。委托授权行为是单方法律行为（单独行为）。代理行为是指代理人以被代理人的名义实施法律行为。

例：张某委托李某买房子，答应给李某酬金1000元。李的代理权在1个月内有效，在100万元以下，购买王某在某小区的三居室。

本案有三个法律行为：一是成立委托合同的行为（双方法律行为）；二是委托授权行为（单方法律行为）。三是李某以张某的名义与王某签订买卖合同，该买卖合同是双方法律行为。

◎ 冒名合同的效力（7）

1. 概述。冒名合同，是行为人假冒他人姓名或名称与相对人订立的合同。冒名，可以是冒自然人之名，也可以是冒法人之名。因民事主体还包括法人以外的其他组织，因此冒名还可以是冒"其他组织"之名。

2. 冒名合同的效力。

（1）先请看一下王泽鉴教授的分析："例如甲自称乙，而与丙订立契约。此类案例应分别二种情形加以处理：①行为人系为自己订立契约而冒他人之名，相对人亦愿意与行为订立契约，而对其法律效果归属何人在所不问，即姓名不具有区别性意义时，该契约对冒名的行为人仍发生效力。例如名作家某甲向某乙承租乡间小屋写作，为避免干扰，使用其弟'某丙'之名订约，乙与甲仍成立租赁关系。②相对人对该冒名之人有一定的联想，而意在与其发生法律关系时，例如甲冒某名收藏家乙之名向丙订购某画，丙因慕乙之名同意出售该画。于此情形，原则上应类推适用无权代理之规定。"[1]

王老师对第一个案例的分析我是赞同的。我认为，第二个案例不能类推适用无权代理的规定。冒名不同于代理，冒名的行为人自己承担合同权利义务，而代理，是被代理人承担合同权利义务，即代理是要把代理的后果归属于被代理人（本人）。无权代理也是要把代理的后果归属于被代理人（本人），况且，无权代理是可追认的合同，追认意味着承受代理后果，难道要被冒名的乙购买此画吗？此案应当按欺诈处理。在我国《合同法》上，欺诈是可撤销事由，受害人丙可决定是否撤销与甲的合同法律关系。即是说，甲冒乙之名与丙订立买卖名画的合同，甲是给付和受领给付的人，应认定买卖法律关系在甲、丙之间成立，但丙享有撤销权（形成诉权）。

（2）冒一个法人之名称，与他人签订合同，冒名者能否与

---

[1] 王泽鉴：《民法总则》，中国政法大学出版社2001年版，第451页。

他人成立合同关系呢？这不能一刀切。某甲没有特许经营许可，冒充有该许可的乙公司之名签订合同，因不允许甲实际承受这种权利义务，该合同应当以主体不合格为由而确认为无效。

3. 小结。如果冒名人自己能为给付和受领给付，可以认定冒名人与相对人之间成立合同关系。冒名人欠缺特定权利能力（不同法人有不同的权利能力）的合同、欠缺相应行为能力的合同，应认定为无效。冒名签订的具有特殊信任要求的合同，可按可撤销处理。

因冒名人是故意，故其与相对人签订的合同不能按重大误解处理。

◎ **何人何时可以主张合同无效？（8）**

1. 无效合同，是法律不予承认的合同。签订无效合同的法律事实，不是意定法律事实，而是法定法律事实。无效合同不产生当事人追求的效果，即不能形成意定法律关系。

通说认为，无效合同是成立但无效的合同。其实，无效合同并未成立合同法律关系（意定法律关系的一种）。

2. 有一种观点认为，合同无效是一种事实，事实自然应该永久存在，所以任何人都可随时主张合同无效，不受时间的限制。这种观点没有对无效合同的状况作具体分析，过于武断。无效合同有两种：第一种是违反社会公共利益和国家利益的无效合同；第二种是只涉及合同当事人利益或除合同当事人外只涉及特定第三人利益的一般无效合同。对这两类合同，主张无效的主体和时间是不同的。

3. 对只涉及当事人之间利益的一般无效合同，主张无效应受主体和时间的限制。

（1）主张合同无效，是为了通过确认合同无效，而追究当事人的责任，或使其承担相应的债务，此时主张合同无效的主体，应当是无效合同的当事人以及受害的第三人。

（2）因无效合同所产生的法定债权的保护，亦有诉讼时效的限制。在我国，诉讼时效完成，权利人的胜诉权消灭。这样做不会破坏当事人已经确立的事实，有利于社会经济关系的稳定。当无效合同涉及第三人的利益，对其构成侵权时，此类合同仍然应认定为一般无效合同。侵犯特定第三人利益的合同不是违反社会公共利益的合同，因为社会公共利益是指不特定多数人的利益，这类合同更不能称为违反国家利益的合同。第三人要求确认合同无效，要求保护自己的权利仍然要受到诉讼时效的限制。

（3）对违反社会公共利益和国家利益的合同，主张无效的主体，则不应受到限制。例如，对一份无效合同，当事人以外的人可以请求工商管理机关查处。确认合同无效的机关不仅仅是人民法院和仲裁机关。对于违反社会公共利益和国家利益的合同，有关行政机关有权依法查处，这样，这些机关实际上有确认合同无效的权利。法院和仲裁机关有确认合同无效的权利，这是从民事权益、民事关系角度来讲的。有关行政机关对无效合同的违法当事人进行查处，两者之间形成的是行政法律关系，故不受民法时效制度的限制。

◎ 存在仲裁协议而有权起诉一例（9）

例：张三是无权代理人，代理甲公司与乙公司签订了承揽合同，合同中有仲裁条款："因合同效力等原因发生纠纷提交北京市仲裁委员会解决。"

该合同中的仲裁条款为"程序合同"。本案的"实体合同"

与"程序合同"若未曾得到甲的追认，甲得以张三无权代理为由，起诉至法院，主张合同不生效或无效，法院应当受理。

"实体合同"未获授权，"程序合同"（仲裁协议）同样未获得授权。《合同法》第48条规定："行为人没有代理权、超越代理权或者代理权终止后以被代理人名义订立的合同，未经被代理人追认，对被代理人不发生效力，由行为人承担责任。相对人可以催告被代理人在一个月内予以追认。被代理人未作表示的，视为拒绝追认。合同被追认之前，善意相对人有撤销的权利。撤销应当以通知的方式作出。"

《合同法》第57条规定："合同无效、被撤销或者终止的，不影响合同中独立存在的有关解决争议方法的条款的效力。"该条的"独立存在的有关解决争议方法的条款"能够独立生效，而无权代理订立的合同中，仲裁条款不能独立生效。

若甲公司对无权代理订立的合同明示追认或者默示追认，[1]应解释为对仲裁条款一并追认。因为，本案"实体合同"与"程序合同"（仲裁条款），是由同一复杂法律事实产生的。

◎ 自己代理订立的合同是可追认的合同（10）

代理人以被代理人名义与自己订立合同，称之为"自己代理"，代理人与被代理人是合同的双方当事人，合同的内容和订立实际上是由代理人一人决定。这种只表现一人意志的合同，在法律上不能构成双方当事人的协议。这种合同如果经被代理人追认，视为表现了双方的意志，仍可有效，因此是一种可追

---

[1]《合同法解释（二）》第11条规定："根据合同法第47条、第48条的规定，追认的意思表示自到达相对人时生效，合同自订立时起生效。"第12条规定："无权代理人以被代理人的名义订立合同，被代理人已经开始履行合同义务的，视为对合同的追认。"

认的合同（效力未定的合同），不是无效合同。[1] 自己代理被拒绝追认的，定格在无效合同上。

自己代理订立的合同未必都是效力未定的合同。

例：2003年6月份，重庆一对父母以3岁孩子的名义买了一套总价为70万元的商品房。孩子的父亲说："反正将来孩子要用，写在他的名下，今后可以不交遗产税。"房地产公司的销售部的人员透露说，不少房产证上写的是孩子的名字，"有的说是为了逃税，也有的是为避人耳目。"[2]

此案提出的问题是：无行为能力人能否作为买受人购买房屋，父母与作为买受人的孩子的法律关系如何。

1. 无行为能力人的权利能力与他人的权利能力平等，可以作为买受人购买房屋。因欠缺意思能力，需要其法定代理人代理订立房屋买卖合同。这类合同如无违法事由，应当承认其效力。

2. 如果孩子没有独立的财产，父母交了房款，代理孩子订立房屋买卖合同的父母，与孩子之间的法律关系是赠与，而且是不附义务的赠与。不附义务的赠与属于纯获利益的合同。[3]

---

[1] 例如，《保险法解释（二）》第3条第1款规定："投保人或者投保人的代理人订立保险合同时没有亲自签字或者盖章，而由保险人或者保险人的代理人代为签字或者盖章的，对投保人不生效。但投保人已经交纳保险费的，视为其对代签字或者盖章行为的追认。"交纳保险费是追认行为，使保险合同自始有效。

[2] 2003年10月21日《海南日报》。

[3] 最高人民法院《关于贯彻执行〈中华人民共和国民法通则〉若干问题的意见（试行）》（以下简称《民通意见》）第6条规定："无民事行为能力人、限制行为能力人接受奖励、赠与、报酬，他人不得以行为人无民事行为能力、限制行为能力为由，主张以上行为无效。"《合同法》第47条第1款规定："限制行为能力人订立的合同，经法定代理人追认后，该合同有效，但纯获利益的合同或者与其年龄、智力、精神状况相适应而订立的合同，不必经法定代理人的追认。"

3. 在成立赠与合同（成立赠与法律关系）时，父母与孩子之间的关系属于"自己代理"，由于孩子是纯获利益的，因此"自己代理"有效。

4. 在3岁孩子成为房屋的业主以后（办理产权登记后），监护人不得"收回"财产。因为所有权已经发生转移，所以这种"收回"是剥夺。

5. 目前国家还没有征收"遗产税"，所以还谈不上逃避遗产税的问题。

6. 从操作的角度来看，如果是一次性付款，在交易安全上一般没有问题。如果是分期付款，而又没有其他担保人，法定代理人（监护人）一般应当同时兼任付费的担保人，如果被监护人有独立的财产，法定代理人可以并有权利用该财产支付。如果被监护人没有独立的财产，法定代理人应当支付。

◎ 无权处分时，所有权人保护的一个程序问题（11）

《买卖合同解释》第3条第1款规定："当事人一方以出卖人在缔约时对标的物没有所有权或者处分权为由主张合同无效的，人民法院不予支持。"第2款规定："出卖人因未取得所有权或者处分权致使标的物所有权不能转移，买受人要求出卖人承担违约责任或者要求解除合同并主张损害赔偿的，人民法院应予支持。"

1.《买卖合同解释》第3条第1款采"完全有效说"，即无权处分订立的买卖合同均是有效合同。若是你将胡锦涛同志的私宅冒充自己的卖给我，也成立有效合同。若是我将邻居老大娘不可能出卖的唯一一间安身立命的小房卖给你，合同也是有效的。这里我无意对该规定作法理上的评价（将另行撰文说明），主要想谈谈所有物被他人无权处分（出卖）时，所有权人保护的一个程序问题。

2. 尽管《买卖合同解释》第 3 条第 1 款认为无权处分订立的买卖合同是有效的，但第 2 款指出，"出卖人因未取得所有权或者处分权"，标的物所有权不能转移。即是说，所有权人有权阻止所有权的移转，但买受人构成善意取得的，就无力回天了。

3.《民事诉讼法》第 56 条第 1 款规定："对当事人双方的诉讼标的，第三人认为有独立请求权的，有权提起诉讼。"

第 2 款规定："对当事人双方的诉讼标的，第三人虽然没有独立请求权，但案件处理结果同他有法律上的利害关系的，可以申请参加诉讼，或者由人民法院通知他参加诉讼。人民法院判决承担民事责任的第三人，有当事人的诉讼权利义务。"

第 3 款是新增加的："前两款规定的第三人，因不能归责于本人的事由未参加诉讼，但有证据证明发生法律效力的判决、裁定、调解书的部分或者全部内容错误，损害其民事权益的，可以自知道或者应当知道其民事权益受到损害之日起六个月内，向作出该判决、裁定、调解书的人民法院提起诉讼。人民法院经审理，诉讼请求成立的，应当改变或者撤销原判决、裁定、调解书；诉讼请求不成立的，驳回诉讼请求。"我的意思是说，所有权若被判决承认移转等，未参加诉讼的所有权人是可以依据上述第 3 款（2013 年 1 月 1 日起施行）提起诉讼的。第 3 款是新增加的"第三人撤销之诉"。

◎ 买卖"赌石"可否构成重大误解？(12)

例：甲、乙就一块"赌石"（可能有玉的成分，也可能没有）约定买卖价款 3 万元。①甲受领后，切开石头，一无所获。甲以重大误解为由请求撤销合同。②甲受领后，切开石头，发现玉石价值 30 万元。乙以重大误解为由请求撤销合同。

115

双方都自愿承担了误解的风险，因而都不得以重大误解为由请求撤销。

◎ **商品标价错误可否构成重大误解？（13）**

例：某商店在网上对自己出卖的球鞋标价，价格为平时出卖价的十分之一。一时间，群贤毕至。面对持币购买者，商店的解释是电脑程序在操作中出现了问题，拒绝按标价出售。有人认为，该商品的标价构成了重大误解。

标价错误不构成重大误解，标价人不能转嫁风险。[1]标价构成要约时对要约人有拘束力；为要约邀请时没有拘束力。应注意标价的性质。实物标价一般构成现物要约。

◎ **三种合同对显失公平规则的排斥（14）**

我国《合同法》在第54条规定了自始显失公平的合同。自始显失公平是可变更、可撤销事由。它须具备主客观要件，主观要件是当事人意思表示有瑕疵，客观要件是对价明显倾斜（对价明显不充分）。显失公平的规则是交易规则，自然不适用于无偿合同。此外，有三种合同对显失公平的规则是排斥的。

1. 通过竞争性缔约程序成立的合同。第一，是通过拍卖方式成立的买卖合同。我国实行的是增高拍卖，价高者得，因此卖多卖少，不能说是显失公平。第二，是当事人通过自己设计的竞争性程序成立的合同。

例：甲向乙、丙发出要约。我这条斗狗（会武功的狗），1

---

[1] 参见隋彭生：《合同法要义》，中国人民大学出版社2011年版，第115页。

万元起，你们分别秘密报一次价，价高者得。交易成功后，当事人不能以显失公平为由变更或撤销。

2. 和解协议。和解协议是双方互相让步成立的协议，所以它具有排斥显失公平规则适用的"基因"。此点还需要实务中的案例来佐证。

3. 射幸合同。射幸合同一般是双务合同中，一方的给付为"实定"，另一方的给付系于偶然情况，偶然情况是合同成立后的新的法律事实。张某花1万元钱买了彩票，或许不中奖，或许中了小奖，或许中了大奖，双方都不能因显失公平请求变更或者撤销。

◎ **要约邀请与欺诈的构成（15）**

要约邀请中的欺诈能否构成合同欺诈，是需要解决的理论问题和现实问题。要约邀请是为了唤起相对人的要约，因此要约邀请本身不能构成合同欺诈（可构成不当竞争）。因为，欺诈规则的适用有一个要件：被欺诈人因欺诈陷入错误。

但是，要约邀请在内容上与要约有承继关系（容纳规则），要约邀请的内容被要约所承继以后，要约邀请的欺诈可转化为合同欺诈。

例如：广告欺诈不能等同于合同欺诈，因为广告通常是要约邀请，而要约邀请的内容会被相对人的要约或相对人要约邀请所否定，此时等于广告欺诈被否定，广告欺诈并没有产生欺诈的后果。当广告对相对人产生误导，相对人因该误导陷入错误而签订合同时，广告欺诈也就转变成合同欺诈了。

合同的成立需要意思表示交换的过程。要约邀请是为唤起要约，要约是为唤起承诺。要约邀请的欺诈，会导致有瑕疵的要约；要约的欺诈，会导致有瑕疵的承诺；最终都会导致成立有瑕疵的合同。

合同的内容是由要约设计的，因此承诺一般不会构成欺诈。

◎ **商业吹嘘与合同欺诈**（16）

1. 商业吹嘘。经常有人将商业吹嘘与合同欺诈混为一谈。商业吹嘘是一种适度的夸大宣传，不能把商业吹嘘等同于合同欺诈。

（1）今年20，明年18（化妆品广告），是商业吹嘘，不是欺诈。艺术夸张常常是商业吹嘘运用的手段，它不仅促进了商品信息的传播，而且充实了人们的精神生活。因此，商业吹嘘颇有存在的余地。

（2）除了艺术夸张以外，商业吹嘘是在基本事实基础上的适当夸大。合同欺诈则违背基本事实。

有人称商业吹嘘是细微的吹嘘。如果完全是谎言，就不能称之为商业吹嘘了。商业吹嘘必须没有伪造、虚构的情节。某人为了出卖自己的商品伪造了产品质量证明书，他的行为是欺诈而不是商业吹嘘。某人根本没有货物，不能履约，而诡称自己有货物，与他人成立合同，那么他也构成合同欺诈。比如某企业4月1日生产出一批饮料，为延长售卖期，在瓶贴和包装上标注为5月1日生产。这种打"时间差"的行为应当认定构成欺诈。

（3）商业吹嘘以作为的形式表现；合同欺诈以作为和不作为两种形式表现。

商业吹嘘是一种积极的宣传行为，如出卖人介绍自己的产品如何如何好等。沉默是不能构成商业吹嘘的。商业吹嘘只能以作为的形式表现而不能以不作为的形式表现。合同欺诈则有两种情况：一种是制造假象，一种是不揭示重要事实，前者是作为形式，后者是不作为形式。

（4）法律对商业吹嘘和合同欺诈的态度不同。

在市场经济条件下，商业吹嘘是难免的事情。法律如果对其一律严加禁止，未免过于严苛，同时也是力所不能的。故法律在强调诚实信用原则的同时，对不具有社会危害性的一般商业吹嘘采取容忍态度。

2. 合同欺诈的九大表现。《民通意见》第68条规定："一方当事人故意告知对方虚假情况，或者故意隐瞒真实情况，诱使对方当事人作出错误意思表示的，可以认定为欺诈行为。"《合同违法行为监督处理办法》第6条规定："当事人不得利用合同实施下列欺诈行为：（一）伪造合同；（二）虚构合同主体资格或者盗用、冒用他人名义订立合同；（三）虚构合同标的或者虚构货源、销售渠道诱人订立、履行合同；（四）发布或者利用虚假信息，诱人订立合同；（五）隐瞒重要事实，诱骗对方当事人做出错误的意思表示订立合同，或者诱骗对方当事人履行合同；（六）没有实际履行能力，以先履行小额合同或者部分履行合同的方法，诱骗对方当事人订立、履行合同；（七）恶意设置事实上不能履行的条款，造成对方当事人无法履行合同；（八）编造虚假理由中止（终止）合同，骗取财物；（九）提供虚假担保；（十）采用其他欺诈手段订立、履行合同。"

第四节　债权人代位权与并存的债务承担

◎ 债权人代位权：民法上的一条斜路（1）

1. 斜线诉讼。代位权俗称为"斜线诉讼"，是解决三角债、连环债而抄近道的一条斜路。如下图所示，代位权的所谓斜线，是指甲（原告）越过乙以丙为被告提起诉讼，在胜诉后，丙直接向甲清偿。

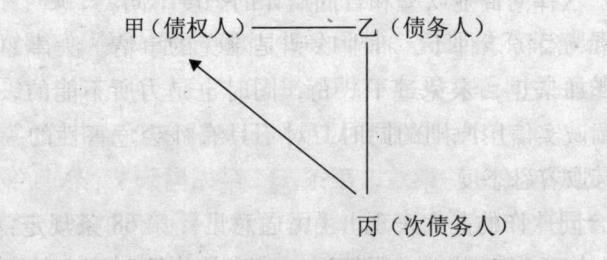

```
甲（债权人）————乙（债务人）
         ↖         ↙
           丙（次债务人）
```

代位权示意图

2. 斜线抗辩。所谓斜线抗辩是指：上图丙（次债务人）对乙（债务人）的抗辩，可直接对甲（债权人）行使；上图乙（债务人）对甲（债权人）的抗辩，可由丙直接对甲行使。[1]

3. 不得杀回马枪规则。所谓不得杀回马枪规则，是指代位权胜诉后，债权人直接向次债务人请求给付，当次债务人无力清偿时，不得再回头向原债务人请求履行原先的债务。因为代位权胜诉，实现了债权的裁判移转，债权人与债务人相应的债权债务关系已经消灭。[2]

因此，我们在选择走斜路、提起斜线诉讼的时候，一定要好好考察次债务人的资力。也要当心债务人把债权人引入次债务人的陷阱。

---

〔1〕最高人民法院《关于适用〈中华人民共和国合同法〉若干问题的解释（一）》（以下简称《合同法解释（一）》）第18条规定："在代位权诉讼中，次债务人对债务人的抗辩，可以向债权人主张。债务人在代位权诉讼中对债权人的债权提出异议，经审查异议成立的，人民法院应当裁定驳回债权人的起诉。"

〔2〕《合同法解释（一）》第20条规定："债权人向次债务人提起代位权诉讼经人民法院认定代位权成立的，由次债务人向债权人履行清偿义务，债权人与债务人、债务人与次债务人之间相应的债权债务关系即予消灭。"

4. 结语。民法上的斜路还有缩短给付、涤除权等。民法设定斜路的目的，一是为交易安全，二是为效率。

◎ 并存债务承担一例（2）

1. 对于并存的债务承担，新的债务人是连带债务人。债权人既可以向原债务人主张债权，也可以向新债务人主张债权。

2. 并存的债务承担与免责的债务承担不同。免责的债务承担，"免责多少，退出多少"。

例：甲欠乙10万元，债权人乙同意债务人甲将10万元债务转让给第三人丙（丙为债务承担人、债务受让人），甲的免责范围是10万元（全部债务）；债权人乙同意债务人甲将10万元中的5万元债务转让给丙，甲免责5万元，甲和丙各欠乙5万元，不存在连带责任。并存的债务承担是连带责任。

3. 并存的债务承担与连带责任保证不同。对于连带责任保证，在主债务人不履行主合同债务或者履行主合同不符合约定的情况下，债权人才能向保证人主张权利。主债务人的债务与保证人的债务实际上有一个顺序关系，保证合同是一个附生效条件的合同，即保证合同发生履行效力，须以主债务人不履行合同或者履行合同不符合约定为条件。而并存的债务承担，虽然有担保的目的，但并存的债务人，在履行债务时，并没有顺序的问题，债权人可以择一请求，也可以向数个债务人同时提出请求。

例：1月1日，农村小青年甲打伤了乙（轻伤），侵权人甲向受害人乙承诺赔偿5000元，但须去外地打工赚钱，甲就与乙约定5月1日至6月1日交钱。达成赔偿协议后，甲就背起行李卷离村而去。甲父怕甲承担刑事责任，就在1月10日找到受害人乙说好话，还给了乙一张纸条，上面写道：5月1日至6月1日你也可以找我要钱。条上注明担保人是丙单位（有丙的公章）。乙承诺不追究甲的刑事责任。

本案甲、乙赔偿协议为和解协议，甲父为和解协议的并存债务承担人（债务加入人），甲父与乙成立第二个和解协议（为第三人利益合同）。丙单位是甲父的连带保证人（附停止条件的连带责任），甲父到期不履行和解债务，实际上就有三个连带责任人（甲、甲父、丙单位）。如果甲父对乙承诺，到期（6月1日）甲不还钱，我还，就不是并存的债务承担，而是连带保证人。保证合同也可以是和解协议。

第五节　合同的变更与解除

◎ 变更协议和催告通知应当注意的问题（1）

《买卖合同解释》第24条第1款规定："买卖合同对付款期限作出的变更，不影响当事人关于逾期付款违约金的约定，但该违约金的起算点应当随之变更。"该规定有很大缺陷，实务中适用此款，可能造成强奸当事人意志的结果。民法允许参照适用，其他合同的有关争议也可能适用该款。在20世纪，我办过类似的案件。现简单说一下实务中应当注意的问题。

1. 条文中的"变更"，是指"合意变更"。有时由于一方当事人的违约，另一方不得不同意顺延履行期限。在诉讼到法院时，违约人会援引上述第24条第1款，避免"原期限"至"新期限"这个时间段的迟延责任。所以，必须在"变更协议"中注明此时间段的违约责任应当如何处理。

2. 在一方迟延履行合同时，另一方欲解除合同，经常需要先发出催告通知（《合同法》94条第3项），并在通知中给违约方预留合理的时间。在诉讼中，违约方会把预留的合理时间解释为合同履行期限的变更，从而避免迟延履行的责任。所以，在解除通知中应当注明："此为违约后的宽限期，不是履行期限的变更"。

◎ **合同解除、变更的"五个不受影响"（2）**

1. 合同解除、变更，不影响要求支付赔偿金。《民法通则》第115条规定："合同的变更或者解除，不影响当事人要求赔偿损失的权利。"《合同法》第97条规定："合同解除后，尚未履行的，终止履行；已经履行的，根据履行情况和合同性质，当事人可以要求恢复原状、采取其他补救措施，并有权要求赔偿损失。"

（1）合同解除后，合同法律关系（意定法律关系）终止，但产生救济法律关系（法定法律关系），请求赔偿是被违约人在救济法律关系中的相对权、债权。

（2）合同变更，合同法律关系并不终止，只是内容有所变化。在变更合同时，可产生损害赔偿的救济法律关系（法定法律关系）。例如，定作人行使单方变更权后，要承担赔偿责任。[1]

2. 合同解除、变更不影响要求支付违约金。违约金包括不履行的违约金、迟延履行的违约金和瑕疵履行的违约金。

（1）解除合同，违约人处于不履行的状态，适用不履行的

---

[1]《合同法》第258条规定："定作人中途变更承揽工作的要求，造成承揽人损失的，应当赔偿损失。"

违约金。如果适用约定的违约金，则进入意定救济法律关系。《买卖合同解释》第26条规定："买卖合同因违约而解除后，守约方主张继续适用违约金条款的，人民法院应予支持；但约定的违约金过分高于造成的损失的，人民法院可以参照合同法第114条第2款的规定处理。"[1]

（2）值得警惕的是，《买卖合同解释》第24条第1款规定："买卖合同对付款期限作出的变更，不影响当事人关于逾期付款违约金的约定，但该违约金的起算点应当随之变更。"当事人可以特约合同变更后逾期付款违约金（迟延履行违约金之一种）的起算点（期日）不变更。

3. 合同解除，不影响担保责任，变更视具体情况而定。

（1）《担保法解释》第10条规定："主合同解除后，担保人对债务人应当承担的民事责任仍应承担担保责任。但是，担保合同另有约定的除外。"主合同解除后，债务人承担的责任可能是意定之债（意定救济法律关系），如约定的违约金之债，也可能是法定之债（法定救济法律关系），如赔偿金之债。

（2）《担保法解释》第30条规定："保证期间，债权人与债务人对主合同数量、价款、币种、利率等内容作了变动，未经保证人同意的，如果减轻债务人的债务的，保证人仍应当对变更后的合同承担保证责任；如果加重债务人的债务的，保证人对加重的部分不承担保证责任。债权人与债务人对主合同履行期限作了变动，未经保证人书面同意的，保证期间为原合同约定的或者法律规定的期间。债权人与债务人协议变动主合同内容，但并未实际履行的，保证人仍应当承担保证责任。"变更

---

[1]《合同法》第114条第2款规定："约定的违约金低于造成的损失的，当事人可以请求人民法院或者仲裁机构予以增加；约定的违约金过分高于造成的损失的，当事人可以请求人民法院或者仲裁机构予以适当减少。"

增加了主债务人的负担，未经保证人同意的，保证人对增加的部分不承担保证责任，变更减少了主债务人负担的，保证责任随之减少。

4. 合同解除及"特殊变更"不影响定金的适用。《担保法解释》第120条规定："因当事人一方迟延履行或者其他违约行为，致使合同目的不能实现，可以适用定金罚则。但法律另有规定或者当事人另有约定的除外。当事人一方不完全履行合同的，应当按照未履行部分所占合同约定内容的比例，适用定金罚则。"《担保法解释》第122条规定："因不可抗力、意外事件致使主合同不能履行的，不适用定金罚则。因合同关系以外第三人的过错，致使主合同不能履行的，适用定金罚则。受定金处罚的一方当事人，可以依法向第三人追偿。"

（1）"合同目的不能实现"应予解除，解除合同才能适用定金罚则，因为定金是针对不履行的，不能针对迟延履行、瑕疵履行适用。《担保法解释》120条没有将规则的适用说清楚。

（2）当主债权是可分之债时，定金罚则也适用于部分不履行。部分履行实际是合同的一种"特殊变更"。

（3）因不可抗力致"主合同不能履行的"，依照《合同法》94条第1项是解除的问题。[1] 这个条文的规定有问题，因为法定解除是依单方法律行为终止合同，而不可抗力是因事件终止合同。即是说，两种终止合同的法律事实不同。但因不可抗力致主合同不能履行，不适用定金罚则是肯定的。

---

[1]《合同法》第94条规定："有下列情形之一的，当事人可以解除合同：（一）因不可抗力致使不能实现合同目的的；（二）在履行期限届满之前，当事人一方明确表示或者以自己的行为表明不履行主要债务；（三）当事人一方迟延履行主要债务，经催告后在合理期限内仍未履行；（四）当事人一方迟延履行债务或者有其他违约行为致使不能实现合同目的的；（五）法律规定的其他情形。"

(4) 意外事件致"主合同不能履行",也不适用定金罚则,这个口开得过宽。因为意外事件的后果是可以避免或可以克服的。发生意外事件后,债务人应当采取积极的补救措施,否则仍应承担违约责任。

(5) 因合同关系以外第三人的过错,致"主合同不能履行"时,合同处于终止状态,适用定金罚则。

5. 解除、变更不影响解决争议条款的效力。《合同法》第57条规定:"合同无效、被撤销或者终止的,不影响合同中独立存在的有关解决争议方法的条款的效力。"条文中所说的"终止",是包括"解除"的。我国《合同法》的终止,是解除的上位概念。

有人认为,解决争议的条款是指仲裁条款。实际上,解决争议的条款不限于仲裁条款,还可以包括其他解决争议的条款。解决争议的条款应当是当事人关于解决争议的程序、办法、适用法律等内容的约定。解决争议的条款并不设定实体权利义务关系。当合同解除、变更、被撤销、被确认为无效时,解决争议的条款可以保持效力。"解决争议的条款"是"程序合同",独立于"实体合同"。

(1) 仲裁条款是仲裁协议的一种表现形式。当事人可以不在合同中订立仲裁条款而另行订立仲裁协议。我国《仲裁法》第19条第1款规定:"仲裁协议独立存在,合同的变更、解除、终止或者无效,不影响仲裁协议的效力。"

(2) 选择受诉法院的条款,选择检验、鉴定机构的条款,法律适用条款等解决争议的条款,在合同变更、解除后可依然保存其效力。

◎ 合同解除不需要催告的情形（3）

一方（债务人）重大违约，另一方（被违约人、债权人）有权单方解除合同（法定解除）。为了尽量保护交易关系，有些解除需要催告的前置性程序，在没有必要或者没有可能的情况下，也可以不催告，直接通知相对人解除合同。[1] 金钱给付一般要先行催告。

例1：开发商承诺交付的房屋结构有重大变化，楼房盖起后，买受人发现这种变化。楼房有整体设计、整体规划的要求，不可能给买受人单独改变，此时催告无必要，可直接通知开发商解除合同。

例2：婚礼上用的鲜花到时间没有送到，婚礼不能推迟，买受人可直接通知出卖人解除鲜花买卖合同。

例3：标的物是不可替代物，出卖人已经将该物出卖给第三人并为交付，买受人可直接通知出卖人解除合同。

例4：双方事先的合同中约定，一方重大违约时，另一方可直接通知对方解除合同。

例5：《合同法》第95条规定："法律规定或者当事人约定解除权行使期限，期限届满当事人不行使的，该权利消灭。法律没有规定或者当事人没有约定解除权行使期限，经对方催告

---

[1]《合同法》第94条规定："有下列情形之一的，当事人可以解除合同：（一）因不可抗力致使不能实现合同目的；（二）在履行期限届满之前，当事人一方明确表示或者以自己的行为表明不履行主要债务；（三）当事人一方迟延履行主要债务，经催告后在合理期限内仍未履行；（四）当事人一方迟延履行债务或者有其他违约行为致使不能实现合同目的；（五）法律规定的其他情形。"

后在合理期限内不行使的，该权利消灭。"约定解除权行使期限的，解除权人可以直接通知对方解除。

◎《买卖合同解释》的一个"陷阱"（4）

《买卖合同解释》第 25 条规定："出卖人没有履行或者不当履行从给付义务，致使买受人不能实现合同目的，买受人主张解除合同的，人民法院应当根据合同法第 94 条第（四）项的规定，予以支持。"

对从给付，王泽鉴教授的一个典型例子是：某甲出卖给某乙一匹赛马，但未按约定交付血统证明书，致某乙不能参赛。某乙可以甲不履行从义务为由解除合同。这类情况在实务中是很少见的。[1]有时，产地证明书的给付构成从给付义务。不给开发票是否为不履行从给付义务，是有争议的。

《买卖合同解释》第 25 条的"陷阱"在于：买受人是依据 94 条第（四）项的规定直接解除合同，而不是依据 94 条第（三）项先行催告。水平高的法官会依据 94 条第（三）的规定进行判断和判决，未发出催告的买受人就可能由此落入裁判"陷阱"。

◎ 能否以公告的形式解除合同（5）

通知，是对特定相对人的非对话意思表示。公告是广而告之的方式，是希望达到通知效果的方式，除非相对人下落不明，不能采用公告方式通知相对人解除合同，否则不发生解除的效果。

---

〔1〕 参见王泽鉴：《债法原理》，中国政法大学出版社 2001 年版，第 36、37 页。

关于解除的异议期,也不能对公告方式的解除适用。《合同法解释(二)》第 24 条规定:"当事人对合同法第 96 条、第 99 条规定的合同解除或者债务抵销虽有异议,但在约定的异议期限届满后才提出异议并向人民法院起诉的,人民法院不予支持;当事人没有约定异议期间,在解除合同或者债务抵销通知到达之日起三个月以后才向人民法院起诉的,人民法院不予支持。"《合同法》第 96 条规定:"当事人一方依照本法第 93 条第 2 款、第 94 条的规定主张解除合同的,应当通知对方。合同自通知到达对方时解除。对方有异议的,可以请求人民法院或者仲裁机构确认解除合同的效力。法律、行政法规规定解除合同应当办理批准、登记等手续的,依照其规定。"

◎ 附解除权的合同与附解除条件的合同(6)

附解除权的合同与附解除条件的合同,表面上有相似之处,但当事人的利益状态颇有不同。在文字表述上若不慎重,就可能引起争议。

《合同法》第 93 条第 2 款规定:"当事人可以约定一方解除合同的条件。解除合同条件成就时,解除权人可以解除合同。"解除合同的条件成就时,合同并不自动解除。解除权人可以选择解除或保留合同,若欲解除须通知对方,即须再实施一个单方法律行为。该解除权是意定形成权、消灭形成权、简单形成权。

《合同法》第 45 条第 1 款规定:"当事人对合同的效力可以约定附条件。附生效条件的合同,自条件成就时生效。附解除条件的合同,自条件成就时失效。"附解除条件的合同在条件成就时自动失去效力。这就不同于附解除权的合同。

二者区分的实益是:附解除权的合同,在约定的条件成就后，给一方当事人以再次选择的机会，合同的存废，操之于一方之手；附解除条件的合同，在条件成立后双方当事人都没有再次选择的机会。——设计合同的技巧，就会在这个环节上发生。

例1：甲（买受人）与乙（出卖人）约定，如下半年不发生地震，甲有权将购买的三千顶帐篷退给乙。这是附解除权的合同。条件成就时，合同并不自动失去效力，甲可以行使解除权，也可以不行使解除权。乙不享有解除权。

例2：甲（买受人）向乙（出卖人）购买三千顶帐篷，约定：如下半年不发生地震，甲、乙互相归还货物和价金。这是附解除条件的合同。条件成就时，合同自动失去效力。双方均可主张合同失去效力。

◎ 合同解除时的违约责任与不解除时的违约责任（7）

合同是否解除，都不影响违约责任的产生，只是救济法律关系有所不同。解除，追究解除后的违约责任，原法律关系消灭，成立救济法律关系；不解除，追究不解除的违约责任，原法律关系与救济法律关系并存。两种责任不可混淆。

1.《合同法》第111条规定："质量不符合约定的，应当按照当事人的约定承担违约责任。对违约责任没有约定或者约定不明确，依照本法第61条的规定仍不能确定的，受损害方根据标的的性质以及损失的大小，可以合理选择要求对方承担修理、更换、重作、退货、减少价款或者报酬等违约责任。"

（1）条文中的"退货"，是解除后的违约责任。在解除后，原法律关系（一般是买卖关系）的给付消灭，取而代之的是救济法律关系。买卖合同的救济法律关系是复合法律关系，包括两个单一法律关系，一个是买受人为给付（退货）的单一法律关系，另一个是出卖人为给付（退钱）的单一法律关系。

（2）承担修理、更换、重作、减少价款或者报酬等违约责任，是不解除合同时的违约责任，原给付仍然保持。救济法律关系中的给付（修理、更换、重作），是为了保障合同法律关系的给付效果；减少价款或者报酬是为了保持对价的公平性。

2.《合同法》第112条规定："当事人一方不履行合同义务或者履行合同义务不符合约定的，在履行义务或者采取补救措施后，对方还有其他损失的，应当赔偿损失。"这是不解除合同而承担违约责任的规定。这里的赔偿损失（责任），是法定救济关系中的给付义务。

3.《合同法》113条第1款规定："当事人一方不履行合同义务或者履行合同义务不符合约定，给对方造成损失的，损失赔偿额应当相当于因违约所造成的损失，包括合同履行后可以获得的利益，但不得超过违反合同一方订立合同时预见到或者应当预见到的因违反合同可能造成的损失。"该条包括不解除的违约责任和解除后的违约责任。

4.《合同法》第114条规定："当事人可以约定一方违约时应当根据违约情况向对方支付一定数额的违约金，也可以约定因违约产生的损失赔偿额的计算方法。约定的违约金低于造成的损失的，当事人可以请求人民法院或者仲裁机构予以增加；约定的违约金过分高于造成的损失的，当事人可以请求人民法院或者仲裁机构予以适当减少。当事人就迟延履行约定违约金的，违约方支付违约金后，还应当履行债务。"

（1）约定违约金的给付义务，存在于意定救济法律关系之中；法定违约金的给付义务，存在于法定救济法律关系之中。

（2）违约金分为不履行的违约金、迟延履行的违约金、瑕疵履行的违约金。不履行违约金为合同解除之后的违约金,后两种违约金是不解除时的违约金。

◎ 合同解除后还能要求赔偿可得利益吗?(8)

例:甲、乙订立买卖合同,买受人乙付款后,出卖人重大违约,买受人依照《合同法》第94条的规定通知出卖人解除了合同。[1]对合同已经解除,双方无争议。

买受人乙的律师指出:依据《合同法》第97条的规定,出卖人甲除返还货款外,还应赔偿乙可得利益损失。

出卖人甲的律师针尖对麦芒:《合同法》第97条规定的赔偿损失,不包括113条第1款规定的可得利益。因为,可得利益是履行利益,合同解除,自始失去效力,没有履行效力,何谈履行利益?

《合同法》第97条规定:"合同解除后,尚未履行的,终止履行;已经履行的,根据履行情况和合同性质,当事人可以要求恢复原状、采取其他补救措施,并有权要求赔偿损失。"

《合同法》第113条第1款规定:"当事人一方不履行合同义务或者履行合同义务不符合约定,给对方造成损失的,损失赔偿额应当相当于因违约所造成的损失,包括合同履行后可以获得的利益,但不得超过违反合同一方订立合同时预见到或者应当预见到的因违反合同可能造成的损失。"

---

[1]《合同法》第94条规定:"有下列情形之一的,当事人可以解除合同:(一)因不可抗力致使不能实现合同目的;(二)在履行期限届满之前,当事人一方明确表示或者以自己的行为表明不履行主要债务;(三)当事人一方迟延履行主要债务,经催告后在合理期限内仍未履行;(四)当事人一方迟延履行债务或者有其他违约行为致使不能实现合同目的;(五)法律规定的其他情形。"

——《合同法》第 97 条中的"赔偿损失"是包括可得利益的。

第一,《合同法》第 113 条第 1 款是损害赔偿的一般条款,统摄了解除后的赔偿责任和不解除时的赔偿责任(违约责任分为解除的违约责任和不解除的违约责任)。

第二,我国法律贯彻损害填补规则,有多少损害(含可得利益损失)就赔偿多少,但受可预见规则等规则的限制。

第三,合同解除,分为溯及既往的解除(合同自始失去效力)和面向将来的解除,两种解除都不影响可得利益的赔偿。

第四,溯及既往的解除,合同自始失去了效力,为什么还可以请求赔偿可得利益?合同解除后,原法律关系消灭,成立救济法律关系。成立合同,产生可得利益;解除合同是新的法律事实,成立新的法律关系,赔偿可得利益,是新的法律事实的结果。

第五,《买卖合同解释》第 26 条规定:"买卖合同因违约而解除后,守约方主张继续适用违约金条款的,人民法院应予支持;但约定的违约金过分高于造成的损失的,人民法院可以参照合同法第 114 条第 2 款的规定处理。"条文中的损失是包括可得利益的,违约金是预定的赔偿金,违约金可以包括可得利益,赔偿金自然也可以包括可得利益。

第六,损害赔偿可以与其他违约责任并用,但由于违约金是预定的赔偿金,因此,就同一违约行为,赔偿金与违约金不得合并适用。

◎ **无解除权人通知相对人解除合同的法律后果**(9)

例 1:甲方将房屋出租给乙方,约定租期为三年,租至一年时,由于经济原因(觉得出租不合算),甲方通知乙方解除合同。乙方接到通知后，觉得解除毫无道理，就没有理睬。三个月之后，甲方起诉乙方，要求返还租赁物的占有。乙方以解除无效进行抗辩。

例2：甲方出卖给乙方100万元货物，由于经济原因（觉得出卖不合算），甲方通知乙方解除合同。乙方接到通知后，觉得解除毫无道理，就没有理睬。三个月之后，乙方苦等甲方发货不至，提起诉讼。

问题：甲方无合同解除权，但向乙方送达了解除合同的通知，乙方在解除合同通知到达之日起3个月内未起诉，该合同是否已经解除？法院有两种观点，一种观点认为，合同尚未解除；另一种观点认为，经过起诉期后，不管解除人是否有解除权，合同归于解除。

《合同法解释（二）》第24条规定："当事人对合同法第96条、第99条规定的合同解除或者债务抵销虽有异议，但在约定的异议期限届满后才提出异议并向人民法院起诉的，人民法院不予支持；当事人没有约定异议期间，在解除合同或者债务抵销通知到达之日起三个月以后才向人民法院起诉的，人民法院不予支持。"

《合同法》96条规定："当事人一方依照本法第93条第2款、第94条的规定主张解除合同的，应当通知对方。合同自通知到达对方时解除。对方有异议的，可以请求人民法院或者仲裁机构确认解除合同的效力。法律、行政法规规定解除合同应当办理批准、登记等手续的，依照其规定。"《合同法》93条第2款规定："当事人可以约定一方解除合同的条件。解除合同的条件成就时，解除权人可以解除合同。"第94条规定："第94条有下列情形之一的，当事人可以解除合同：（一）因不可抗力致使不能实现合同目的;(二)在履行期限届满之前,当事人一方明确表示或者以自己的行为表明不履行主要债务;(三)当事人一方迟延履行主要债务,经催告后在合理期限内仍未履行;(四)当事人一方迟延履行债务或者有其他违约行为致使不能实现合同目的;(五)法律规定的其他情形。"

《合同法》第 93 条第 2 款规定的是附条件的意定单方解除权,第 94 条规定的是法定事由单方解除权。这两种解除权都是消灭形成权、简单形成权。行使形成权的行为是单方法律行为。产生形成权是一个法律事实,行使形成权又是一个法律事实。没有形成权而"行使"形成权,是无效行为,不能产生解除合同的法律效果。对相对人确认解除行为无效的请求,不宜以期间来进行限制。

那么,对《合同法解释(二)》第 24 条如何理解、掌握呢?该条有难以克服的缺陷,其适用应为:发出解除通知的一方有解除权,相对人有抗辩权(生活的语言是异议权,是被动的、对抗性的权利);但是,相对人未及时行使权利。相对人有异议,在三个月内不起诉也没有用。比如,甲方未催告履行就通知乙方解除合同(未履行解除合同的前置性程序),乙方可以提出异议,请求确认不发生解除的后果。

实务中如何操作?相对人(被解除人)在接到解除通知后,应当及时提起诉讼。律师或法律顾问也要对当事人及时提醒。法院中,毕竟存在两种观点。

收到解除通知后,也不是主张撤销解除通知,而是主张解除通知无效。在我国合同法的体系中,撤销,是撤销有效行为。

第六节　违约责任

◎ 损益相抵的规则（1）

1. 损益相抵的含义。所谓损益相抵，是指违约人因违约的赔偿额应当减去被违约人因违约而减少的支出或获得的利益。《买卖合同解释》第31条就损益相抵规定："买卖合同当事人一方因对方违约而获有利益，违约方主张从损失赔偿额中扣除该部分利益的，人民法院应予支持。"

损益相抵不同于抵销。损益相抵是基于同一违约行为造成损害后果的计算方法。抵销是两个法律关系、两个法律事实产生债务的充抵。

2. 损益相抵应当注意的问题。

（1）在计算损失额时，要扣除应当付出的成本。换一个角度说，在计算可得利益的时候，要扣除被违约人因对方违约而节约的支出。这里所说的成本，除了经营成本以外，还包括税收。

例：甲方（卖方）与乙方（买方）订立买卖100吨食糖的合同（上游合同），乙方订立这一合同后，又以这100吨食糖为标的与丙方订立了买卖合同（下游合同）。因甲方到期未能供货，上游合同遂告解除，因当时食糖是稀缺物资，下游合同亦不能履行。乙方向法院起诉，要求甲方赔偿损失。具体有两项损失：一是乙方向丙方支付的违约金1万元；二是可得利益损失6万元。法院满足了乙方的诉讼请求。但计算损失的方法是：可得利益＝卖出价－买入价。

这种笼而统之的判决是不公平的。乙方如果得到预期的利益，还要承担保管、运输的费用，还要交流转税，不可能有6万元的可得利益。

（2）在计算损失额的时候，应当扣除因违约所获得的利益。比如甲方迟延发货，在发货时，适逢标的物涨价，乙方在转卖时多赚3万元，在甲方支付的损失赔偿额中，要扣除这3万元。

◎ 损益相抵，违约人的一种抗辩（2）

例：甲出卖给乙一套价值为100万元的房屋。买受人乙违约撕毁合同，拒绝购买房屋。甲起诉，请求赔偿损失1万元，乙举证证明该房屋的价值已经升值至110万元。

1. 《买卖合同解释》第31条就损益相抵规定："买卖合同当事人一方因对方违约而获有利益，违约方主张从损失赔偿额中扣除该部分利益的，人民法院应予支持。"本案中，甲没有损失，参照损益相抵规则，不应判决乙赔偿。

2. 本例当事人未约定违约金，当合同有违约金时，可结合《合同法》第114条第2款的规定适用损益相抵规则。

3. 既然房屋升值，买受人为什么还要毁约呢？——这就是生活！

◎ 可得利益损失赔偿之可预见规则（3）

《买卖合同解释》第29条规定："买卖合同当事人一方违约造成对方损失，对方主张赔偿可得利益损失的，人民法院应当根据当事人的主张，依据合同法第113条、第119条、本解释第30条、第31条等规定进行认定。"

赔偿可得利益损失，可能要综合运用四个规则：可预见规则[1]、减损规则[2]、过错相抵规则[3]、损益相抵规则（《买卖合同解释》31条）[4]。这里谈谈可预见规则。

1. 可预见规则对损害赔偿范围的限制。当事人只对在订立合同时能够合理预见的损失进行赔偿。可预见规则限制的是对实际损失和可得利益的赔偿，还是仅仅限制对可得利益的赔偿？对《合同法》第113条进行文义分析，得出的结论是：可预见规则既是对实际损失的赔偿限制，也是对可得利益赔偿的限制。《买卖合同解释》第29条只规定了对可得利益赔偿的限制。

2. 可预见规则的法理基础。

（1）从合意的角度来讲，对违约风险的预见应当是合同的内容。如果不是当事人能够合理预见的损失，那么，这种损失就不在合意的效力范围之内。可预见规则体现了公平性的要求。当事人在订立合同时，如果能够对违约风险的大小进行预见，就会在交易价格或其他交易条件上进行调整，要求对方增加付出，使自己的获得与自己承担的风险相适应。如果不能预见，就不能提出相应的交易条件保护自己的利益。因此，不能合理预见的违约风险，不在对价的范围之内，不能合理预见的损失

---

[1] 《合同法》第113条第1款规定："当事人一方不履行合同义务或者履行合同义务不符合约定，给对方造成损失的，损失赔偿额应当相当于因违约所造成的损失，包括合同履行后可以获得的利益，但不得超过违反合同一方订立合同时预见到或者应当预见到的因违反合同可能造成的损失。"

[2] 《合同法》第119条规定："当事人一方违约后，对方应当采取适当措施防止损失的扩大；没有采取适当措施致使损失扩大的，不得就扩大的损失要求赔偿。当事人因防止损失扩大而支出的合理费用，由违约方承担。"

[3] 《买卖合同解释》第30条规定："买卖合同当事人一方违约造成对方损失，对方对损失的发生也有过错，违约方主张扣减相应的损失赔偿额的，人民法院应予支持。"

[4] 《买卖合同解释》第31条规定："买卖合同当事人一方因对方违约而获有利益，违约方主张从损失赔偿额中扣除该部分利益的，人民法院应予支持。"

也就不在赔偿的范围之内。[1]

(2) 可预见规则的设立,本质上是一种风险的分配。合同正义在公平的意义上,体现为利益的分配和风险的分配。风险的分配又分为违约风险的分配和标的物毁损、灭失风险的分配。如果没有可预见规则对当事人的保护,那么就可能产生两种结果:第一,当事人因畏惧风险不愿订立合同,这样就会大大减少市场上的交易量,从而影响到社会财富的积累和市场经济的发展;第二,当事人因抵御风险而大大提高要价,这样不但提高了交易成本,同样在整体上使合同的数量减少。可预见规则的设立,通过向被违约人转嫁风险,避免了以上两个消极影响。

关于转嫁风险,有一个比喻:如有限责任公司和股份有限公司,股东仅以出资额为限对公司承担责任,但公司对外的债务可能已经远远超过股东的出资总额了。公司经营失败的风险转嫁给公司的债权人、转嫁给社会了。正是有这种转嫁制度,才能使更多的市场主体破土而出,进而大大提高了社会的生产力。——这个比喻,与违约风险的转嫁,在精神上是相通的。

(3) 可预见规则的设立弥补了损害因果关系研究的不足。毋庸讳言,我国关于损害因果关系的研究是很薄弱的。可预见规则给法官审理案件提供了思想武器,可用其斩断连绵不绝的因果链条,迅速地确定赔偿额。

3. 可预见规则在适用上的若干问题。

(1) 不能合理预见的人是违约人。可预见规则通过转嫁风险,体现了对违约人的保护。被违约人在订立合同的时候只是一个可能的受害人,如果他能合理预见,他必须提醒对方他可能受到的损害;如果他并无此举,那么他尽管不能处于一个与

---

[1] [美] 迈克尔·D. 贝勒斯:《法律的原则》,蒋兆康等译,中国大百科全书出版社1996年版,第235页。

契约已经得到履行时一样的地位，但也怨不得别人，他须承担这一风险。

如果被违约人不能预见风险，则与违约人的赔偿额无关。以上论述无非是想说明，被违约人是否预见并不影响违约人的损害赔偿责任。

（2）违约人的违约，是过失违约。如果他是故意违约，就不能援引可预见规则减轻责任。因为究其立法原意，可预见规则是保护过失违约人的。故意违约，是积极地侵害他人的合同债权，如果适用可预见规则对其进行保护，在客观上有鼓励当事人违约的作用。过失违约的风险可以分配，故意违约的风险还能分配吗？

（3）预见的时间，是在合同订立时，因为合同条件是在订立时确定的，不是在履行时确定的。

（4）能否预见，并不是以违约人的主张为准，而应当依照社会一般观念或者行业一般观念进行判断。

◎ 可得利益损失赔偿之减损规则（4）

《买卖合同解释》第29条规定："买卖合同当事人一方违约造成对方损失，对方主张赔偿可得利益损失的，人民法院应当根据当事人的主张，依据合同法第113条、第119条、本解释第30条、第31条等规定进行认定。"

赔偿可得利益损失，可能要综合运用四个规则：可预见规则（《合同法》113条）、减损规则（《合同法》119条）、过错相抵规则（《买卖合同解释》30条）、损益相抵规则（《买卖合同解释》31条）。这里谈谈减损规则。

《合同法》第119条规定："当事人一方违约后，对方应当采取适当措施防止损失的扩大；没有采取适当措施致使损失扩大的，不得就扩大的损失要求赔偿。当事人因防止损失扩大而支出的合理费用，由违约方承担。"此条是对减损义务的规定，减损义务也称为减损规则。

减损义务，是被违约人应当及时采取适当措施防止损失扩大的法定义务。减损义务限制了赔偿范围，体现了民法的公正原则。减损义务有两项内容：其一，要求被违约人不得以不合理的行为增加自己的损失，例如，他若知道货物因有瑕疵已失去安全性，就不应当继续使用；[1]其二，要求被违约人积极主动地采取合理措施减少损失，例如，卖方毁约，买方可以在市场上补进货物，以应急需。

违约人为了减少自己的违约成本，可以向被违约人提出合理的补救办法，被违约人因负有法定的减损义务，对合理的补救方法应当接受。比如，甲轮船公司因故未能按合同将船交给租船人，但介绍租船人向乙轮船公司另租一船，而且，两船的速度、容量与租金等均相当，此项建议则应当接受。[2]按照法理，接受对方的建议后，被违约人并不因此失去诉权。

履行减损义务有时需要支出费用，如果费用的支出是合理与必要的，那么，不管是否起到了减损的效果，费用都应当由违约人承担。是否必要与合理，应依诚实信用原则进行判断。

被违约人没有履行减损义务而致使损失扩大，扩大的这一部分，与另一方违约无直接因果关系，受损害方无权要求赔偿。因为，这些损失本来是可以避免的，不是违约的必然产物。只要被违约人出于善意，即使减损无效果，也应认定其完成了减损义务。

---

[1] 崔建远：《合同责任研究》，吉林大学出版社1992年版，第217页。
[2] 高尔森：《英美合同法纲要》，南京大学出版社1984年版，第150页。

141

◎ 过错相抵与双方违约（5）

1. 《民法通则》第 131 条规定："受害人对于损害的发生也有过错的，可以减轻侵害人的民事责任。"《买卖合同解释》第 30 条规定："买卖合同当事人一方违约造成对方损失，对方对损失的发生也有过错，违约方主张扣减相应的损失赔偿额的，人民法院应予支持。"

例：出卖人发货迟延 10 天，造成买受人损失 10 万元（出卖人无损失）。对发货迟延造成的损失，设出卖人的过错行为的原因力占 50%，买受人的过错行为的原因力占 50%，出卖人应当赔偿 5 万元。

2. 《合同法》第 120 条规定："当事人双方都违反合同的，应当各自承担相应的责任。"

例：甲将汽车交给乙保管，未按约定支付保管费；乙由于过失，致汽车损毁。甲请求赔偿，乙以甲未支付保管费为由主张免责。

本案属于双方违约，甲请求乙承担违约责任，乙不能以甲未支付保管费为由进行抗辩，因为即便寄存人未交付保管费，保管人的注意义务也不因此降低。设甲欠乙保管费 100 元，甲的损失为 1 万元，甲通知乙抵销 100 元后，乙还应赔偿甲 9900 元。

3. 过错相抵，是对一个损害的相抵，只产生一个救济法律关系，相抵，但不是抵销（两个法律关系才有可能抵销）；双方违约，是两个损害，双方各自承担相应的责任，是两个救济法律关系。两个救济法律关系之债，可以抵销。

◎ 约定违约金的好处（6）

1. 违约金为损害赔偿之预定（违约金是预定的赔偿金），因此关于赔偿金的规则，违约金也可以适用，如完全赔偿规则、损益相抵规则、过错相抵规则、减损规则等。要注意的是，可预见规则不能适用于违约金，[1] 因为违约人已经把损失约定到违约金之中了（违约人已经预见了损失）。也就是说，违约人不能援引可预见规则进行抗辩。

2. 事先约定了违约金，在事后就免除了举证之苦，即原告不需要就自己损失的多少进行举证。被告如果认为多了，要求下调，就要承担举证责任。约定的违约金少于损失，则原告要求上调，原告要承担举证责任，但是往上调的，不能包括可得利益。[2]

3. 违约金的设计是很有讲究的。

◎ 违约金性质、数量的设计（7）

《买卖合同解释》第 26 条规定："买卖合同因违约而解除

---

[1]《合同法》第 113 条第 1 款规定："当事人一方不履行合同义务或者履行合同义务不符合约定，给对方造成损失的，损失赔偿额应当相当于因违约所造成的损失，包括合同履行后可以获得的利益，但不得超过违反合同一方订立合同时预见到或者应当预见到的因违反合同可能造成的损失。"

[2]《合同法解释（二）》第 28 条规定："当事人依照合同法第 114 条第 2 款的规定，请求人民法院增加违约金的，增加后的违约金数额不超过实际损失额为限。增加违约金以后，当事人又请求对方赔偿损失的，人民法院不予支持。"《合同法》第 114 条第 2 款规定："约定的违约金低于造成的损失的，当事人可以请求人民法院或者仲裁机构予以增加；约定的违约金过分高于造成的损失的，当事人可以请求人民法院或者仲裁机构予以适当减少。"

后，守约方主张继续适用违约金条款的，人民法院应予支持；但约定的违约金过分高于造成的损失的，人民法院可以参照合同法第 114 条第 2 款的规定处理。"

1. 解除和违约金可以并用，但这种违约金应当是不履行违约金，不应当是迟延履行违约金和瑕疵履行违约金。因为解除尽管可能是由于债务人陷入迟延或瑕疵履行，但解除的效果相当于不履行。

2. 违约金在设计时，可以考虑把可得利益包括在内，这就避免了被违约人（债权人）对损失的举证责任。可得利益的确定，大致包括"差别法"、"估算法"和"约定法"。违约金包括可得利益，实质上是"约定法"的表现。

3. 被违约人（债务人）要求调整违约金的，负担举证责任。

4. 买卖合同是双务合同，是复合法律关系，由两个单一法律关系组成，一个是出卖人为给付的法律关系，另一个是由买受人为给付的法律关系，对可得利益损失的约定，通常是针对出卖人的。

5. 事先设计好，事后少麻烦。一般而言，这种违约金的设计不是合同陷阱。

◎ **免责抗辩及违约金调整释明（8）**

《买卖合同解释》第 27 条规定："买卖合同当事人一方以对方违约为由主张支付违约金，对方以合同不成立、合同未生效、合同无效或者不构成违约等为由进行免责抗辩而未主张调整过高的违约金的，人民法院应当就法院若不支持免责抗辩，当事人是否需要主张调整违约金进行释明。一审法院认为免责抗辩成立且未予释明，二审法院认为应当判决支付违约金的，可以直接释明并改判。"

1. 法院的释明，只是告知当事人有调整违约金的机会及调整的规则，而不是作出结论。

2. 过去，被告经常处于两难的境地，若否认违约条款的效力（一般是通过否认合同的效力来否定违约条款的效力），可能会丧失请求降低过高违约金的权利或机会。依据《解释》第27条，则可以放心先主张无效等免责抗辩，即先主张免责抗辩，后主张违约金调整。对两种主张要分别提供不同的证据。

3. 一审法院认为被告的免责抗辩成立，就不会对是否需要主张调整违约金进行释明，而直接判决原告对违约金的请求不予支持。二审法院认为应当判决支付违约金的，应当在释明之后改判。就是说，在二审，被告仍有请求调低违约金的机会，仍有就此主张举证的机会。"直接释明"的意思，是不以一审法院未释明为由发回重审，由一审法院释明，而由二审法院自己释明。

4. 《合同法解释（二）》第27条规定："当事人通过反诉或者抗辩的方式，请求人民法院依照合同法第114条第2款的规定调整违约金的，人民法院应予支持。"被告请求降低违约金，不属于请求给付，因此无须提出反诉，即应把被告请求降低违约金，归入抗辩形式。

第七节　合同的解释

◎ 合同的文义解释规则（1）

《合同法》第125条第1款规定："当事人对合同条款的理解有争议的，应当按照合同所使用的词句、合同的有关条款、合同的目的、交易习惯以及诚实信用原则，确定该条款的真实意思。"

1. 文义解释是指依据合同条款语句的通常含义进行解释。对合同应当首先进行文义解释。文义解释是合同解释的基础,如果脱离了文义,也就失去了解释合同的客观标准。

2. 文义解释是贯彻"表示主义"的滩头阵地,也是解释合同的起点。通常,解释不得不根据双方当事人意图的外在表述进行判断——这种意图是依靠他们使用的书面语言或者口语的语句来传达的。[1]

3. 文义解释要求:解释合同应当按普通字面含义解释。当事人对合同的词、句、条款理解不一致时,在没有特殊商业背景的情况下,应按普通的字面含义即一般公众理解的含义和价值判断进行解释。对于商业上惯用的词句,应按有关行为通常赋予它们的意义予以解释。

4. 文义解释要求:特殊用语优于一般用语。合同中对事物的描述既有特殊用语又有一般用语的,如无其他证据,应先按特殊用语解释,即认定特殊用语的效力。一般而言,特殊用语所包含、反映的意思比一般用语更为具体、更为准确。适用此规则解释合同时,应当同时考虑整体解释的规则。

5. 对表示范围的词句,应作限制解释。如果合同条款将具体事项列举,最后用"等"、"其他"等文字表达的,对"等"、"其他"的解释,应与合同所列举的具体事项属于同一种类。

例:甲、乙订立的承揽合同中规定,甲方可以用乙方提供的资金购买钢筋、木材、水泥等。甲方使用乙方的资金购买了电视、收音机等物品。乙方指责甲方的行为,甲方辩解说,我

---

[1] 参见[英]丹宁勋爵:《法律的训诫》,杨百揆、刘庸安、丁健译,群众出版社1985年版,第30页、第31页。

方购买的电视、收音机,是条款中"等"里面的。双方对"等"的理解发生争议。

条文中的"等",应为与钢材、木材、水泥具有相同或类似作用的建材。"钢筋、木材、水泥"是建材,其后的"等",也必是建材。甲方显然无权用乙方的资金购买电视、收音机等物品。

限制解释基于文义解释,同时又必然要结合合同目的。限制解释规则是文义解释和合同目的解释的派生物,正因为此,也有人认为它不是独立的解释规则。

◎ **合同的整体解释规则(2)**

《合同法》第125条第1款规定:"当事人对合同条款的理解有争议的,应当按照合同所使用的词句、合同的有关条款、合同的目的、交易习惯以及诚实信用原则,确定该条款的真实意思。"

1. 整体解释又称体系解释,是指对有争议的条款、词句解释时,要考察其与整体的关系,不能拘泥于只言片语。不能只见树木,不见森林。

2. 合同的条款得互相解释、互相印证,以确定每一条款在合同中的意义。如果不把有争议的条款或词句与上下文和其他有关联的条款联系起来考察,而是孤立地去探究它的一般意思或可能具有的意思,则很容易走入歧途。

3. 对同一合同关系,如果由多种文书(合同书、电报、电传、确认书等)组成,应合并解释,切忌以偏概全。

4. 要约邀请的内容有时会进入合同(容纳规则),因此,有时还须考察要约邀请的内容。

5. 如果当事人有预约，还应参考预约的内容。

例：甲方卖给乙方一套商品房。乙方迟延付款一个月，甲方要求乙方按每天万分之五支付迟延履行的违约金，理由是合同约定的违约金是每天万分之五。乙方主张每天按万分之三支付违约金，原来合同中还有一个条款规定迟延付款的违约金是万分之三。甲、乙双方的合同还有第三个条款，即出卖人迟延交付房屋，应当按每天万分之三向乙方支付违约金。

前两个条款互相矛盾，结合第三个条款，在公平原则指导下运用整体解释规则，可以得出结论：乙方应当按万分之三向甲方支付违约金。

◎ 按交易习惯解释的规则（3）

《合同法》第125条第1款规定："当事人对合同条款的理解有争议，应当按照合同所使用的词句、合同的有关条款、合同的目的、交易习惯以及诚实信用原则，确定该条款的真实意思。"

交易习惯是人们在长期反复实践基础上形成的，在某一地域、某一行业、某一领域或某类交易中普遍采用的做法、方法，[1]交易习惯实际上也是一种行为规则。当事人对合同条款的理解不一致或条款之间发生矛盾时，应当考虑当事人交易的背景，考察交易背景中实际为当事人所依据的交易习惯。

---

[1]《合同法解释（二）》第7条规定："下列情形，不违反法律、行政法规强制性规定的，人民法院可以认定为合同法所称'交易习惯'：（一）在交易行为当地或者某一领域、某一行业通常采用并为交易对方订立合同时所知道或者应当知道的做法；（二）当事人双方经常使用的习惯做法。对于交易习惯，由提出主张的一方当事人承担举证责任。"

例：农民李某从县农科所购买了一批果苗，双方在合同中约定：县农科所在二年内提供有偿技术指导服务，合同有效期为一年。一年后，县农科所停止技术指导，理由是合同规定的有效期是一年。李某向县人民法院提起诉讼，要求县农科所继续提供技术指导服务。在周围地区，提供这种果苗的单位均提供二年以上的技术指导，该县农科所向其他农民出售果苗，也是提供二年的技术指导，因而农科所二年技术指导义务并不受合同有效期的限制。法院认为，提供二年的技术指导，已经是当地的交易惯例，因此支持了李某的诉讼请求（劳务给付本身是不能强制执行的，此点容另行探讨）。

1. 县人民法院按交易习惯解释合同，认定被告有提供二年技术指导的义务，是正确的。此案也可从有利于消费者的角度进行解释，解释的结果是相同的。

2. 案例中的合同有两个互相矛盾的条款：一个是县农科所在二年内提供技术指导服务；一个条款是合同的有效期是一年。合同有效期的约定不宜简单地认为无效，它可能是主给付的期限（提供树苗），在二年内提供技术指导是从给付义务。

3. 实务中，约定给付期限又约定合同终止期（有的表述为合同有效期）的，两种期限的关系应当具体问题具体分析。例如，甲、乙在1月1日签订买卖合同，约定出卖人甲在3月1日前发货，同时又约定合同在同年4月1日终止。甲在4月1日以后发货，乙可以合同已经终止为由拒绝受领。

4. 律师代为起草合同时，应当注意履行期与合同有效期的协调。如果感到难以把握，可以不写合同有效期。

◎ **有偿合同有利于债权人的解释规则（4）**

在有偿合同中，当事人兼有债权人和债务人的身份。有偿合同的一方完全履行了义务以后，其债务人的"身份"消失，我称其为"纯粹债权人"。有利于债权人的解释，是有利于纯粹债权人的解释。

例：2002年1月20日，A公司找B公司索要到期铝材货款340万元。B公司表示无力偿还，同时表示，至3月份，C公司欠自己400万元电器货款到期，此时，自己有钱可以还给A公司货款340万元。A、B双方遂签订还款的书面协议，约定："B公司于C公司3月29日还款时，向A公司归还货款，再加上利息（从1月20日开始，按银行同期贷款利率计算）。"至4月初，A公司向B公司索要货款，B公司拒绝，A公司起诉。B公司提出：A、B之间的还款协议为附生效条件的合同，现C公司到期未偿还债务，条件未成就，合同未生效。A公司提出：A、B之间的还款协议为附期限合同，期限有始期和终期，A、B之间的合同为附始期的合同，至29日B公司就应当还款，不论C公司是否还款。

1. A公司与B公司还款协议是附条件的合同还是附期限的合同，属于合同解释的问题。我的意见是作有利于债权人的解释。从诚实信用原则来看，A公司已经付出了财产，是纯粹的债权人，如果不能获得对价，则有失公平。诚实信用原则要求解释的结果是公平的，若解释的结果不公平，说明解释发生了错误。就本案来看，若解释为附条件的合同，C若不对B清偿，A公司就不能从B处获得对价，这就违反了交易的基本规则，剥夺了A公司的财产。A公司从来没有允诺放弃自己的财产。

2. 从真意解释原则来分析，会得出相同的结论。真意解释原则要求解释合同时探究当事人的真意。何为真意？原则上以当事人表示的意思为真意，但真意解释也要求解释时不能拘泥于文字。探究当事人的真意并不要求证明当事人的心理过程，真意解释是对事实的综合评断。就本案而言，A公司与B公司签订还款协议，是A公司给予B公司一定的恩惠期、宽展期——这是还款协议的目的。从这个角度看，A、B公司是附期限的合同，而不是附条件的合同。无论C公司是否向B公司清偿，B公司都应按还款协议的约定向A公司清偿。

3. 有人认为，本案应当适用民法中"有利于债务人解释的规则"。有利于债务人的解释规则不是在任何场合都可以适用的。本案若采用有利于债务人的解释规则，就必然产生不公平的结果。

4. 有偿合同，是交易关系。一方当事人，既是债权人，又是债务人，当一方付出财产或者付出财产利益（如提供劳务）后，他就演变成纯粹的债权人，保护他，就等于保护了交易安全，就等于保护了公平。

5. 在合同法中，债权人并不是剥削者。有利于债权人解释规则的贯彻，对我们建设诚信市场经济具有重要的意义。

◎ 体系解释一例（5）

《买卖合同解释》第3条规定："当事人一方以出卖人在缔约时对标的物没有所有权或者处分权为由主张合同无效的，人民法院不予支持。出卖人因未取得所有权或者处分权致使标的物所有权不能转移，买受人要求出卖人承担违约责任或者要求解除合同并主张损害赔偿的，人民法院应予支持。"

该条中的当事人包括但不限于买卖合同当事人，是指诉讼当事人。这是基于体系解释（亦应结合"民诉"）得出的结论。请看《买卖合同解释》以下各条（强调了买卖合同当事人）。

第1条："当事人之间没有书面合同，一方以送货单、收货单、结算单、发票等主张存在买卖合同关系的，人民法院应当结合当事人之间的交易方式、交易习惯以及其他相关证据，对买卖合同是否成立作出认定。

对账确认函、债权确认书等函件、凭证没有记载债权人名称，买卖合同当事人一方以此证明存在买卖合同关系的，人民法院应予支持，但有相反证据足以推翻的除外"

第11条："合同法第141条第2款第（一）项规定的'标的物需要运输的'，是指标的物由出卖人负责办理托运，承运人系独立于买卖合同当事人之外的运输业者的情形。标的物毁损、灭失的风险负担，按照合同法第145条的规定处理。"

第27条："买卖合同当事人一方以对方违约为由主张支付违约金，对方以合同不成立、合同未生效、合同无效或者不构成违约等为由进行免责抗辩而未主张调整过高的违约金的，人民法院应当就法院若不支持免责抗辩，当事人是否需要主张调整违约金进行释明。

一审法院认为免责抗辩成立且未予释明，二审法院认为应当判决支付违约金的，可以直接释明并改判。"

第29条："买卖合同当事人一方违约造成对方损失，对方主张赔偿可得利益损失的，人民法院应当根据当事人的主张，依据合同法第113条、第119条、本解释第30条、第31条等规定进行认定。"

第30条："买卖合同当事人一方违约造成对方损失，对方对损失的发生也有过错，违约方主张扣减相应的损失赔偿额的，人民法院应予支持。"

第31条："买卖合同当事人一方因对方违约而获有利益，违约方主张从损失赔偿额中扣除该部分利益的，人民法院应予支持"

第 34 条："买卖合同当事人主张合同法第 134 条关于标的物所有权保留的规定适用于不动产的,人民法院不予支持。"

其他条文虽未表明"买卖合同",但可以看出当事人是买卖合同当事人。

第八节　买卖合同

◎ "物的适用性担保义务"(1)

1. 概述。物的适用性担保义务,是出卖人在担保无权利瑕疵、质量瑕疵以外,担保买受人能够正常使用的义务。担保无适用性瑕疵,是担保标的物能够正常发挥效用。适用性瑕疵和质量瑕疵可双重成立。

适用性担保义务可根据合同目的进行判断,也可由当事人特约。

例：某甲的机器坏了一个零件,到乙(专营店)去购买,但不知购买哪一种为好。在甲向乙详细介绍情况以后,乙推荐了一种零件,并保证能够适用于甲的机器。由于乙是专营店,甲出于对其专业知识的信任,就购买了这种零件,但买回后发现不能用于自己的机器。尽管标的物本身没有质量瑕疵,尽管双方约定不能退货(解除合同),但由于乙违反了适用性担保义务,甲有权退货。

适用性担保义务不同于权利瑕疵担保义务,不发生第三人向买受人主张权利的问题。适用性担保义务不同于物的质量(品质)瑕疵担保义务。物的质量瑕疵,是指标的物本身有质量有问题；而对于适用性担保义务,不在于担保标的物本身的质量,而是担保"适用性"。违反适用性担保义务,可以用损害赔偿等方式来解决，构成重大违约时，买受人也可以解除合同。

我国《合同法》仅规定了质量瑕疵担保义务。第153条规定："出卖人应当按照约定的质量要求交付标的物。出卖人提供有关标的物质量说明的，交付的标的物应当符合该说明的质量要求。"第154条规定："当事人对标的物的质量要求没有约定或者约定不明确，依照本法第61条的规定仍不能确定的，适用本法第62条第1项的规定。"第155条规定："出卖人交付的标的物不符合质量要求的，买受人可以依照本法第111条的规定要求承担违约责任。"

仅有出卖人质量上的担保义务，而无适用性的担保义务，是立法供应不足的一种现象，今后应当在制定"民法典"时弥补。

在实务中，为使法官承认和接受，可将适用性担保义务解释为物之瑕疵担保义务的一项内容。[1]

2. 示例。

例1：甲（房地产公司）向乙出售商品房，房屋位居二层。乙在购买前已经详细了解了情况，得知一层也是住宅设计，且整套商品房为高级住宅。乙入住不久，甲将一层全部改为商用房出租，各种食品气味及嘈杂声直袭二楼。这种情况，应当认为甲违反了适用性担保义务。

例2：某甲卖给某乙一套房屋，房屋本身无瑕疵。在交付之

---

[1] 我国台湾地区"民法"第354条（物之瑕疵担保责任）规定："物之出卖人对于买受人，应担保其物依第373条之规定危险移转于买受人时无灭失或减少其价值之瑕疵，亦无灭失或减少其通常效用或契约预定效用之瑕疵。但减少之程度，无关重要者，不得视为瑕疵。出卖人并应担保其物于危险移转时，具有其所保证之质量。"

前，某甲在该房屋之侧盖了一座小房，小房之内安装有对人体健康有影响的放射性的设备。

某甲违反了适用性担保义务，经催告不能排除危害时，买受人有权解除合同。

例3：某甲（房地产公司）在售楼广告中宣称，其出卖的别墅，短期内将在周围建设配套生活设施，生活方便。某乙相信其宣传，购买其在山区别墅一套，入住后发现周围十数里无生活设施，欲解除合同。经仔细阅读商品房买卖合同，上边有印刷好的一行小字："广告宣传不作为本合同的内容"。

甲使用的合同文本是工商总局和住建部的示范文本，但其在上印刷未与相对人乙协商的条款（"广告宣传不作为本合同的内容"），该条款应为格式条款（此点特别重要）。按容纳规则，售楼广告内容仍进入甲、乙合同法律关系。

某甲在合理期限内未能建立相应的生活设施，违反了适用性担保义务，经催告不能改善时，买受人有权解除合同。

◎ 买受人对多交标的物的无偿保管及轻过失免责（2）

1.《合同法》第162条规定："出卖人多交标的物的，买受人可以接收或者拒绝接收多交的部分。买受人接收多交部分的，按照合同的价格支付价款；买受人拒绝接收多交部分的，应当及时通知出卖人。"

2.《买卖合同解释》第6条规定："根据合同法第162条的规定，买受人拒绝接收多交部分标的物的，可以代为保管多交部分标的物。买受人主张出卖人负担代为保管期间的合理费用的，人民法院应予支持。买受人主张出卖人承担代为保管期间非因买受人故意或者重大过失造成的损失的,人民法院应予支持。"

3. 买受人代为保管是无偿的,与出卖人之间形成保管法律关系。代为保管期间的"合理费用",应解释为必要费用、保存费用,"合理费用"是保管的成本,不包括利润,如果包括利润,就变成有偿保管法律关系了。

4. 无偿保管的保管人轻过失免责。这是法律的一种优惠,是为了鼓励实施无偿行为。

5. 无偿法律关系也可以成立留置权,当多交标的物的出卖人不支付合理费用时,代为保管人可成立留置权。《物权法》231条规定:"债权人留置的动产,应当与债权属于同一法律关系,但企业之间留置的除外。"

6. 对多交的货物,买受人应当及时为拒绝受领的通知(附随义务)。

7. 买受人由于代为保管与出卖人形成的法律关系不无探讨的余地。请问:是意定法律关系还是法定法律关系?是履行附随义务形成的法律关系,还是由无因管理形成的法律关系,抑或兼而有之?

◎ 普通动产的一物多卖(3)

《买卖合同解释》第9条规定:"出卖人就同一普通动产订立多重买卖合同,在买卖合同均有效的情况下,买受人均要求实际履行合同的,应当按照以下情形分别处理:(一)先行受领交付的买受人请求确认所有权已经转移的,人民法院应予支持;(二)均未受领交付,先行支付价款的买受人请求出卖人履行交付标的物等合同义务的,人民法院应予支持;(三)均未受领交付,也未支付价款,依法成立在先合同的买受人请求出卖人履行交付标的物等合同义务的,人民法院应予支持。"

1. 普通动产是指机动交通运输工具以外的动产。普通动产不涉及登记的问题。

2. 本条适用的一个前提是,一物多卖的各个合同均有效。[1]

基于债的相对性,一物多卖的各个合同可以都有效。认定合同有效便于保护买受人的利益,未得到实际履行的买受人得向出卖人主张违约责任。定金罚则、违约金都可以适用。

3. 该买卖的标的物是特定物,买受人均要求实际履行合同时,应当作出抉择,看看应当谁优先,应当支持谁?

4. 出卖人是否彻底丧失了任意清偿的地位?请看示例:

出卖人张三将一面雕刻龙凤的翡翠屏风分别与 ABC 签订买卖合同。

例1:张三 3 月 1 日与 A 签订买卖合同;张三 4 月 1 日与 B 签订买卖合同;张三 5 月 1 日与 C 签订买卖合同。

在对 A、B、C 均未交付的前提下,张三可以任意清偿,就是说,他可以效益违约。交付给谁,都有效。

例2:设张三交付给 C,C 取得所有权(《物权法》第 23 条、《合同法》第 133 条)。A、B 起诉,请求实际履行合同,不应予以支持(法律不能),即使 A、B 先付款或者先签订合同。

占有 > 付款

占有 > 成立在先

---

[1] 《合同法解释(二)》第 15 条规定:"出卖人就同一标的物订立多重买卖合同,合同均不具有合同法第 52 条规定的无效情形,买受人因不能按照合同约定取得标的物所有权,请求追究出卖人违约责任的,人民法院应予支持。"

王泽鉴教授经常以一物双卖的例子说明物权优先于债权，即受领交付的买受人享有物权，该物权优先于其他买受人的债权。——此观念深入人心。我不同意王老师的观点，因为，买受人受领交付取得物权后，出卖人就同一标的物与其他买受人的合同就终止了，其他买受人丧失了请求给付该物的权利，只剩下追究违约责任的权利。——根本不存在物权与债权的冲突。

例3：在张三对A、B、C均未交付的前提下，买受人起诉，请求实际履行，则：

占有＞付款＞成立在先

先行付款＞后付款

例4：张三3月1日与A签订买卖合同并交付之后又就同一标的物与他人签订买卖合同的，不属于一物多卖，属于无权处分。已经不存在任意清偿的可能。

◎ 动产一物多卖例析（4）

一物多卖之"一物"，是特定物，种类物不存在一物多卖的问题。不动产都是特定物，因为任何不动产都有不可取代的空间位置。动产分为特定物和种类物。

例：甲将其一幅百寿图（特定物）出卖给乙，约定：标的物交付后，买受人乙在10个月内分期支付10万元，每个月月初支付1万元，付清全款后该图的所有权属于买受人乙所有。

在甲交付之后，买受人乙按期支付了8万元，剩余两期货款（2万元）逾期未付。甲遂又将该画以12万元的价格卖给不知情的丙，并通知乙解除合同，在通知中还说，此图已经出卖给第三人丙，让乙把图交给前去拿画的丙。乙接到通知后表示反对。

1. 甲、乙为所有权保留买卖、分期付款买卖（三期以上构成分期付款买卖）。甲先交付给乙，在所有权尚未移转时，又出卖给丙，表面看，对丙采取了"指示交付"的方式。

2. 由于债的相容性，两个合同给付都存在实现的可能性，本案一物双卖的两个合同都有效。

3. 本案发生分期付款买卖与所有权保留买卖的竞合。《合同法》第167条规定："分期付款的买受人未支付到期价款的金额达到全部价款的五分之一的，出卖人可以要求买受人支付全部价款或者解除合同。出卖人解除合同的，可以向买受人要求支付该标的物的使用费。"《买卖合同解释》第36条第1款规定："买受人已经支付标的物总价款的百分之七十五以上，出卖人主张取回标的物的，人民法院不予支持。"本来，出卖人甲在买受人乙迟延的金额达到五分之一时（本案为2万元）有权解除合同，但依《买卖合同解释》的规定，买受人乙已经支付了8万元，达到了75%以上，实际上出卖人甲丧失了解除权（最高法院够猛的，悄悄修改了法律）。

4. 以移转所有权为目的的指示交付，移转的是脱离占有的本权（移转的是间接占有）。依据上述第3点的分析，甲对丙的指示交付不发生移转百寿图所有权的效果。也就是说，甲与丙的买卖合同有效，但指示交付无效。

5. 丙对甲、乙之间的交易不知情，但不能依据善意取得制度取得"百寿图"所有权，因为，动产善意取得人须现实地取得占有（动产善意取得是现实占有的效力）。

◎ 提取标的物单证以外的有关单证和资料（5）

《买卖合同解释》第7条规定："合同法第136条规定的

'提取标的物单证以外的有关单证和资料',主要应当包括保险单、保修单、普通发票、增值税专用发票、产品合格证、质量保证书、质量鉴定书、品质检验证书、产品进出口检疫书、原产地证明书、使用说明书、装箱单等。"

《合同法》第 135 条规定:"出卖人应当履行向买受人交付标的物或者交付提取标的物的单证,并转移标的物所有权的义务。"

《合同法》第 136 条规定:"出卖人应当按照约定或者交易习惯向买受人交付提取标的物单证以外的有关单证和资料。"交付"提取标的物单证以外的有关单证和资料",是从给付义务。不履行从给付义务当然也是违约行为,被违约人可以单独就此提起诉讼,要求被告履行。

区别"提取标的物单证"与"有关单证和资料"具有现实意义。

1. 是否取得标的物的本权。"提取标的物单证"是物权证券,持有人获得了对标的物的所有权(脱离占有的本权)。这种脱离占有的本权转让给他人,交付单证即可。通说认为,这种交付是拟制交付,我个人的观点,交付这种单证为指示交付的一种。

提取标的物单证以外的"有关单证和资料"的交付,自不产生标的物本权移转的效果。

2. 观念交付是否移转风险。《合同法》第 142 条规定:"标的物毁损、灭失的风险,在标的物交付之前由出卖人承担,交付之后由买受人承担,但法律另有规定或者当事人另有约定的除外。"条文中的"标的物"包括动产和不动产。由本条可见,风险负担的基本规则是交付主义,交付,是交付占有,或者说,交付是移转标的物占有的行为。交付是双方行为。

《合同法》第147条规定："出卖人按照约定未交付有关标的物的单证和资料的，不影响标的物毁损、灭失风险的转移。"现实交付标的物（动产和不动产），风险负担发生移转，不受是否交付"有关标的物的单证和资料"的影响。交付"提取标的物单证"，风险负担发生移转。

◎"主观特定物"的好处（6）

《买卖合同解释》第14条规定："当事人对风险负担没有约定，标的物为种类物，出卖人未以装运单据、加盖标记、通知买受人等可识别的方式清楚地将标的物特定于买卖合同，买受人主张不负担标的物毁损、灭失的风险的，人民法院应予支持。"

1. 可识别的方式，使种类物成为"主观特定物"。
2. 可以预设风险的负担。

例：未及时受领时风险的负担。

7月1日，甲、乙订立买卖合同，甲卖给乙1万箱啤酒。甲的发货大厅里有五个库房，每个库房的装货量是1万箱啤酒。因当时啤酒供不应求，应买受人乙的要求，甲在1号库房的大门上加贴"封条"，并在"封条"上注明1号库房的1万箱啤酒"专供"给买受人乙，"封条"也是为阻止其他买受人提取1号仓库的货物。合同约定乙是上门提货，提货时间是7月25日至8月1日。8月3日，乙去提货，得知由于不可抗力，甲的库房在8月2日上午起火，五个库房的啤酒全部灭失。请问：对1号库房的损失，应由谁承担风险？

《合同法》第146条规定："出卖人按照约定或者依照本法第141条第2款第2项的规定将标的物置于交付地点，买受人违反约定没有收取的,标的物毁损、灭失的风险自违反约定之日起由买受人承担。"[1]依据上述规定,买受人乙未在规定的期限内提取"主观特定物",应当承担1号仓库货物灭失的风险。

如果没有将1号仓库的货物特定化,即使五个仓库的货物全部毁损、灭失,受领迟延的乙也不承担风险。

3. 上述1号库的1万箱啤酒成为"主观特定物"后,可以对买受人以占有改定方式的交付。

4. 上述1号库的1万箱啤酒成为"主观特定物",买受人乙以占有改定方式取得所有权后,可以向第三人为指示交付。

◎ 瑕疵担保责任减免的特约(7)

《买卖合同解释》第32条规定:"合同约定减轻或者免除出卖人对标的物的瑕疵担保责任,但出卖人故意或者因重大过失不告知买受人标的物的瑕疵,出卖人主张依约减轻或者免除瑕疵担保责任的,人民法院不予支持。"

以格式条款方式减免出卖人物的瑕疵担保责任,还适用《合同法》第39、40条的规定。[2]

---

[1]《合同法》第141条规定:"出卖人应当按照约定的地点交付标的物。当事人没有约定交付地点或者约定不明确,依照本法第61条的规定仍不能确定的,适用下列规定:(一)标的物需要运输的,出卖人应当将标的物交付第一承运人以运交给买受人;(二)标的物不需要运输,出卖人和买受人订立合同时知道标的物在某一地点的,出卖人应当在该地点交付标的物;不知道标的物在某一地点的,应当在出卖人订立合同时的营业地交付标的物。"本案无须适用141条。

[2]《合同法》第39条规定:"采用格式条款订立合同的,提供格式条款的一方应当遵循公平原则确定当事人之间的权利和义务,并采取合理的方式提请对方注意免除或者限制其责任的条款,按照对方的要求,对该条款予以说明。格式条款是当事人为了重复使用而预先拟定,并在订立合同时未与对方协商的条款。"第40条规定:"格式条款具有本法第52条和第53条规定情形的,或者提供格式条款一方免除其责任、加重对方责任、排除对方主要权利的,该条款无效。"

1. 瑕疵的分类。依不同标准,瑕疵可作不同分类。
(1) 设计上的瑕疵、制造上的瑕疵、指示上的瑕疵。

例1:某甲的汽车在急转弯的时候翻倒,汽车起火,该车在翻倒时不能打开车门,以致某甲无法逃出,被烧伤。该汽车的瑕疵是设计上的,受害人有权请求赔偿(2012年7月21日北京暴雨,某驾车者的汽车被水淹没,车门无法打开导致死亡,汽车是否存在设计上的瑕疵,不无研究的余地)。

例2:有一次讲了一天课,回家后感到又渴又累。我买了一瓶汽水,一饮而尽后,才发现瓶底长了长毛,上边有两只苍蝇(是一对)。该汽水的瑕疵是制造上的瑕疵。制造上的瑕疵也称为生产上的瑕疵。

例3:某种药孕妇不能服用,而瓶贴上没有说明。该药为指示上的瑕疵。

当事人预先约定减免物的瑕疵担保责任,包括这三种瑕疵担保责任,可以适用《买卖合同解释》第32条。

(2) 外观瑕疵与隐蔽瑕疵。外观瑕疵也称为表面瑕疵,一般是指用肉眼等人体器官能够发现的瑕疵。隐蔽瑕疵一般是指需要仪器检验、实际使用等才能发现的瑕疵。《买卖合同解释》第32条主要是指隐蔽瑕疵。

例:甲以30万元的价格将一头藏獒卖给乙,乙看藏獒面部较宽(面相是决定藏獒价格的一个重要因素),就同意购买。合同中约定,乙负担风险,交付后出现问题甲一概不负责。乙养了几个月的藏獒驾鹤西归,乙请兽医对藏獒解剖,发现面部被填入硅胶,该藏獒在出卖前被整了容。

其心可诛！尽管有"交付后出现问题甲一概不负责"的约定，甲仍然要承担责任。

2. 相关规定。《拍卖法》第61条第1款规定："拍卖人、委托人违反本法第18条第2款、第27条的规定，未说明拍卖标的的瑕疵，给买受人造成损害的，买受人有权向拍卖人要求赔偿；属于委托人责任的，拍卖人有权向委托人追偿。"第2款规定："拍卖人、委托人在拍卖前声明不能保证拍卖标的的真伪或者品质的，不承担瑕疵担保责任。"第18条第1款规定："拍卖人有权要求委托人说明拍卖标的的来源和瑕疵。"第2款规定："拍卖人应当向竞买人说明拍卖标的的瑕疵。"第27条规定："委托人应当向拍卖人说明拍卖标的的来源和瑕疵。"

拍卖是一种竞争性缔约程序，依拍卖程序成立的买卖合同自也适用《买卖合同解释》的规定。拍卖人是行纪人，它是以出卖人名义与买受人建立买卖法律关系的，并不是委托人越过拍卖人直接与买受人建立买卖法律关系。正因为如此，《拍卖法》第61条第1款规定：拍卖人、委托人未说明拍卖标的的瑕疵，给买受人造成损害的，买受人有权向拍卖人要求赔偿（法律关系的相对性）；属于委托人责任的，拍卖人有权向委托人追偿。

3. "貌似规定"《合同法》第53条规定："合同中的下列免责条款无效：（一）造成对方人身伤害的；（二）因故意或者重大过失造成对方财产损失的。"此条规定了加害给付，而《买卖合同解释》第32条规定的是"不告知物的瑕疵"。貌似，实际并不相同。

例：双方当事人约定，由于出卖人的过失致使买受人财产受到损害的，出卖人不承担责任。这个约定是否有效呢？如果出卖人非故意、非重大过失而造成买受人损失，适用此约定；

反之不能适用。

◎ 动产所有权保留买卖的占有媒介关系（8）

1.《合同法》第 134 条规定："当事人可以在买卖合同中约定买受人未履行支付价款或者其他义务的，标的物的所有权属于出卖人。"《买卖合同解释》第 34 条规定："买卖合同当事人主张合同法第 134 条关于标的物所有权保留的规定适用于不动产的，人民法院不予支持。"

不动产不能所有权保留。因为不动产物权原则上是登记物权，在交付后所有权并不发生移转。

动产是占有物权，依照买卖合同交付后所有权即发生移转，约定所有权保留的除外。[1] 动产所有权保留是物权变动形式主义的例外。

2. 动产交付给买受人后，出卖人保留该物的所有权。该物的所有权是脱离占有的本权，即出卖人交付占有后，脱离占有但保留本权。脱离占有的本权与间接占有同质。

3. 交付占有后，出卖人是间接占有人，买受人是直接占有人，双方之间是意定占有媒介关系。占有媒介关系分为意定和法定两种。[2] 买卖合同是买受人与出卖之人间占有媒介关系的基础法律关系。

4. 在所有权保留期间，所有权人请求返还占有的（主张占

---

[1]《物权法》第 6 条规定："不动产物权的设立、变更、转让和消灭，应当依照法律规定登记。动产物权的设立和转让，应当依照法律规定交付。"第 23 条规定："动产物权的设立和转让，自交付时发生效力，但法律另有规定的除外。"《合同法》第 133 条规定："标的物的所有权自标的物交付时起转移，但法律另有规定或者当事人另有约定的除外。"

[2] 参见隋彭生："占有媒介法律关系的类型化设计———种统一和简化的思路"，载隋彭生：《民法新角度》，北京大学出版社 2012 年版。

有回复请求权），买受人可以主张占有抗辩权，抗辩的理由包括付款期限尚未届满、支付金额已经超过总金额的75%等。

5. 买受人不能成立留置权，他是债务人。担保物权人（抵押权人、质权人、留置权人、建设工程的优先受偿权人）必是债权人。

◎ 出卖人的取回权及其限制（9）

《买卖合同解释》第35条规定："当事人约定所有权保留，在标的物所有权转移前，买受人有下列情形之一，对出卖人造成损害，出卖人主张取回标的物的，人民法院应予支持：（一）未按约定支付价款的；（二）未按约定完成特定条件的；（三）将标的物出卖、出质或者作出其他不当处分的。取回的标的物价值显著减少，出卖人要求买受人赔偿损失的，人民法院应予支持。"

《买卖合同解释》第36条规定："买受人已经支付标的物总价款的百分之七十五以上，出卖人主张取回标的物的，人民法院不予支持。在本解释第35条第1款第（三）项情形下，第三人依据物权法第106条的规定已经善意取得标的物所有权或者其他物权，出卖人主张取回标的物的，人民法院不予支持。"

1. 取回权的性质：简单形成权、法定形成权。取回标的物并不等同于合同的解除，因为还可能发生买受人的回赎权。

2. 出卖人取回后就标的物价值减损请求赔偿的前提是合同解除。

3. 《合同法》第163条规定："标的物在交付之前产生的孳息，归出卖人所有，交付之后产生的孳息，归买受人所有。"《物权法》第116条第1款规定："天然孳息，由所有权人取得；既有所有权人又有用益物权人的，由用益物权人取得。当事人另有约定的，按照约定。"在所有权保留场合，天然孳息应当由所有权人取得，原物所有权保留，交付后产生的天然孳息随同所有权保留。即该天然孳息的"占有"由买受人原始取得，"所有"由出卖人原始取得。

在所有权保留买卖的情形下，《合同法》第163条不能适用，应适用《物权法》第116条第1款的规定。

4. 所有权保留买卖的买受人，对占有的标的物有使用权，使用权的性质为用益债权。占有的本权为债权。

5. 所有权保留买卖取回标的物的事由。

第一类是"未按约定支付价款"，这是最常见的事由。但买受人已经支付标的物总价款的百分之七十五以上（含本数），出卖人就丧失了取回权。当所有权保留买卖与分期付款买卖竞合时，出卖人可能丧失买受人迟延金额达"五分之一"时的法定、单方解除权。[1]这是律师代书时应当特别注意的。

第二类是"未按约定完成特定条件"。例如，甲卖给乙一条豢养多年的狼犬（烈性狗），甲恐该狼犬成为"黑户"，与乙约定，乙在交付后2个月内办理了允许饲养的手续，所有权移转给乙，否则甲有权将该狼犬收回。

第三类是买受人对占有的标的物作不当法律处分。条文的表述是："将标的物出卖、出质或者作出其他不当处分的"，列举的出卖、出质是法律处分，其他不当处分亦应是法律处分（文义解释、限制解释），所谓不当处分，应是无权处分。《买卖合同解释》起草小组认为不当处分包括事实上的处分。

---

[1]《合同法》第167条第1款规定："分期付款的买受人未支付到期价款的金额达到全部价款的五分之一的，出卖人可以要求买受人支付全部价款或者解除合同。"第2款规定："出卖人解除合同的，可以向买受人要求支付该标的物的使用费。"

例1：甲将一头白骆驼出卖给乙，约定了所有权保留，交付后，乙谎称是自己的白骆驼卖给丙，丙若构成善意取得，甲就丧失了取回权。

例2：甲将一头黑骆驼出卖给乙，约定了所有权保留，交付后，乙谎称是自己的黑骆驼出质给丙，丙若善意取得质权，甲就丧失了取回权。

例3：甲将一头黄骆驼出卖给乙，约定了所有权保留，交付后，乙宰杀了黄骆驼。乙虽非法律处分行为，但甲无从取回。

◎ **质押时，出卖人取回权的一时丧失（10）**

1. 相关规定。《买卖合同解释》第35条规定："当事人约定所有权保留，在标的物所有权转移前，买受人有下列情形之一，对出卖人造成损害，出卖人主张取回标的物的，人民法院应予支持：（一）未按约定支付价款的；（二）未按约定完成特定条件的；（三）将标的物出卖、出质或者作出其他不当处分的。取回的标的物价值显著减少，出卖人要求买受人赔偿损失的，人民法院应予支持。"

《买卖合同解释》第36条规定："买受人已经支付标的物总价款的百分之七十五以上，出卖人主张取回标的物的，人民法院不予支持。在本解释第35条第1款第（三）项情形下，第三人依据物权法第106条的规定已经善意取得标的物所有权或者其他物权，出卖人主张取回标的物的，人民法院不予支持。"

《物权法》第106条规定："无处分权人将不动产或者动产转让给受让人的，所有权人有权追回；除法律另有规定外，符合下列情形的，受让人取得该不动产或者动产的所有权：（一）受让人受让该不动产或者动产时是善意的；（二）以合理的价格转让；（三）转让的不动产或者动产依照法律规定应当登记的已经登记，不需要登记的已经交付给受让人。受让人依照前款规定取得不动产或者动产的所有权的，原所有权人有权向无处分权人请求赔偿损失。当事人善意取得其他物权的，参照前两款规定。"

《物权法》第212条规定："质权自出质人交付质押财产时设立。"

《担保法解释》第84条规定："出质人以其不具有所有权但合法占有的动产出质的，不知出质人无处分权的质权人行使质权后，因此给动产所有人造成损失的，由出质人承担赔偿责任。"

2. 质押时，出卖人一时丧失取回权。

例：甲以6万元的价格将一匹小赛马驹出卖给乙，约定在交付后所有权仍归甲，待乙分三期付清款项后，所有权转给乙。乙取得占有后，冒充自己的马驹，与丙签订了质押合同。乙到期未履行对甲的付款义务，甲的取回权如何？

我设计了以下几种情况：

（1）乙对丙尚未移转占有时——甲有取回权。

（2）乙对丙交付，后丙因饲养不便，又将马驹交还给乙，约定丙仍享有质权——甲有取回权。

（3）乙对丙交付，丙未构成善意取得——甲有权取回。

（4）乙对丙交付，丙善意取得了质权——在丙占有期间，甲自然丧失了取回权。丙将质物变价，甲终局丧失取回权。

（5）乙对丙交付，丙善意取得了质权。后乙履行了对丙的债务，丙虽然占有质物，但主债权消灭，质权作为从权利随同消灭，此时甲有取回权。也就是说，第三人善意取得质权后，出卖人是一时丧失取回权。

◎ 回赎及取回后的另行出卖（11）

《买卖合同解释》第 37 条就所有权保留买卖规定："出卖人取回标的物后，买受人在双方约定的或者出卖人指定的回赎期间内，消除出卖人取回标的物的事由，主张回赎标的物的，人民法院应予支持。买受人在回赎期间内没有回赎标的物的，出卖人可以另行出卖标的物。出卖人另行出卖标的物的，出卖所得价款依次扣除取回和保管费用、再交易费用、利息、未清偿的价金后仍有剩余的，应返还原买受人；如有不足，出卖人要求原买受人清偿的，人民法院应予支持，但原买受人有证据证明出卖人另行出卖的价格明显低于市场价格的除外。"

1. 回赎与合同终止。

（1）回赎权是意定的（约定或单方指定），不是法定的。

（2）约定、指定回赎期限而买受人未回赎的，合同终止。出卖人可以另行出卖。另行出卖的方式没有限制，变卖和拍卖均可。

2. 另行出卖示例：

例：甲（出卖人）、乙（买受人）2012 年 7 月 1 日订立一头羊驼的所有权保留买卖合同，约定：①售价 9000 元；②自 7 月 10 日起，买受人每月支付 3000 元，三个月付清（构成分期付款买卖）；③到期买受人乙未支付的价款达总价款 30% 以上的，出卖人甲有权收回羊驼；④收回羊驼后，买受人乙的回赎期为一个月。

在签订合同当日，甲将羊驼交付给乙。但乙三期均未付款。甲将羊驼收回，但不能依据《合同法》第 167 条的规定解除合同，因为自收回之日起一个月内，乙还有回赎权（形成权）。到期乙未回赎，买卖合同终止。

合同终止后，甲将该羊驼出售给丙，得市价 1 万元。取回运输费用、行纪费用等共 500 元。甲实得 9500 元，应当向乙支付 500 元。违约的乙得到了意外之财产，结果如此，《买卖合同解释》的价值判断是令人怀疑的。

若甲将该羊驼出售给丙，得市价 9000 元，取回运输费用、行纪费用等共 500 元。甲实得 8500 元，乙还应给甲 500 元。

◎ 有偿转让权利的合同可以参照适用买卖合同的有关规定（12）

《买卖合同解释》第 45 条规定："法律或者行政法规对债权转让、股权转让等权利转让合同有规定的，依照其规定；没有规定的，人民法院可以根据合同法第 124 条和第 174 条的规定，参照适用买卖合同的有关规定。权利转让或者其他有偿合同参照适用买卖合同的有关规定的，人民法院应当首先引用合同法第 174 条的规定，再引用买卖合同的有关规定。"

《合同法》第 124 条规定："本法分则或者其他法律没有明文规定的合同，适用本法总则的规定，并可以参照本法分则或者其他法律最相类似的规定。"《合同法》第 174 条规定："法律对其他有偿合同有规定的，依照其规定；没有规定的，参照买卖合同的有关规定。"

1. 民法允许参照适用，这与刑法不同。法官审判民事案件，适用和参照适用法律有关规定，没有规定的，依交易习惯，没有交易习惯的依法理，法官不得以法律无规定为由拒绝裁判。

2. 参照适用买卖合同的合同，包括债权转让、股权转让等有偿权利转让合同，也包括其他有偿合同。

3. 债权转让、股权转让等权利的转让包括有偿转让和无偿转让。债权、股权等财产权利的无偿转让是赠与行为，适用赠与合同的规定，不能参照适用买卖合同的规定。

4. 《买卖合同解释》起草者认为，分期付款买卖的规定，[1]对于以股权为对象的"买卖合同"也是可以适用的，[2]即股权让与合同约定分期付款，受让人迟延金额达到五分之一的，让与人可以参照《合同法》第167条的规定，通知受让人解除合同。依据167条的解除，与依据《合同法》第94条的解除不同，[3]依据167条的解除，是不需要催告的前置性程序的，依据《合同法》第94条的解除，往往要依据其第（三）项规定先行催告，有些解除（无催告必要或可能），则可直接通知对方。

5. 《合同法》对买卖合同的出卖人设有权利瑕疵担保义务。第150条规定："出卖人就交付的标的物，负有保证第三人不得向买受人主张任何权利的义务，但法律另有规定的除外。"第151条规定："买受人订立合同时知道或者应当知道第三人对买卖的标的物享有权利的，出卖人不承担本法第150条规定的义务。"第152条规定："买受人有确切证据证明第三人可能就标的物主张权利的，可以中止支付相应的价款，但出卖人提供适当担保的除外。"

---

[1] 《合同法》第167条规定："分期付款的买受人未支付到期价款的金额达到全部价款的五分之一的，出卖人可以要求买受人支付全部价款或者解除合同。出卖人解除合同的，可以向买受人要求支付该标的物的使用费。"

[2] 参见奚晓明主编：《最高人民法院关于买卖合同司法解释理解与适用》，人民法院出版社2012年版，第674页。

[3] 《合同法》第94条规定："有下列情形之一的，当事人可以解除合同：（一）因不可抗力致使不能实现合同目的；（二）在履行期限届满之前，当事人一方明确表示或者以自己的行为表明不履行主要债务；（三）当事人一方迟延履行主要债务，经催告后在合理期限内仍未履行；（四）当事人一方迟延履行债务或者有其他违约行为致使不能实现合同目的；（五）法律规定的其他情形。"

债权、股权等权利的有偿转让合同可参照上述规定。

6. 承揽合同包括定作合同、加工合同、修理、修缮合同等。

（1）定作合同兼有买卖合同的性质，适用买卖合同的规定没有问题。定作合同的承揽人也不能成立留置权，因为留置权是他物权，承揽人不能留置自己的东西。承揽人不交付标的物的，可成立履行抗辩权。

（2）加工合同是来料加工，是定作人提供原材料，我国《合同法》对承揽合同设定了18个条文（第251~268条），其中没有定作人验收的规定，发生争议时，可参照适用针对买卖合同之第157、158条的规定。

第九节　赠与合同

◎ 为什么要把赠与合同规定为诺成合同（1）

赠与人任意撤销权是建立在诺成合同基础之上的。所有的赠与合同（动产赠与、不动产赠与及其他财产的赠与）都是诺成合同，没有例外。假如是实践合同，赠与人就不必通知对方撤销，不履行赠与合同，赠与合同就不能"生效"。

将赠与合同作诺成合同的制度安排，是考虑到有些赠与合同应当履行，不得反悔，还因为赠与标的财产的广泛性，[1] 同时也是参照其他立法例的结果。

任意撤销权的行使与实践合同之不交付赠与的动产，都是行使反悔权的表现，但前者是积极的行为，后者是消极的行为。

---

[1] 实践合同的法律构成是合意加动产的交付。由于赠与标的财产的多样性，不宜采用实践合同的设计。例如赠与债权，是通知方式移转债权，赠与专利权是登记方式移转专利权。采用实践合同的设计，就无法照顾到非交付方式移转财产的情况。

积极的行为表现为通知，使受赠人可以及时采取措施防止损失的发生或防止损失的扩大。对实践合同的不行为，法律没有明确规定通知的义务（附随义务），容易导致受赠人的损失。

应当这样认为：一般赠与合同是附有任意撤销权的诺成合同；具有救灾、扶贫等社会公益、道德义务性质的赠与合同以及经过公证的赠与合同，是不具有任意撤销权的诺成合同。

把赠与合同规定为诺成合同，还有两点实益：其一，赠与人死亡之后，受赠人仍然可以取得赠与的财产，对赠与人而言，并不妨碍他的利益，不仅赠与人可以向受赠人为意思表示撤销赠与合同，其继承人同样可享有任意撤销权；其二，为附条件和附负担赠与的存在提供坚实的基础。如果赠与合同是实践合同，则条件成就以后，赠与人也可以拒绝交付，使赠与合同不生效；或者受赠人完成了所附义务，赠与人通过不移转财产否认赠与合同的效力，将使受赠人产生信赖利益的损失。

◎ 赠与为实践合同的规定为什么失效？（2）

> 题记：在法律网站上浏览，发现至今还有人把赠与合同看成实践合同。

失效条文：

《民通意见》第128条规定："公民之间赠与关系的成立，以赠与物的交付为准。赠与房屋，如根据书名赠与合同办理了过户手续的，应当认定赠与关系成立；未办理过户手续，但赠与人根据书面赠与合同已将产权证书交与受赠人，受赠人根据赠与合同已占有、使用该房屋的，可以认定赠与有效，但应令其补办过户手续。"

解析：

《民通意见》第 128 条的规定因与《合同法》抵触而失去效力。

《民通意见》128 条将公民之间的赠与合同规定为实践合同。而依照《合同法》第 186 条的规定，所有赠与合同都是诺成合同，具体地说，赠与合同是附任意撤销权的诺成合同，还有三种是不附任意撤销权的诺成合同。[1]

把赠与合同规定为实践合同，是立法技术运用的结果。因为，实践合同的法律构成是合意加动产交付。赠与的财产包括动产、不动产、专利技术、债权等，不适宜采取实践合同的方式。

赠与的房屋，在双方达成合意的时候生效。赠与房屋未办理过户手续，受赠人根据赠与合同已占有、使用该房屋的，其享有的是用益债权，赠与人仍有任意撤销的可能。

◎ **动机如何，不影响赠与的效力（3）**

赠与的动机如何，不影响一般赠与的效力，也不会影响道德义务赠与、公益性质赠与和经公证赠与的效力。

有学者指出："人无偿给予财产，不一定仅限于利他的动机，也有可能是出于为了回报以前接受的利益，为了期望对方将来作出奉献，为了获得名誉，其他各种有对价的或利己的动机。但是，法律不管这些动机，只要契约内容是无偿的，就认定为赠与。"[2]"例如有人当众以百金赠与一乞儿，故示人以慷

---

[1] 我国《合同法》第186条规定："赠与人在赠与财产的权利转移之前可以撤销赠与。具有救灾、扶贫等社会公益、道德义务性质的赠与合同或者经过公证的赠与合同，不适用前款规定。"

[2] [日]我妻荣：《债权各论》（中卷一），徐进、李又又译，中国法制出版社 2008 年版，第 3 页。

慨，明知豪于外而吝于心，赠与终属有效。"[1]

为"回报以前接受的利益"而为赠与，不改变赠与的无偿性质。"过去的对价不是对价"。一位公司法务经常找我咨询，过节的时候送我一条大鱼表示感谢，这不是有偿合同，而是无偿合同。此种赠与一般应认定为道德义务的赠与。

动机未作为法律事实的要件时，不发生效力。我经常说的一句话是："莫斯科不相信眼泪，民事法不相信动机。"

◎ 死因赠与（4）

死因赠与是指以赠与人先于受赠人死亡为条件的赠与。[2]死因赠与，是赠与人生前与受赠人订立的赠与合同，其实质是以赠与人死亡为条件而生给付效力。

一般认为，死因赠与是附条件赠与，实际上也是附条件给付。也就是说，死因赠与合同是诺成合同，在赠与人死亡之前就生效。正因为如此，死因赠与的赠与人也享有任意撤销权。

死因赠与不同于遗赠。遗赠是单方法律行为，以遗嘱的形式表现；死因赠与须双方达成合意，是双方法律行为，以合同的形式表现。死因赠与不同于遗赠扶养协议。死因赠与是无偿合同，无对价关系；遗赠扶养协议是有偿合同，存在对价关系。

只要死亡，就发生无偿给付的效力，但死因赠与也可以以"特殊情况下的死亡"为停止条件，比如，赠与人在契约中声明："如果我在某次战役中战死，我即将此项财物赠你。"如果赠与人在这次战役中并未死亡，受赠人对赠与物就没有任何权利。[3]在以后的战役中死亡，原受赠人不得主张权利。

---

〔1〕 梅仲协：《民法要义》，中国政法大学出版社 1998 年版，第 363 页。
〔2〕 参见周枏：《罗马法原论》（下册），商务印书馆 1994 年版，第 623 页。
〔3〕 参见周枏：《罗马法原论》（下册），商务印书馆 1994 年版，第 623 页。

当死因赠与的赠与人死亡时，标的财产移转给受赠人。我国《物权法》第 29 条规定："因继承或者受遗赠取得物权的，自继承或者受遗赠开始时发生效力。"死因赠与的财产归属，应当参照此条确定。我的意思是，对死因赠与来说，赠与人的继承人并无任意撤销权。

◎ 为什么要赋予赠与人任意撤销权（5）

法律通常给予无偿合同债务人以反悔权（毁约权）。"相较于订立有偿合同的情形而言，赠与合同的无偿性使赠与人可以方便地摆脱自己所受到的拘束。"[1]学者指出，有的赠与合同的订立，是因一时情感因素而欠于考虑，如果绝对不允许赠与人撤销，则对赠与人太过苛刻，也有失公允。[2]"欠考虑"并不是意思表示有瑕疵的表现，对赠与人的轻率行为进行救济，只是立法对赠与人的一种优惠政策。"赠与合同的立法建构中，一个基本的价值判断即出于保持双方利益平衡的考虑，需要对赠与人进行特别保护。"[3]

任意撤销权就是对赠与人进行特别保护的一种法律措施。

规定赠与人的任意撤销权，也是为鼓励赠与这种助人为乐的行为。《公司法》规定了出资人的"量上有限责任"，[4]这

---

[1] 参见［德］迪特尔·梅迪库斯：《德国债法分论》，杜景林、卢谌译，法律出版社 2007 年版，第 147 页。

[2] 胡康生主编：《中华人民共和国合同法释义》，法律出版社 1999 版，第 280 页。

[3] 易军、宁红丽：《合同分则制度研究》，人民法院出版社 2003 年版，第 152 页。

[4] 我国《公司法》第 3 条规定："公司是企业法人，有独立的法人财产，享有法人财产权。公司以其全部财产对公司的债务承担责任。有限责任公司的股东以其认缴的出资额为限对公司承担责任；股份有限公司的股东以其认购的股份为限对公司承担责任。"有限责任公司的股东和股份有限公司的股东都是"量上有限责任"。

种优惠规定是为鼓励当事人出资。这种鼓励作用与任意撤销权的鼓励作用，在道理上是相通的。没有任意撤销权，赠与人在进行赠与决策的时候就会过于畏缩和犹豫，结果反而会减少赠与的数量。

◎ 赠与标的财产的移转与任意撤销权的行使（6）

题记：赠与人的任意撤销权可能是一个，也可能是两个以上。

赠与合同依法成立后，赠与人负有向受赠人转移财产权利的义务。有学者认为，赠与合同是转移财产所有权的合同，[1]但从《合同法》的规定来看，所有权以外的其他财产权利也可以作为赠与的标的财产。例如，技术秘密（因不是有体物、不具有独占性，不称为所有权）就可以赠与；再如，债权人可以把对第三人的债权作为赠与合同的标的财产。此处所言赠与是财产权利本体（本身）的移转，我国《合同法》规定的赠与不包括使用借贷等用益赠与。[2]任意撤销权的行使是在赠与的财产权利转移之前，[3]赠与标的财产不同，财产权移转的方式自然也就不同，任意撤销权消灭的具体原因也就不同。例如，一份赠与合同中包括房产、设备和专利技术三种财产的赠与，那么这些财产的移转是有不同要求的，三种财产的三个任意撤销权的消灭是不一样的。这样的"一份"赠与合同，实际上有三个单一的法律关系，有三个给付，因而有三个任意撤销权，赠

---

〔1〕 参见余延满：《合同法原论》，武汉大学出版社1999年版，第596页。

〔2〕 用益赠与是用益价值的无偿移转，典型者如使用借贷，无形财产也可以用益赠与，如无偿的技术许可使用等。

〔3〕 形成权一般用除斥期间进行限制，但任意撤销权因移转财产而消灭，故无规定除斥期间的必要。

与人可以一并行使,可以分别行使,可以先后行使。

◎ 赠与人撤销权的客体(7)

> 题记:赠与人的撤销权及民法上其他撤销权的客体,是意定法律事实,法定法律事实不存在撤销的可能。法律事实与法律关系同步发生,撤销了法律事实,也就撤销了法律关系。

赠与人撤销的是双方法律行为,还是撤销单方的意思表示,还是撤销赠与法律关系?对赠与来说,撤销法律行为与撤销法律关系并不矛盾,只是角度不同。从源头上说,当事人是通过撤销法律行为来撤销法律关系的。

从法律事实的角度看,赠与合同是双方法律行为,是意定法律事实。它是通过要约和承诺两个单方法律行为合成的,赠与人通过撤销自己的单方法律行为(在赠与合同中,赠与人可能是要约人,也可能是承诺人),而达到撤销双方法律行为的结果。撤销双方法律行为,使其效力溯及地消灭,作为法律结果事实的赠与法律关系,当然不复存在。

权利尚未移转者,赠与人可以全部撤销,权利一部分已移转者,得就其未移转之部分撤销之。[1] 部分撤销则是通过变更法律事实而变更了赠与合同法律关系。究部分撤销之实质,它是赠与人的一种单方变更权。例如,赠与的财产经常是物,赠与主物而通知受赠人不交付从物的,应认为是部分撤销。不得

---

[1] 我国台湾地区"民法"第408条第1项规定:"赠与物之权利未移转前,赠与人得撤销其赠与。其一部已移转者,得就其未移转之部分撤销之。"上述规定是针对"赠与物"的,我国《合同法》上的赠与人任意撤销并不受物的限制。

任意撤销的赠与合同，受赠人有权请求交付从物。[1]

应当将赠与合同的撤销与要约的撤销相区分。撤销要约是撤销了单方行为，撤销赠与合同是撤销了双方行为。两种撤销适用的规则也不相同。[2] 具有公益性质和道德义务性质赠与的要约，及载明要办理公证的要约，均可撤销，而不受对赠与合同撤销的限制。

◎ **赠与人任意撤销权的性质（8）**

例：甲赠与给儿媳一套房屋，一直未办理过户手续。甲儿子死后，甲撤销赠与，理由是儿媳闪电改嫁，儿媳说，这种撤销的理由是违法的。

甲行使任意撤销权并不需要理由，其撤销通知（单方法律行为）送达儿媳后生效，这种单方法律行为的生效，使赠与合同（双方法律行为）失去效力。作为一次性给付，赠与合同自始失去效力。

1. 赠与人的任意撤销权是民法上撤销权的一种。撤销权是消灭法律关系的权利，在性质上属于消极的形成权。[3] 消极形成权也称为消灭形成权。实际上，撤销权是通过消灭法律行为的效力来消灭法律关系的。

---

[1] 我国《物权法》第115条规定："主物转让的，从物随主物转让，但当事人另有约定的除外。"

[2] 我国《合同法》第18条规定："要约可以撤销。撤销要约的通知应当在受要约人发出承诺通知之前到达受要约人。"第19条规定："有下列情形之一的，要约不得撤销：（一）要约人确定了承诺期限或者以其他形式明示要约不可撤销；（二）受要约人有理由认为要约是不可撤销的，并已经为履行合同作了准备工作。"参见周枏：《罗马法原论》（下册），商务印书馆1994年版，第623页。

[3] 参见王泽鉴：《民法总则》，中国政法大学出版社2001年版，第98页。

2. 我国《合同法》上赠与人的任意撤销权还是简单形成权、法定形成权。所谓简单形成权是指无须经过诉讼或仲裁，通知相对人即可发生效力的形成权。所谓法定形成权是指该形成权出于法定而非出于意定。形成权并非自动发生效力，须有权利人的行使行为，该行为是单方法律行为。

3. 赠与人是赠与合同的债务人，受赠人是赠与合同的债权人，任意撤销权是债务人的权利。所谓任意撤销权也称为毁约撤销权，[1] 还可径直称为毁约权，它是指依赠与人一方的意志即可通知受赠人撤销赠与合同，取消自己债务人地位的反悔权。任意撤销权的行使，不需要法定的理由，更不需要对理由进行说明和举证。

◎ **债权人保全撤销权与赠与人任意撤销权（9）**

例：甲对乙有100万元的债权，乙仅有价值100万元的木材，别无责任财产。乙对某丙为道德义务的赠与或为社会公益性质的赠与，或者经公证而预先放弃了任意撤销权，乙对丙的赠与不能任意撤销，但是甲可以请求法院撤销乙与丙的赠与关系，而不管赠与物是否交付。

债权人的保全权，包括债权人代位权和债权人撤销权。债权人撤销权与赠与人任意撤销权有很大区别，但也可能发生联系。

第一，债权人的撤销权是形成诉权；赠与人的任意撤销权是简单形成权。

第二，债权人撤销权的主体自然是债权人，任意撤销权人是赠与人，赠与人是债务人。

---

[1] 黄立主编：《民法债编各论》（上），中国政法大学出版社2003年版，第182页。

第三，债权人撤销权是法律关系以外的第三人的撤销权；任意撤销权是合同法律关系当事人的撤销权。

第四，债权人撤销权的设定，是通过保全债务人的财产而保全债权人自己的财产；任意撤销权的设定是给予赠与人以反悔权，并不属于财产保全制度。

第五，任意撤销权受合同性质限制，也受公证的限制；债权人的撤销权不受合同性质限制，对公益性质的赠与、道德义务的赠与和经过公证的赠与均可撤销。

◎ 赠与人法定任意撤销权与其法定事由撤销权的关系（10）

我国《合同法》第192条规定了赠与人的法定事由撤销权，[1]其产生的法律事实与赠与人任意撤销权产生的法律事实不同。任意撤销权也是法定的，伴随着合同成立而产生。法定事由撤销权，是在赠与合同成立之后，由于新的法律事实的出现而产生。[2]

问题的关键是，赠与任意撤销权与法定事由撤销权能否发生竞合？有学者认为，法定事由撤销权是在完成赠与行为之后产生的。[3]应当指出，法定事由撤销权多为完成赠与义务后发生，但在赠与财产的权利移转之前也可发生。例如，在赠与的

---

[1] 我国《合同法》第192条规定："受赠人有下列情形之一的，赠与人可以撤销赠与：（一）严重侵害赠与人或者赠与人的近亲属；（二）对赠与人有扶养义务而不履行；（三）不履行赠与合同约定的义务。赠与人的撤销权，自知道或者应当知道撤销原因之日起一年内行使。"

[2] 参见李锡鹤：《民法哲学论稿》，复旦大学出版社2009年版，第216页。

[3] 参见王洪亮："赠与合同若干法律问题研究"，载王洪亮主编：《合同法难点热点疑点理论研究》，中国人民公安大学出版社2000年版，第354页。

房屋交付之后、过户登记之前，受赠人有重大忘恩负义的行为，赠与人既有法定任意撤销权也有法定事由撤销权。当事人可能更愿意行使法定事由撤销权，以占领道德制高点。两种形成权都是简单形成权，通知对方即发生撤销的效果。

◎ **赠与人任意撤销权与可撤销合同之撤销权的关系（11）**

可撤销合同之撤销权，是因为意思表示瑕疵，属于附撤销权的有效合同。[1]而任意撤销权是不考虑赠与人意思表示是否有瑕疵的。但是，任意撤销权与意思表示有瑕疵的撤销权有可能发生竞合。例如，受赠人以欺诈方式与赠与人成立赠与合同，[2]在理论上看，赠与人既享有任意撤销权，又享有因意思表示有瑕疵的合同撤销权（受害人撤销权）。[3]但是，任意撤销权是简单形成权，因意思表示有瑕疵而产生的合同撤销权是形成诉权。

实务中，有的赠与人不知道自己享有任意撤销权或其他原因，而以意思表示有瑕疵为由起诉，法院应当受理。原告一般是赠与人，但也有可能是受赠人起诉到法院。例如，赠与人因

---

〔1〕 意思表示有瑕疵的合同包括因重大误解而成立的合同、自始显失公平的合同、因欺诈成立的合同、因胁迫成立的合同、乘人之危成立的合同五种。但赠与合同不能以显失公平为由进行撤销。显失公平的合同可撤销是交易的规则，赠与合同不是交易合同。

〔2〕 因欺诈而成立赠与合同，不包括受赠人被欺诈的情形，而只能是受赠人实施欺诈行为，如伪造残疾等，因欺诈成立的赠与合同多发生在道德义务赠与的场合。

〔3〕 我国《合同法》第54条规定："下列合同，当事人一方有权请求人民法院或者仲裁机构变更或者撤销：（一）因重大误解订立的；（二）在订立合同时显失公平的。一方以欺诈、胁迫的手段或者乘人之危，使对方在违背真实意思的情况下订立的合同，受损害方有权请求人民法院或者仲裁机构变更或者撤销。当事人请求变更的，人民法院或者仲裁机构不得撤销。"

受赠人有残疾而答应赠送一辆代步机动车,在交付机动车之前发现受赠人是假装残疾骗取自己的赠与。赠与人有两种选择:其一,通知受赠人撤销赠与,这是行使任意撤销权的行为,受赠人可以道德义务性质的赠与不允许任意撤销为由而起诉,法院自应受理;其二,起诉以自己意思表示有瑕疵为由请求撤销赠与。对以上情况,法院的审理仍有现实意义。若法院判决不构成意思表示有瑕疵而不允许撤销的,赠与人的任意撤销权不被排斥,在诉讼以后仍可行使。

赠与人享有任意撤销权而又以意思表示有瑕疵请求撤销合同,法官是否有义务向赠与人阐明其享有任意撤销权的法定权利?向赠与人阐明权利是有利有弊的:其一,意思表示有瑕疵的举证责任在原告,其主张未必能够成立,若其败诉,其仍可通知受赠人任意撤销,所以,法官向原告阐明法定权利,可以避免浪费司法资源;其二,向原告阐明其任意撤销权,就是让原告以通知的方式来撤销赠与合同,这样就使法官丧失了中间立场,再者当事人不行使任意撤销权而以意思表示有瑕疵主张撤销还可能有另外的考虑(比如让被告口服心服,以免除道德上的压力,等等)。综合起来看,向原告阐明权利是弊大于利的。

◎ 赠与动产的观念交付(12)

1. 赠与的标的财产很广泛,包括物和其他财产。物分为动产和不动产,这里谈谈赠与动产的观念交付。

2. 由于动产的现实交付和观念交付,赠与人丧失了任意撤销权(参见合同法第186条)。

3. 现实交付是法律事实,观念交付只是双方法律行为的效果,并非独立的法律事实。观念交付改变本权而实际占有不变。

4. 观念交付包括简易交付、指示交付和占有改定。[1]

(1) 简易交付。受赠人因租赁、借用、保管等原因实际占有赠与人的动产，在赠与人与其达成赠与合意时，该动产所有权移转，赠与人丧失任意撤销权。

(2) 在指示交付的场合，标的物是处于第三人占有之下的。例如，甲就一台农用设备与乙签订了赠与合同，但这台设备正由丙维修，处于丙的占有之下。甲与乙达成赠与合意时，该设备的所有权并没有移转给乙，在转让通知送达到丙时才发生所有权的移转。因此，在通知送达之前，某甲可以任意撤销。

(3) 赠与人在将赠与的动产交付之前，与受赠人约定，由自己保管、借用、租用等，属于占有改定，受赠人取得了动产所有权。

例：甲赠送给乙一头骆驼，乙要求牵走时，甲提出借用三天，乙方同意。在甲与乙之间有两个交付，一个是赠与合同的交付，一个是借用合同的交付，两个交付都是观念交付中的占有改定。[2] 占有改定之"改"，是指本权发生改变。赠与人甲的本权从所有权（自物权）改为借用人的债权。

简易交付、指示交付与占有改定一样，也发生了移转本权

---

[1] 我国《物权法》第25条就简易交付规定："动产物权设立和转让前，权利人已经依法占有该动产的，物权自法律行为生效时发生效力。"第26条就指示交付规定："动产物权设立和转让前，第三人依法占有该动产的，负有交付义务的人可以通过转让请求第三人返还原物的权利代替交付。"第27条就占有改定规定："动产物权转让时，双方又约定由出让人继续占有该动产的，物权自该约定生效时发生效力。"

[2] 关于占有改定包括的两个观念交付，参见隋彭生："论以占有改定设立动产质权"，载《法学杂志》2009年第12期。

185

的效果，故致赠与人丧失了任意撤销权。

5. 以上所述为动产观念交付。我国《物权法》仅对动产观念交付作出了规定。实际上，不动产也存在观念交付，但它与不动产现实交付一样，不影响任意撤销权的存在。因为，动产所有权的移转，与不动产所有权移转的公示方式不同。

◎"赠与欠条"或"情侣欠条"不构成观念交付（13）

有学者认为，所谓"赠与欠条"是指一方基于感情，承诺给另一方财物，但迫于经济状况等局限，没有实际交付，写一张欠条作为凭证。如果赠与不侵犯他人财产权，也不存在可撤销的情形，应认定赠与通过欠条的出具，实现了赠与财产的观念交付。[1] 情侣之间的"赠与欠条"又称为"情侣欠条"。我认为，"赠与欠条"不构成财产权利的转移，也不能认为以观念交付的方式实现了财产权利的转移，而只能表明自己的债务。赠与的观念交付是不转移实际占有而转移本权的行为。"赠与欠条"不发生转移本权的效果。以货币的赠与欠条为例，由于"货币与占有同一"的特性，本权与占有不能分离，只是写了一个欠条，并不能发生货币本权的转移。"赠与欠条"的出具不能认为财产权利的转移，赠与人仍保有任意撤销权。

对道德义务的赠与，赠与人是没有任意撤销权的。"赠与欠条"或"情侣欠条"，一般不构成道德义务的赠与。

◎以占有改定排除赠与人的任意撤销权（14）

例：甲曾多次向乙咨询法律事务，为表示感谢，打电话对

---

〔1〕参见马瑞杰、王延平："情侣欠条的效力认定"，载《人民法院报》2011年9月22日第7版。

乙说:"我购得一条鱼王想送给你",还把鱼王的照片发给乙,乙看了鱼王的"玉照"后,回电话表示接受赠与。乙说,我要去云南出差,你帮我保管三天吧,甲同意。乙出差回来,要甲交付鱼王。但甲已经将该鱼王出卖给丙,已经对丙交付。甲依据《合同法》第186条的规定,通知乙撤销赠与合同。有人认为,甲多次向乙咨询法律事务,因而"送鱼"的合同是双务、有偿合同,甲没有赠与合同的任意撤销权。

1. 甲曾多次向乙咨询法律事务,为表示感谢,要送乙一条鱼王。"过去的对价不是对价","感谢"只是动机,因而双方成立赠与合同(单务、无偿合同),不成立双务、有偿合同。

2. 《合同法》第186条规定:"赠与人在赠与财产的权利转移之前可以撤销赠与。具有救灾、扶贫等社会公益、道德义务性质的赠与合同或者经过公证的赠与合同,不适用前款规定。"赠与人的任意撤销权在"赠与财产的权利转移之前"。

3. 《物权法》第27条对占有改定作出规定:"动产物权转让时,双方又约定由出让人继续占有该动产的,物权自该约定生效时发生效力。"在占有改定的场合,必有两个合同,一个是转让合同(买卖、赠与等),一个是保管、租赁、借用、委托、质押等合同。占有改定,避免了两个合同的反复现实交付,而同时实现了两个合同的两个观念交付。

4. 甲将鱼王赠与给乙,在交付之前,双方又成立保管合同。这里有两个占有改定方式的交付,一个是赠与合同的占有改定方式的交付,一个是保管合同占有改定方式的交付。

5. 由于占有改定方式的交付,鱼王的所有权已经移转给乙,甲已经丧失了任意撤销权。

◎ 就被继承人债务的清偿达成合意，是否构成道德义务的赠与？（15）

例：张某生命之灯将枯，吟陈后主诗："此处不留人，自有留人处"。去往另一世界之后，其债权人纷至沓来，要求张某的继承人李某还债。

我国《继承法》第33条规定："继承遗产应当清偿被继承人依法应当缴纳的税款和债务，缴纳税款和清偿债务以他的遗产实际价值为限。超过遗产实际价值部分，继承人自愿偿还的不在此限。继承人放弃继承的，对被继承人依法应当缴纳的税款和债务可以不负偿还责任。"

继承人以继承的遗产为限对被继承人的债务承担责任。对超过继承财产的债务，继承人没有偿还的法定义务，也不属于自然之债。继承人放弃继承的，对被继承人的债务也没有清偿的义务。

在没有义务的前提下，继承人与被继承人的债权人达成合意，由继承人偿还被继承人债务的，在性质上应为道德义务的赠与，适用赠与的有关规则。在成立合意之后，不能以自然之债为由而拒绝履行。赠与之债是法律关系，自然之债虽为生活关系，但并非法律关系。

◎ 夫妻之间的赠与（16）

依据我国《婚姻法》第19条的规定，夫妻双方可以将婚前财产约定为共同所有。[1]有学者认为，这属于夫妻财产制契约，

---

[1] 我国《婚姻法》第19条第1款规定："夫妻可以约定婚姻关系存续期间所得的财产以及婚前财产归各自所有、共同所有或部分各自所有、部分共同所有。约定应当采用书面形式。没有约定或约定不明确的，适用本法第17条、第18条的规定。"第2款规定："夫妻对婚姻关系存续期间所得的财产以及婚前财产的约定，

而夫妻财产制契约具有权利（物权）变动的效力。[1]依照此观点，采共有制的夫妻之间就不能成立任意撤销权。

夫妻双方将婚前财产约定为共有的，是赠与行为，婚姻关系（身份关系）只是赠与关系的基础法律关系，并不能取代或消灭赠与的效力。婚内赠与应当适用《合同法》的规定，包括适用任意撤销权的规定。

最高人民法院《关于适用〈中华人民共和国婚姻法〉若干问题的解释（三）》第6条规定："婚前或者婚姻关系存续期间，当事人约定将一方所有的房产赠与另一方，赠与方在赠与房产变更登记之前撤销赠与，另一方请求判令继续履行的，人民法院可以按照合同法第186条的规定处理。"此规定语焉不详，没有具体表明婚前、婚后的赠与是否可以行使任意撤销权。

夫妻之间的赠与是否属于道德义务的赠与？如果是道德义务的赠与，即使房产没有办理过户登记也不能任意撤销。

夫妻之间的赠与，可能是道德义务的赠与，也可能不是道德义务的赠与。亲属之间为扶养给付的赠与属于道德义务的赠与。例如，丈夫王某考虑到妻子赵某没有工作，自己撒手西去之后其生活可能会发生困难，就与妻子就房屋或其他财产订立

（接上页）对双方具有约束力。"我国《婚姻法》第17条规定："夫妻在婚姻关系存续期间所得的下列财产，归夫妻共同所有：（一）工资、奖金；（二）生产、经营的收益；（三）知识产权的收益；（四）继承或赠与所得的财产，但本法第18条第3项规定的除外；（五）其他应当归共同所有的财产。夫妻对共同所有的财产，有平等的处理权。"第18条规定："有下列情形之一的，为夫妻一方的财产：（一）一方的婚前财产；（二）一方因身体受到伤害获得的医疗费、残疾人生活补助等费用；（三）遗嘱或赠与合同中确定只归夫或妻一方的财产；（四）一方专用的生活用品；（五）其他应当归一方的财产。"

〔1〕 参见薛宁兰、许莉："我国夫妻财产制立法若干问题探讨"，载《法学论坛》2011年第2期。

赠与合同,这种赠与就是道德义务的赠与。如果没有这类情节,只是为了讨好,就不是道德义务的赠与。

◎ 对子女的赠与是否为道德义务的赠与?(17)

对未成年的子女的赠与多为道德义务性质的赠与。对成年子女的赠与也可以是道德义务的赠与。

例:张某(男)与李某(女)在"离婚协议书"中约定:"孩子张小某已经成年,即将大学本科毕业,如果去英国留学,男方负责30万元的学费和生活费。"二人离婚后不久,张小某考上英国某大学,攻读硕士学位,李某和张小某要求张某支付30万元,张某称,张小某已经年满18周岁,自己已经没有法定的抚养义务,故拒绝支付。

张某与李某的"离婚协议书"是"混血儿契约",它包含解除身份关系的约定(身份合同),也包含债的约定(债权合同)。此债的约定就是对第三人(张小某)的赠与(涉他合同),这个赠与是道德义务的赠与,张某没有任意撤销权,应当向张小某支付30万元。

◎ 继承人如何撤销被继承人赠与情人的房产 (18)

例:甲(男)与乙(女)签订了一份赠与合同,将个人所有的一所房屋赠送给乙。甲病发而亡时,房屋已经交付给乙使用一年,尚未办理过户手续。甲之妻丙想要收回房屋,她有两种选择。

第一种选择,主张赠与合同无效,因为将财产赠与情人,违反了善良风俗。违反公序良俗的合同无效,良俗就是善良风俗。

但是打起官司很麻烦，因丙要证明乙是甲的情人。情人有很多种，拥有柏拉图式的情人也不好说是违反善良风俗。况且，对情人的赠与，各地判决不一，有的按有效处理，有的按无效处理。

第二种选择，是丙依照《合同法》第186条的规定，通知乙撤销赠与合同，因为被继承人甲死亡，第一顺序继承人丙成为赠与法律关系中的赠与人（债务人），乙仍为受赠与人（债权人）。

《合同法》第186条规定的撤销权，称为法定任意撤销权。所谓"法定"是指法律有直接规定；所谓"任意"，是指不需要任何理由。该撤销权是简单形成权、消灭形成权、法定形成权。行使的方式是通知方式。

依照法条和理论，丙操作的程序是通知乙撤销合同，并依《物权法》第34条的规定，请求所有物（房屋）的返还，这是返还占有，不是返还所有。但是实践中，当事人是起诉要求撤销并返还。

有朋友问我，我是乙的代理人，我如何帮助乙保住房屋呢？——这个需要新的法律事实。

◎ 经公证的赠与（19）

1. 推定赠与人放弃任意撤销权。任意撤销权是一种法定的反悔权、毁约权。推定赠与人放弃任意撤销权，是指赠与人未就放弃作出明示，但对其行为进行真意解释，推定其有放弃任意撤销权的意思。在受赠人方面，由于赠与人有了特殊意义行为，使自己产生了特殊利益，这种特殊利益也是值得法律特别保护的。

推定赠与人放弃任意撤销权的情形，包括公证、设立担保、约定违约金等。

2. 经过公证的赠与，推定赠与人放弃任意撤销权。

(1) 有学者认为："经公证的赠与合同是诺成合同，完成赠与公证程序时赠与合同成立。"[1] 其实，赠与合同本身就是诺成合同，赠与法律关系在达成合意时成立，而不是在公证时成立的。

例：甲在1月1日与乙订立赠与合同，约定一周后去办理公证。在办理公证前，甲可以对已经成立的合同行使任意撤销权。

对赠与合同进行公证，只是赋予其特殊效力，而不是成立合同。从赠与人的方面看，经过公证的赠与，是其经过深思熟虑、周密思考的赠与，[2] 不必再给予其犹豫期，应当认为赠与人预先放弃了反悔权，因此赠与人不得任意撤销。

当事人仅仅订立书面赠与合同尚未依约办理公证，并不影响任意撤销权的成立。

(2) 对经公证的赠与，能否再次经过公证撤销呢，如同经公证撤销遗嘱一样？——不存在再次公证撤销的问题。因为对赠与合同的公证是对双方法律行为的公证，而对遗嘱的公证是对单方法律行为的公证。单方法律行为人可以单方去公证，而

---

[1] 河山、肖水：《合同法概要》，中国标准出版社1999年版，第178页。
[2] "允诺一般是为了得到某种回报而作出的'平等交换契约'。一个人允诺去做某事而根本不图回报是不正常的，所以法学家立即会问自己，一种如此利他的行为是否可能是真正的完全自愿的或者经过深思熟虑的引起法律义务的行为。"参见[德] 海因·克茨：《欧洲合同法》(上卷)，周忠海、李居迁、宫立云译，法律出版社2001年版，第81页。

双方法律行为的再次公证,需要双方取得一致意见。如果双方就不履行赠与合同取得一致意见,就没有必要再去公证了。

◎ 赠与人死亡,继承人可否撤销赠与（20）

有时赠与人尚未将财产权利移转给受赠人即死亡,此时的问题就是赠与人的继承人有无任意撤销权?

此种情况发生债务的法定承受,[1]赠与合同并不终止,只是继承人成为新的赠与人,可根据《合同法》第186条行使任意撤销权（包括对房屋赠与的撤销）。[2]在赠与人死亡后,其继承人还可享有法定事由撤销权,它不同于继承人的任意撤销权,[3]它们的区别是:

1. 继承人的任意撤销权是新的赠与人的任意撤销权,而继承人没有赠与人的身份时,其可行使法定事由撤销权。

2. 继承人的任意撤销权仍然要受权利未转移的限制,而法定事由撤销权并不受此限制。

3. 继承人的任意撤销权要受《合同法》第186条第2款的

---

[1] 我国《继承法》第33条规定:"继承遗产应当清偿被继承人依法应当缴纳的税款和债务,缴纳税款和清偿债务以他的遗产实际价值为限。超过遗产实际价值部分,继承人自愿偿还的不在此限。继承人放弃继承的,对被继承人依法应当缴纳的税款和债务可以不负偿还责任。"

[2] 从法理上看,定期赠与不发生继承人的法定承受。我国台湾地区"民法"第415条规定:"定期给付之赠与,因赠与人或受赠人之死亡,失其效力。但赠与人有反对之意思表示者,不在此限。"我国《合同法》未规定定期赠与,应当在制定《民法典》的时候加以补充。

[3] 我国《合同法》第193条规定:"因受赠人的违法行为致使赠与人死亡或者丧失民事行为能力的,赠与人的继承人或者法定代理人可以撤销赠与。赠与人的继承人或者法定代理人的撤销权,自知道或者应当知道撤销原因之日起六个月内行使。"我国台湾地区"民法"第417条规定:"受赠人因故意不法之行为,致赠与人死亡或妨碍其为赠与之撤销者,赠与人之继承人,得撤销其赠与。但其撤销权自知有撤销原因之时起,六个月间不行使而消灭。"

三项限制，继承人的法定事由撤销权并无这样的限制。

◎ 受赠人死亡与任意撤销权（21）

道德义务的赠与，受赠人和受益人合一，是特定人。受赠人死亡，应认定道德义务不复存在，该道德义务的赠与合同亦终止，终止以后任意撤销权自然消灭。

例1：甲赠与乙房产，在办理产权变更登记之前乙死亡，乙的继承人不得以道德义务的赠与不得撤销为由请求继承该房产赠与合同的债权。

例2：张某见李某生病，无钱治疗，就答应分期送给李某10万元医疗费，在交付5万元后李某死亡，赠与合同终止，受赠人的继承人不能承受合同债权，即被继承人5万元债权不存在继承的问题。

◎ 赠与合同撤销后自始失去效力（22）

赠与合同成立之后，赠与人向受赠人发出撤销的通知（行使任意撤销权），这是行使形成权的单方法律行为，该撤销通知（单方法律行为）在送达受赠人时生效。

撤销通知行为作为单方法律行为的效力，是使赠与合同这个双方法律行为自始失去效力。也就是说，撤销赠与合同的单方法律行为的生效时点，与双方法律行为（赠与合同）失去效力的时点并不相同。

例：赠与合同在3月1日成立，赠与人发出的撤销通知在4月1日送达，通知4月1日生效，赠与合同自3月1日自失去效力。

因任意撤销权是赠与人的法定反悔权（毁约权），所以撤销赠与合同并不承担违约责任。但撤销者有过错的，应当承担相应责任。

学者认为，如受赠人为接受赠与而花费了租赁场地、交通食宿等费用，其有权要求赠与人赔偿其所受损失。[1]

◎ **赠与合同撤销后用益价值的保留（23）**

赠与合同的标的财产经常是物，但也可以把物以外的财产作为赠与的标的财产。任意撤销，是在赠与的财产权利转移之前。在权利移转给受赠人之前，受赠人可能对赠与的财产已经占有或者准占有，享有了使用权、收益权，即构成了用益债权。

就不动产的赠与而言，占有的转移与所有权的转移通常有时间间隔。

例：甲将房屋一套赠与儿子、儿媳，交付以后，办理过户手续之前，儿子去世，儿媳改嫁。因所有权并未转移，某甲有权对前儿媳行使任意撤销权，[2]并行使房屋的占有回复请求权。房屋交付之后，占有回复之前，儿子、儿媳享有的居住权，是债权性的，是用益债权，具体表现为使用利益。当某甲撤销赠与后，不得以不当得利为由要求返还使用费。

对赠与合同，如交付与产权转移是两个阶段（交付与产权转移分离）的话，应当解释为赠与人（债务人）有两种给付：

---

[1] 参见王德山："论赠与人的责任"，载《政法论坛》2000年第5期。
[2] 可能有人认为对儿子、儿媳的赠与属于具有道德义务性质的赠与，赠与人无任意撤销权。道德义务的赠与应依一般社会观念认定，本案赠与人与前儿媳亲情已了，行使任意撤销权不应认为是违反道德义务的。

一种是持续性给付（使受赠人享有用益债权）；一种是一次性给付（使产权转移）。赠与人的撤销，应当认为是撤销其中的一次性给付并使持续性给付终止。依照诚实信用原则，不应认为是自始撤销持续性给付。诚实信用原则有认定一般社会观念效力的功能，一般社会观念不认为任意撤销后受赠与人有返还不当得利的义务。而且，撤销后要求返还不当得利，会使受赠与人支付类似租金的金额，有强加于人之嫌。

从法律关系论的角度看，在受赠人享有使用利益的场合，赠与人与受赠人之间有两个法律关系，一个是移转权利本体的法律关系，一个是移转用益价值的用益法律关系。赠与任意撤销权的行使，使赠与合同从成立时失去效力，但这应当限于给付财产本体的法律关系。用益法律关系是继续性法律关系，对享有用益债权的受赠人，其用益债权应自撤销通知送达之日起失去效力，这样，其对已经发生的用益利益依然可以保有，即赠与人的给付属于用益那一部分，按"用益赠与"处理，不得以不当得利益为由要求返还。这与买卖有明显的不同，因为买卖合同的出卖人从未有让他人无偿使用的意思，而赠与人曾有赠与（无偿转让财产）的意思。

在专利技术赠与的场合，受赠人由于准占有而有所收益的，在赠与人行使任意撤销权后，不应认为其享有请求不当得利的权利。

◎ 债务免除与任意撤销权（24）

例：当事人成立买卖合同，出卖人先交付了一万元的货物，之后出卖人通知买受人免除一万元货款的债务。

1. 买卖合同是双务合同，在当事人之间有两个单一法律关系：第一个是出卖人为给付的单一法律关系；第二个是买受人为给付的单一法律关系。

2. 出卖人通知买受人免除债务，是第二个单一法律关系债务的免除。第一个单一法律关系因失去对价，转化为赠与法律关系，即已经交付的货物转化为赠与物。因标的财产已经移转，赠与人自不得撤销。

3. 那么，出卖人转化为赠与人，其责任是否会有变化呢？应当有变化，即在瑕疵担保义务上应有变化。当然，为规避法律的免除是应另当别论的。

4. 有偿和无偿的消费借贷，都可以免除相对人的债务。例如，有偿的消费借贷免除利息债务、免除返还原本的债务或者全部予以免除，贷与人的给付部分或全部转化为赠与。对无偿的消费借贷免除债务，是免除原本的返还义务，原给付转化为赠与。在免除的场合，因标的物已经交付，赠与人没有任意撤销权。

◎ **附生效条件的赠与能否任意撤销？**（25）

附生效条件（停止条件）的赠与能否任意撤销，法律没有规定，也未见到学理上的论述。

在条件成就之前和成就之后构成道德义务赠与的，不得任意撤销，反之可以任意撤销。不能认为赠与合同成立时不是道德义务的赠与，就永远不是道德义务的赠与。条件成就是新的法律事实出现，自然产生新的法律关系。

赠与附偶成条件，在条件成就之前，受赠人的期待权与不附偶成条件的赠与没有什么两样。因此，赠与人的任意撤销权不因仅仅约定附条件而丧失。在偶成条件成就以后，受赠人的期待权已经得到了加强，而且，条件成就，赠与人的动机可以得到满足。[1]这就有可能构成道德义务的赠与。例如，甲与乙约定，如果3个月内发生地震，甲就送给乙十顶帐篷。如果条件成就，受赠人的特定需求也就形成。由于对赠与的期待，受赠人可能就不去准备帐篷，而如果没有赠与，当事人就可能自己预作准备。也就是说，由于条件的成就，产生赠与人的道德义务。

◎ **附负担的赠与，赠与人是否有任意撤销权？(26)**

所附负担（义务）不一定是在赠与人履行义务之后履行，也有受赠人先履行的情况。[2]如果赠与合同约定受赠人先履行义务，则若受赠人未履行，赠与人可行使抗辩权，也可请求受赠人履行义务，或撤销其赠与（法定事由撤销权）；若受赠人已经履行了义务，一般情况下应认为已经构成不可撤销的赠与，即应认为赠与人的任意撤销权已经丧失。

对附负担的赠与，若是约定赠与人先履行，其在履行前也享有任意撤销权，此种情况一般不会造成受赠人的损失。

◎ **赠与人通知受赠人抵销的情形 (27)**

赠与人有时以抵销的方式实现赠与财产的移转。[3]

---

〔1〕 动机一般不是意定法律事实的要件，但附停止条件可反映当事人的动机或者使当事人的动机得到满足。

〔2〕 参见［日］我妻荣：《债权各论》（中卷一），徐进、李又又译，中国法制出版社2008年版，第15页。

〔3〕 我国《合同法》第99条规定："当事人互负到期债务，该债务的标的物种类、品质相同的，任何一方可以将自己的债务与对方的债务抵销，但依照法律规定或者按照合同性质不得抵销的除外。当事人主张抵销的，应当通知对方。通知自到达对方时生效。抵销不得附条件或者附期限。"

例：债务人张某欠债权人李某 1 万元借款，李某催还该 1 万元借款的时候得知张某夫人产一子，于是道："你还我 8000 元吧，那 2000 元算是我的贺礼。"张某表示感谢，后归还 8000 元。

李某是赠与 2000 元，不是免除 2000 元的债务。李某让张某只还 8000 元，包含抵销 2000 元债务的意思表示。赠与人抵销了 2000 元，即已经履行了该 2000 元赠与的债务。

该贺礼是否属于道德义务的赠与会有争议，但抵销的事实却非常明显，赠与人对这 2000 元自不可再行使任意撤销权。抵销权是简单形成权，抵销的通知在送达时生效。

顺便指出，免除没有撤销制度。免除他人债务应当慎重。免除是单方法律行为，通过合意（双方法律行为）免除亦常见。赠与都是双方法律行为。

◎ **债权赠与与赠与人的任意撤销权**（28）

1. 债权赠与在通知债务人后发生债权移转。转让债权的合同是诺成合同，无偿转让债权的合同是赠与合同之一种。赠与的债权以通知债务人为财产移转的要件，[1] 即在债权让与的通知送达到债务人后任意撤销权消灭。

2. 证券化的债权的让与，并不需要让与通知。证券，是格式化的书面凭证。证券化的债权，具有高度的流通性，根据其性质及为节约成本，转让不需要通知。比如，张某有一张电影票，转让给李某，并不需要通知放映公司，持票者即为债权人。有的学者主张，应在《合同法》第 80 条第 1 款后增加如下内

---

[1] 我国《合同法》第 80 条规定："债权人转让权利的，应当通知债务人。未经通知，该转让对债务人不发生效力。债权人转让权利的通知不得撤销，但经受让人同意的除外。"

容:"法律有规定或者当事人另有约定的,或者按照债权的性质不必通知的除外。"[1]这种主张是正确的。具体到赠与也是这样,代表债权的证券交付,受赠与人凭证券即可受领财产的,应认为债权已经移转给受赠人,赠与人丧失任意撤销权。

3. 存款单、存折也是一种证券,受让人仅持有存款单、存折而不能受领存款的,不应认为完成了债权的移转。

例:原告刘小红与被告张广于2004年经人介绍相识,建立恋爱关系。在结婚前被告张广将一张5000元定期存折交给了刘小红,说是将这笔钱赠与给原告刘小红。刘小红也欣然接收。存折上存款人的姓名是张广,当时,张广没有告诉刘小红这份存折的密码。不久,二人便进行了结婚登记,举办了结婚典礼。婚后刘小红始终没有支取这笔钱。结婚几个月后,双方的感情便出现裂痕,原告刘小红向法院起诉与被告离婚,并要求将存折中5000元钱判归原告所有。法庭判决本案赠与合同没有履行,被告有权撤销。[2]

张广与刘小红之间的合同是债权赠与合同,在债权移转之前,赠与人张广有任意撤销权。

第十节 承揽合同、保管合同、居间合同

◎ **绿松石雕刻,是买卖合同,还是加工、定作合同?(1)**

例:张某在玉石店看中了一块绿松石(原石),约定总价格

---

[1] 崔建远主编:《新合同法原理与案例评释》,吉林大学出版社1999年版,第401页。

[2] 参见李志员:"婚前赠与对方存折,婚后未支取,离婚时应当归谁所有",载 http://blog.sina.com.cn/s/blog_49a5f1a1010004ka.html。

为3000元（包含买卖和加工费用），并约定由玉石店将该石雕刻成一个挂件。本案当事人成立的是什么合同，后果如何？

1. 第一种情况：买卖+加工合同，即当事人之间存在买卖和加工两个合同。加工合同是承揽合同的一种。买卖合同实现占有改定方式的交付。买卖的"质量风险"（绿松石中有铁线、脏东西或其他瑕疵）和加工（非因加工人的过失，加工物毁损和灭失）的风险由买受人张某承担。

2. 第二种情况：当事人之间成立一个定作合同。定作合同是承揽合同的一种，因使用定作人的原材料，故兼有买卖合同的性质。如果是定作合同，不存在以占有改定方式交付的问题。定作合同的风险，由所有权人（承揽人兼出卖人）承担。这里的风险，是指因不可归责于当事人的事由，标的物毁损、灭失的风险。绿松石中有铁线、脏东西或其他瑕疵，如何处理要看当事人的约定。

3. 第一种情况中的买卖合同未现实交付，通过占有改定实现所有权的移转；第二种情况，未现实交付，所有权不移转。仅从风险的角度看，两种区分的意义不大，毕竟，不可归责于当事人的事由，是极少见的。

4. 签订这类合同时，要首先确定合同的性质，最关键的是，出卖人有无质量瑕疵担保义务。《合同法》第153条规定："出卖人应当按照约定的质量要求交付标的物。出卖人提供有关标的物质量说明的，交付的标的物应当符合该说明的质量要求。"如果买受人自愿承担了有瑕疵的风险，就不能以重大误解为由，请求变更合同或请求撤销合同。

5. 订立合同的时候，要把双方的权利义务说清楚。

◎ 保管合同实践性解说（2）

保管合同原则上是实践合同。《合同法》第367条规定："保管合同自保管物交付时成立，但当事人另有约定的除外。"

仅有保管人和寄存人的合意，保管合同尚不能成立，须有标的物交付的法律事实，合同才成立。在交付前，当事人之间关于保管的合意，为保管预约。无保管预约，也可成立保管合同。

保管合同被当事人约定为诺成合同，自无问题，就像当事人可以把实践合同约定为诺成合同一样。有的当事人特约保管合同签字、盖章时成立，自当允许。

保管合同自成立时生效，成立与生效由同一法律事实（交付）决定，在同一个时间点上。例如，旅客将行李交付火车站寄存处寄存，保管合同成立时同时生效，保管人接受保管物后即产生保管责任。其他实践合同如定金合同、两个自然人之间的借款合同，成立与生效是基于不同的法律事实（合意成立、交付生效），不在同一个时间点上。这种差异，是立法技术不成熟的表现。

例：孙某驾驶汽车进入"海内旅店"的院内，按院内的"收费停车场"的箭头指示牌进入收费停车场。将车停放之后，到旅店办理住宿手续。第二天早上，孙某到停车场，发现汽车已经丢失。孙某向法院提起诉讼，要求旅店赔偿。法院判决旅店赔偿9万元人民币。后此案由检察院提起抗诉。抗诉的理由是：其一，旅店所设的收费停车场管理人员不在场，双方之间的合同并未成立；其二，孙某没有交费。

孙某与旅店就汽车成立了保管合同。保管合同是实践合同，一是双方意思表示要取得一致，二是标的物要交付。孙某是按旅店的指示牌进入收费停车场的，尽管旅店的管理人员当时不在现场，但双方仍有意思表示，而且取得了合意。旅店的箭头指示牌上书"收费停车场"，构成要约（不宜认定为要约邀请），是书面意思表示，孙某开车进场停放，是以行为承诺。当事人成立保管合同前，没有预约。

孙某将汽车开进旅店的停车场泊放，旅店即产生保管责任，因为保管合同成立时生效，是否交费不影响保管合同的成立、生效。

孙某与旅店之间成立的是有偿保管合同，如果停车场注明是"免费停车场"，仍应视为有偿保管合同，因为保管费用已经计入住宿费之中了。

◎ 消费保管合同（3）

例：张先生让李先生为自己保管1万元现金，交付后，双方法律关系如何？

1. 双方的消费保管合同又称为消费寄托合同，是以消费物（消耗物）为保管物的合同。

2. 我国《合同法》规定了消费保管合同。[1] 消费保管合同与其他保管合同一样，是实践合同。保管合同在交付标的物时成立，交付之前的保管约定，在性质上属于预约。

3. 消费物是种类物、可替代物的一种。保管的消费物包括货币和其他消费物。对货币，交付后保管人取得所有权，届期

---

[1] 我国《合同法》第378条规定："保管人保管货币的，可以返还相同种类、数量的货币。保管其他可替代物的，可以按照约定返还相同种类、品质、数量的物品。"

可以替代物返还。货币以外的消费物，须有"专门约定"，才能替代返还。

4. 有学者认为，成立消费保管之后，寄存人只享有债权性返还请求权。[1] 在我国《合同法》中，货币交付给保管人之后，寄存人请求返还的权利是债权请求权；对其他消费物如无专门约定，不能替代返还，即交付后所有权不移转给保管人（此点与买卖、赠与等移转所有权的合同不同），寄存人享有的是物权请求权。如双方约定可以返还替代物，应认为交付使寄存物所有权移转给保管人。

5. 货币与其他消费物区别对待，考虑到了货币"占有与所有同一"的特性。

6. 为了保护保管人的利益，在定有保管期限时，寄存人一般不享有随时返还请求权。

◎ 媒介居间的双重法律关系（4）

我国《合同法》第424条规定："居间合同是居间人向委托人报告订立合同的机会或者提供订立合同的媒介服务，委托人支付报酬的合同。"居间人也称中介人，是经纪人的一种。居间人的报酬也称为居间费、中介费、佣金。居间合同分为报告居间（也称为指示居间）和媒介居间。

报告居间是一个合同法律关系，媒介居间可以包含两个合同法律关系。在委托人与居间人就媒介居间达成合意时，成立了一个合同法律关系。在第三人同意居间人斡旋时，就产生了以居间人为连接点的居间合同法律关系，即构成了媒介居间的

---

[1] [日] 我妻荣：《债权各论》，周江洪译，中国法制出版社2008年版，第195页。

双重法律关系。第三人接受斡旋并没有什么风险，因为居间成功才支付报酬。第三人可以默示方式与居间人成立合同。

在第三人同意媒介居间的情况下，必为两个居间法律关系，居间人必为双重居间人。媒介居间之双重居间的特性，不能被特别约定所排除，因为排除之后，媒介任务是无法完成的。再者，居间人是以自己的名义在委托人和第三人（第一委托人和第二委托人）之间斡旋，不会与双方代理发生混同，即双重居间不产生双方代理的后果。

居间人可以同时为代理人，也可以兼为担保人，这不会伤害到居间的性质，也不影响双重居间。实务中，媒介居间人经常在两个委托人之间的买卖合同上签字，但由于合同的相对性，其不是买卖合同的当事人，买卖合同也不包括在居间合同之中。

媒介居间人可以从双方（两个居间合同的委托人）取得报酬，[1] 之所以如此，是因为其完成了两个居间合同的给付。但根据合同自由的原则，当事人可以另行作出约定。实务中，居间人往往只对一方委托人收取佣金。在双重居间中，居间人对双方均有忠实义务。[2]

在对房屋买卖的媒介居间中，房屋出卖人为一个居间合同的委托人，买受人为另一个居间合同的委托人，两个委托人委托的是同一居间人。最高人民法院2011年12月20日发布了

---

[1] 我国《合同法》第426条规定："居间人促成合同成立的，委托人应当按照约定支付报酬。对居间人的报酬没有约定或者约定不明确，依照本法第61条的规定仍不能确定的，根据居间人的劳务合理确定。因居间人提供订立合同的媒介服务而促成合同成立的，由该合同的当事人平均负担居间人的报酬。居间人促成合同成立的，居间活动的费用，由居间人负担。"

[2] 我国《合同法》第425条规定："居间人应当就有关订立合同的事项向委托人如实报告。居间人故意隐瞒与订立合同有关的重要事实或者提供虚假情况，损害委托人利益的，不得要求支付报酬并应当承担损害赔偿责任。"

《指导案例1号》:"上海中原物业顾问有限公司诉陶德华居间合同纠纷案"。[1]该案中,买受人陶德华与中原公司签订的《房地产求购确认书》是居间人中原公司提供媒介服务的居间合同;中原公司与另一委托人(原产权人李某某)之间,是另一个提供媒介服务的居间合同。陶德华后又委托房地产顾问公司,二者之间是一个新的提供媒介服务的居间合同;房地产顾问公司与原产权人李某某是另一个提供媒介服务的居间合同。

第十一节 和解协议

◎ 最常见的无名合同(1)

1. 和解协议是最常见的无名合同。法律对常见的合同(典型合同)赋予特定名称,并设定具体规则,这些合同就是有名合同。

2. 回忆一下,律师是否经常代当事人起草和解协议?

3. 和解协议,是当事人互相约定,互相让步,以终止争议或防止争议发生的合同。[2]和解的客体是法律关系,[3]该法律关系是已经存在的法律关系,学者多称为基础法律关系。和解是当事人通过协商解决彼此之间的争议。因和解形成的合意,是诺成合同,自依法成立时起对当事人具有法律约束力。因双方互为让步,和解协议又为双务合同。和解协议还是不要式合同。亦有学者认为和解协议是有偿合同,其指出:"和解为双务

---

[1] 《中华人民共和国最高人民法院公报》2012年第2期。
[2] 我国台湾地区"民法"第736条规定:"称和解者,谓当事人约定,互相让步,以终止争执或防止争执发生之契约。"
[3] 参见黄立主编:《民法债编各论》,中国政法大学出版社2003年版,第831页。

及有偿契约。在和解当事人双方互相让步，即双方互负有为给付之债务，其应为给付之债务，相互的为对价，故为双务及有偿契约。因其为有偿契约，应准用关于买卖之规定。"[1]关于和解协议的有偿性，不无商榷的余地。

4. 学者指出，和解具有创设效力，和解成立后，不得就和解前之法律关系，再行主张。例如和解内容，以他种法律关系替代原有法律关系者，不得再依原有法律关系请求给付。[2]值得注意的是，和解协议经常是附生效条件的和附解除条件的，当和解协议未生效或者被解除时，当然可以主张原法律关系的给付。

和解协议由于是互相让步成立的合同，在一方不履行合同时，一般而言，被违约人更愿意履行原法律关系。但也不免对和解协议产生特殊需要，例如，和解协议约定给付一所房屋，被违约人对进驻这所房屋也有了一些准备。

5. 和解协议与其他合同一样，可以"双附"，即可以在一份合同中附生效条件，又附解除条件。当条件成就，合同生效后，又出现解除条件时，合同失去效力。法律关系本来就是不断运动着的。

6. 协商和解是当事人以自治的方式解决争议的途径，这种方式成本比较低，应在将来的民法典中作出规定，使其"名正言顺"。

◎ 和解协议中，被违约人的抉择（2）

例：甲欠乙2万元保管费，乙催要，甲要求以自己的一匹

---

[1] 史尚宽：《债法各论》，中国政法大学出版社2000年版，第857页。
[2] 参见杨与龄：《民法概要》，中国政法大学出版社2002年版，第252、253页。

小赛马驹抵债（要约），乙同意（承诺）。甲、乙之间成立代物清偿合同（新的法律关系），该合同是一个和解协议，是有偿合同。甲不履行和解协议时，被违约人乙是请求原法律关系的给付，还是请求和解协议的给付？

本案甲对和解协议构成重大违约，被违约人乙实际处于可以选择的地位，他可以请求履行和解协议，也可以解除和解协议要求履行原法律关系。

和解协议在实体法上目前还是无名合同，适用合同法的一般规则。原法律关系是和解协议的基础法律关系，通说认为是和解协议的客体。在设计和解协议时，可将和解协议约定为附解除条件（一般为附纯粹随意条件）的协议，以便一方不履行时，请求履行原法律关系。

顺便提一个问题：在判决确定的法律关系的基础上双方达成和解协议，一方不履行的，另一方能否依和解协议起诉，请求判决并执行？

◎ 和解协议确定的赔偿额高了，能否撤销（3）

例：甲被乙撞伤，双方达成赔偿协议（和解协议）：乙赔偿甲5万元，甲不可再就此事纠缠不休。后乙听医院的朋友说，这种伤治疗起来顶多1万元就可以了，乙请教律师丙，问可不可以反悔，丙说不可以，但告诉乙说："你要是有甲伪造医疗凭证、故意提高治疗费用的证据，可以请求人民法院撤销这个协议。"问题：①丙的判断是否正确？依据何在？②如果甲撇开赔偿协议又起诉乙侵权，乙应如何应对？

1. 乙撞伤了甲，甲因此对乙享有一个侵权之债的债权，甲、乙的赔偿协议事实上就是处分这个法定债权，故是财产关系，适用合同法，不可以反悔。既然适用合同法，则：如果甲伪造医疗凭证，故意提高治疗费用，乙当然可以因受欺诈而主张撤销合同。所以丙的判断是正确的。因赔偿协议是双方让步的结果，乙也不能以重大误解为由撤销合同。

2. 如果甲撇开赔偿协议又起诉乙侵权，其依据已经不存在，因为他享有的侵权之债已经被赔偿协议所替代（以获得5万元为对价放弃侵权债权），乙应当遵守赔偿协议。

◎ 附生效条件的和解协议（4）

例：2002年2月7日，张某与某公园签订了合作养殖"橡皮鸡"的合同。由于张某违约，致使公园遭受12万元的损失。2002年12月8日，张某与公园签订了赔偿协议。赔偿协议约定："张某赔偿公园8万元，在签订协议后15天内一次性交付。该协议于签订之日起15天内交付8万元时生效。生效后双方的债权债务关系清结。"签订赔偿协议后，张某在15天内只筹集到3万元交给公园。2003年1月6日，公园起诉张某，要求张某承担违反合作养殖"橡皮鸡"合同的责任，向公园赔偿12万元。张某的律师认为，双方以赔偿协议的形式，解除了合作合同，被告不应当承担合作协议的违约责任。公园的律师指出，赔偿协议是附生效条件的合同，条件未成就，赔偿协议未生效。张某的律师认为赔偿协议不是附生效条件的合同，因为履行义务不能作为所附条件，张某只要再交付5万元即可。

张某与公园签订的赔偿协议是附生效条件（停止条件）的和解协议。条件未成就，不发生消灭原合作协议违约责任的效力。张某应当向公园赔偿12万元的损失，并支付迟延的利息。本案的特点在于，把特定时间的履行行为作为和解协议生效的条件（随意条件）。这种设计，体现了对当事人行为的利益引导。

◎ 王二麻子说，看我的面子！（5）

例：张三把李四打伤，李四花去医疗等费用1万元。受害人李四找侵权人张三要钱，张三表示无力支付。王二麻子打圆场，说："看我的面子，给8000算了。"侵权人张三与受害人李四签订赔偿协议，约定三天之内支付8000元，王二麻子在协议上签字，对该8000元承担连带保证责任。后张三不履行协议，在催告无效果后，李四通知张三解除赔偿协议，请求支付1万元，并要求王麻子承担8000元的保证责任。

1. 受害人李四与侵权人张三签订的赔偿协议为和解协议，原赔偿1万元的法律关系为法定法律关系，和解协议为意定法律关系。

2. 受害人李四通知侵权人张三解除和解协议，自可请求履行1万元的法律关系（原法律关系）。

3. 《担保法解释》第10条规定："主合同解除后，担保人对债务人应当承担的民事责任仍应承担担保责任。但是，担保合同另有约定的除外。"主合同解除后，债务人承担的责任可能是意定之债（意定救济法律关系），如约定的违约金之债，也可能是法定之债（法定救济法律关系），如赔偿金之债。

和解协议是主合同，受害人李四与王二麻子之间的保证合同是从合同。和解协议解除后，王二麻子是否应当承担8000元的责任？从逻辑上来看，不应承担，因为主合同解除后，保证人承担的是主合同衍生的责任，而和解协议解除，并不发生和解协议衍生的责任，只是恢复原法律关系的效力。

4. 请问：从立法政策的高度看，是否应规定王二麻子之类对原法律关系的担保责任（在和解协议确定的数额内）？

◎ 律师应当掌握的一道司法考试题（6）

> 题记：这道司法考试真题是关于和解协议的，考生可以不掌握，执业律师却应当掌握。因为就考试而言，它是铁树开花，多年不遇，而生活中，真题反映的争议却经常发生。

（2007卷三单项选择第2题）甲被乙打成重伤，支付医药费5万元。甲与乙达成如下协议："乙向甲赔偿医药费5万元，甲不得告发乙"。甲获得5万元赔偿后，向公安机关报案，后乙被判刑。下列哪一选项是正确的？

A. 甲、乙之间的协议有效
B. 因甲乘人之危，乙有权撤销该协议
C. 甲、乙之间的协议无效
D. 乙无权要求甲返还该5万元赔偿费

流行的答案是D。其实，这是一道错题。这是一道单选题，正确答案应当是C和D。

1. 就重伤放弃告发的权利，放弃行为无效。因而排除A，选择C。

2. 无效合同不存在撤销的可能。排除B。另外，甲是受害人，不能认为甲乘人之危。

3. 乙对甲侵权，形成侵权责任法律关系，这是和解协议的基础法律关系，甲、乙的和解协议无效，因此甲依据和解协议拿到5万元构成不当得利，应当予以返还。但是，在基础法律关系中，乙应当给付甲5万元。

现在有两个法律关系，一个是侵权责任的5万元的法律关

211

系，一个是返还5万元的不当得利的法律关系。甲得以侵权责任法律关系中的自己的债权抵销不当得利法律关系中的自己的债务，因此选择D。

4. 流行的答案仅仅是D，理由是和解协议属于部分无效，即乙给5万元有效，甲承诺不告发无效。和解协议作为双务合同，包含两个给付：本案一个是侵权人乙的给付（支付5万元），一个是受害人甲的给付（不告发），是不作为形式的给付。由于受害人甲的给付（不告发）无效，因而侵权人乙的给付（支付5万元）亦无效，这是基于双务合同两个给付在效力上的牵连性，由于这种牵连性，不可能发生部分无效的情况。

5. 只有可分之债、可分给付才有部分无效的可能。定金超高，利息超标等（可分之债），是一方的给付部分无效，与本案不同。

◎ 更新与和解协议的区别（7）

和解协议是为了解决争议，而且是双方让步的结果。更新不是为解决争议，不要求当事人互相让步，是当事人新的追求。

例1：甲出卖给乙A（特定物）车，后乙想买B车（特定物），向甲提出后，正合甲意。双方成立B车的买卖合同，对原合同是更新，不是和解协议。在甲撕毁合同后，乙不能请求履行买卖A车的合同。

例2：甲出卖给乙A车（特定物），合同成立后，甲违约将A车所有权移转给丙，造成乙的损失。甲、乙协商，以成立B车（特定物）的买卖合同来弥补的乙的损失。这不是对原合同的更新，而是成立和解协议。在甲撕毁和解协议后，乙不能请求履行买卖A车的合同，因为已经属于法律不能，但乙可以请求履行和解协议的基础法律关系。

第十二节　定金合同

◎ 对定金的错误分类（1）

学说上把定金区分为五种：违约定金、证约定金、成约定金、解约定金和立约定金。这种分类的错误在于把违约定金与其他定金并列，成为等而齐观的东西。因为所有的定金都是违约定金，只是在违约定金的基本性质基础上，才有若干不同的作用或者功能。

证约定金，是说定金可以起到证明合同成立的作用，这种作用主要是针对口头合同的。

成约定金是当事人特约定金在交付后主合同才成立，这种定金的作用是把主合同从诺成合同约定为实践合同。实践合同分为法定实践合同和意定实践合同。

解约定金，是当事人特约以适用定金罚则为代价，一方或者双方获得单方解除合同的权利（意定形成权）。

立约定金只能由预约来设定，它是担保成立本约的定金，并不是担保成立主合同的定金。

◎ 立约定金与犹豫定金（2）

立约定金是当事人在预约当中确定的以担保订立主合同交付的定金。定金是双方担保，因而立约定金适用于双务预约，不适用于单务预约。

实务中有一种"犹豫定金"，实为立约定金，这种定金也给我们提示了签订预约的一个原因：犹豫。

立约定金是由预约约定的。对预约的履行，是成立本约。

不签订本约是违约责任，不是缔约责任。

立约定金不同于成约定金。成约定金，是交付后主合同才成立或生效的定金，主合同已经签订完毕，处于万事已毕，只欠东风的状态。立约定金所担保订立的合同（本约），尚需当事人的签订行为。

立约定金不同于解约定金。立约定金是担保签订一个新的合同，而解约定金之解约，是以丧失定金或双倍返还定金为代价获得单方解除合同的权利，与新合同无关。

◎ 立约定金一例（3）

例：甲方欲把一套房屋出租给乙方。甲方起草了包含必要条款的合同书，未签字、盖章，交给了乙方；乙方在该合同书上签字、盖章后，返还给甲方，同时交付一万元定金，等待甲方在合同书上签字、盖章。乙方交给甲方一万元定金的意思是，你不要把房屋再租给别人。双方约定定金以后抵作租金。

我国《合同法》第14条规定："要约是希望和他人订立合同的意思表示，该意思表示应当符合下列规定：（一）内容具体确定；（二）表明经受要约人承诺，要约人即受该意思表示约束。"第15条规定："要约邀请是希望他人向自己发出要约的意思表示。寄送的价目表、拍卖公告、招标公告、招股说明书、商业广告等为要约邀请。商业广告的内容符合要约规定的，视为要约。"要约应当具备两个要件：一是应当包含足以使合同成立的必要条款，二是要约人表示受自己意思表示的约束。要约邀请无受拘束的意思，其可能包含必要条款，也可能不包含必要条款。未签字、盖章的合同书欠缺受拘束的意思，只满足要约邀请的要件；签字、盖章的合同书满足要约的要件。

甲方将未签字、盖章的合同书交给乙方，是提出要约邀请的行为；乙方将签字、盖章的合同书交付给甲方，是提出要约的行为。如果甲方拒绝签字、盖章，应当使用定金罚则。

在签订租赁合同之前，本案当事人有一个预约，交付的定金就是预约存在的证明。该定金应当解释为立约定金，立约定金是担保今后订立本约的定金。对预约的履行是订立本约。本案预约是双务预约，乙方签字、盖章，是履行预约义务的行为，甲方收到定金和已经签字、盖章的合同书之后，若拒绝签订本约（租赁合同），应当双倍返还定金。

本案中的定金能否认定为履行租赁合同的定金呢？不能，主要有三个理由：其一，当事人设立定金是为了防止甲方将该套房屋租给他人，按真意解释，该定金为立约定金；其二，租赁合同尚未成立；其三，租赁合同是持续性给付，而定金作为履行合同债务的担保，一般是不适合持续性给付的。

◎ 意外事件不适用定金罚则（4）

例：张某交了 5000 元定金给酒店，欲举办婚宴（双方成立承揽合同中的定作合同）。但张某的岳母在婚礼的前一天因车祸死亡，张某要求解除合同。酒店表示，解除可以，但是，因已经备料，有些食品已经半加工，处理给他人之后，实际损失为 7000 元，要求张某再支付 2000 元。张某则以不可抗力为由要求免责。请问：此案应当如何处理？

张某不能举办婚礼，不属于不可抗力所致。不可抗力导致的不能履行，是客观不能，比如张某被歹徒挟持，不能到现场举行婚礼，则可以认为是不可抗力所致（符合不可抗力"三不能"的条件）。本案中，张某不能举办婚礼，是受人之常情的制约，是意外事件造成的主观不能。此种情况下适用定金罚则有不公平之嫌。

《担保法解释》第122条第1句规定："因不可抗力、意外事件致使主合同不能履行的，不适用定金罚则。"意外事件虽然可以导致合同的解除，但是并不能作为免责事由（定金罚则除外）。不可抗力既可以免除履行义务（合同解除），又同时免除不履行合同的责任。在本案中，如果酒家提出的7000元是实施减损行为之后的损失，则张某应当予以赔偿。

返还定金和支付赔偿金的两项债务可以抵销，抵销5000元后，张某应再向酒家支付2000元。

◎ 鱼和熊掌，可否兼得？(5)

《合同法》第116条规定："当事人既约定违约金，又约定定金的，一方违约时，对方可以选择适用违约金或者定金条款。"在课堂上，我经常讲，违约金与定金是鱼和熊掌，不可兼得。我现在要特别说明的是，如果当事人特约在适用定金的基础上又适用违约金的，这种约定是有效的，原因在于上述第116条并非强制性规定，是可以排除适用的。

例1：当事人约定，买受人向出卖人交付1万元定金，同时又约定，任何一方"撕毁合同"，除适用定金罚则外，还应当按标的额的10%支付违约金。此例中，鱼和熊掌，是可以兼得的，如果法官判决只能择一适用的话，并不是我说错了。律师为当事人设计"双用"条款时，一定要慎重。"双用"条款的风险，来自于对第116条的不同理解。

例2：当事人约定，买受人向出卖人交付1万元定金，同时又约定，任何一方"撕毁合同"，应当按标的额的10%支付违约金。此例中,鱼和熊掌,是不可以兼得的,法官只能判决择一适用。因为此例看不出当事人对《合同法》第116条排除适用的意思。

当事人特约"双用"的,可以依照《合同法》第114条第2款的规定请求调整违约金,该款规定:"约定的违约金低于造成的损失的,当事人可以请求人民法院或者仲裁机构予以增加;约定的违约金过分高于造成的损失的,当事人可以请求人民法院或者仲裁机构予以适当减少。"

当事人特约"双用",法院对违约金进行调整时,应先适用定金罚则,对损害不足填补部分再计算违约金,然后看是否需要调整。

◎"三金"运用技巧例析(6)

《买卖合同解释》第28条规定:"买卖合同约定的定金不足以弥补一方违约造成的损失,对方请求赔偿超过定金部分的损失的,人民法院可以并处,但定金和损失赔偿的数额总和不应高于因违约造成的损失。"

1. 《买卖合同解释》所说的损失是包括可得利益的。

2. 定金与赔偿金的合并适用。在按定金罚则处理时,债权人仍有损失而合同中没有约定违约金的,债务人应当再支付赔偿金,赔偿金数额应是损失减去定金的余数。例如,甲与乙订立了一份买卖合同,甲向乙支付定金2万元。合同订立后,甲无理拒绝履行,给乙造成损失3万元,此时,甲无权要求乙返还定金,而且还应再支付乙1万元的赔偿金,甲实际支出3万元。如果在这份合同中,乙无理拒绝履行合同,给甲造成损失3万元,则乙应按定金罚则双倍返还定金,即返还4万元,而且还应支付给甲赔偿金 1 万元，乙实际支出 3 万元。

3. 定金与赔偿金合并适用的规则是：先计算（适用）定金，不足部分再适用赔偿金。这样就避免了"定金和损失赔偿的数额总和高于因违约造成的损失"。

4. 定金与赔偿金可以"组合"，但定金与违约金是"鱼或熊掌"的关系，不能兼得，不能合并适用，只能依照《合同法》第 116 条的规定选择适用（有特约的除外）。

5. 处理"三金"（定金、赔偿金、违约金）关系，有一些"技巧"。

例：甲（出卖人）与乙（买受人）约定货款为 100 万元，乙交给甲定金 10 万元，同时约定不履行的违约金是标的额的 20%，后甲不履行合同，给乙造成 30 万元损失（20 万元实际损失，10 万元可得利益）。此时，由乙依照《合同法》第 116 条的规定在定金与违约金之中选择。

方案一是选择违约金，这样甲要给乙 20 万元违约金（定金罚则不适用，10 万元定金原数返还），而乙的损失是 30 万元，尚差 10 万元，乙无法请求提高违约金。因为《合同法解释（二）》第 28 条规定："当事人依照合同法第 114 条第 2 款的规定，请求人民法院增加违约金的，增加后的违约金数额以不超过实际损失额为限。增加违约金以后，当事人又请求对方赔偿损失的，人民法院不予支持。"另外，对同一违约行为，违约金与赔偿金是不能合并适用的。

方案二是选择适用定金罚则，这样甲双倍返还 20 万元，其中 10 万元是乙自己交出去的，乙的损失得到了 10 万元的填补，还有 20 万元的"窟窿"，依据《买卖合同解释》第 28 条，可再请求 20 万元的赔偿金。赔偿金是可以包括可得利益的。

类似的"技巧"还有一些，我想大家能够触类旁通。

◎ 六种担保金（7）

"留置金"、"担保金"、"保证金"、"订约金"、"押金"、"订金"这"六金"，是通过预先交付而起担保作用的货币，总称为担保金。其基本特征是：第一，具有"单方担保"的性质，可以是主合同的给付（具有预付款的性质），也可以不属于主合同的给付，而是从合同的给付物，具体要看当事人是如何约定的；第二，在合同履行完毕的时候可折抵主合同款项或者原数返还，但一般采取折抵的办法处理，折抵的时候要多退少补；第三，以上"六金"不受定金不得超过主合同标的额20%的限制，例如预定入住旅店一天，交付的押金可超过当天的住宿费。

《担保法解释》第118条规定："当事人交付留置金、担保金、保证金、订约金、押金或者订金等，但没有约定定金性质的，当事人主张定金权利的，人民法院不予支持。"在合同纠纷案件中，当事人一方以担保为目的交付的金钱，由于使用的名称不规范，经常引起争议。对此类问题应当具体分析。在合同中使用了"留置金"、"保证金"、"押金"等名词，但却具体规定了交付的一方如果不履行合同，无权要求返还，收受的一方如果不履行合同则应双倍返还，对这一类"保证金"或"押金"应当按定金对待，承认其效力。

对只"单方担保"的保证金、押金等，法律并无明文规定，有人认为，应一概否认其效力，因为它违反了定金双方担保的性质。我认为，对"留置金"、"保证金"、"押金"等不能一概否认其效力。在一方先投入财物或劳务的情况下，其有权要求对方提供担保。"单方担保"有交易的特殊需要和特殊价值，在法律、行政法规没有明文禁止的情况下，可以确认"六金"的"单方担保"效力。

第三部分 用益债权

◎ **用益债权、用益赠与、用益互易、用益对价、用益侵权、用益法律关系、用益权合同（1）**

例：甲将房屋出卖给乙。1月1日签合同，2月1日交付，6月1日办理过户手续。在交付之后、办理过户手续之前，房屋所有权仍归甲，为什么乙可以使用、收益？因为乙享有用益债权。

1. 用益债权，是对他人财产使用、收益的债权，包括对他人物的使用、收益，也包括对他人无形财产（知识产品等）的使用、收益。

用益债权与用益物权不同：①用益债权的种类和内容并不受限制，用益物权受物权法定原则的限制。我国《物权法》第5条规定："物权的种类和内容，由法律规定。"②用益债权人用益的财产，包括有形财产和无形财产，用益物权用益的财产是物（目前只能是不动产）。③用益债权是相对权，用益物权具有两面性，对设立人是相对权，对其他人是绝对权。

2. 用益赠与，不是赠与财产本身，而是无偿让渡财产的使用价值。用益财产不限于物，例如，可以用无形财产作为用益赠与的标的财产。

3. 互易有狭义、中义和广义。用益互易是广义的互易，是

221

财产使用、收益权的互换。如我的房子给你住一个月,你的钢琴给我用40天。用益互易是诺成、有偿合同。

4. 用益对价,是指用益他人财产支付的对价。法定孳息的本质是用益的对价。天然孳息是孳息,法定孳息是拟制的孳息。

5. 用益侵权,是指未经财产权利人同意或者没有法律根据,而擅自用益他人财产的侵权行为。

6. 用益法律关系,是依照约定或者法律规定而用益他人财产形成的法律关系。用益侵权形成的法律关系不是用益法律关系。

7. 用益权合同,是当事人为移转财产的用益价值而成立的债权合同,是意定用益法律关系的主要形式。

◎ 典权性质的变化(2)

例:甲急需一笔资金,要把自己的房屋典给乙。我国《物权法》没有规定典权,双方签订的典契,能否有效?可以有效,典权可以作为用益债权存在。

一方有空闲的房屋但需要资金,另一方有资金但需要居住或经营的房屋,律师可帮助双方设计典契。我相信民间有这种需求。

典权有悠久的历史,是我国独有的制度。按照通说,典权是用益物权。但是,在我国《物权法》生效后,由于物权法定原则的作用,典权作为用益物权在我国大陆就寿终正寝了。[1]

应当强调指出的是,典权作为用益债权仍然存在。当事人

---

[1] 我国《物权法》第5条规定:"物权的种类和内容,由法律规定。"我国采严格的物权法定原则,依习惯也不能成立物权性质的典权。《物权法》第247条规定:"本法自2007年10月1日起施行。"

约定典权为物权的，不发生物权的效力，但债权的效力不受影响。在蜕去用益物权的性质之后，典权作为用益债权为什么可以存在呢？

1. 用益物权的基础都是债权，并无例外。具体到典权，它本来就是由于出典人给付成立的债权，这种给付的内容，就是出典人将自己的不动产交付给典权人占有、使用和收益。用益债权人不一定是用益物权人，而用益物权人必同时为用益债权人，因为用益物权人同时存在要求相对人给付的债权请求权。

2. 典权作为债权，仍具有占有、使用、收益和处分的内容，其对标的物的"支配性"依然存在。例如，典权人转典、出租、转让的权利，并不因为典权蜕变为债权而丧失，因为，典权人上述权利，都来源于出典人的给付，这种给付恰恰是合同的债务。

◎ 用益权合同（3）

用益权合同，是当事人为移转财产的用益价值而成立的债权合同，是意定用益法律关系的主要形式。也有学者把这类合同称为"使用财产的合同"，并指出，使用财产的合同，是民事主体之间，一方将自己的财产交给另一方使用的合同。[1] 还有学者指出："设定用益权的合同是当事人约定一方移转特定物的占有于他方，他方为使用收益的合同类型。"[2]

应超越"用益权合同是对有体物用益的合同"的局限，所有对他人财产用益的合同，包括对知识产品、人格派生财产以

---

[1] 王家福主编：《中国民法学·民法债权》，法律出版社1991年版，第647页。

[2] 张俊浩主编：《民法学原理》，中国政法大学出版社1991年版，第717页。

及有体物用益的合同，都应归入用益权合同。用益权合同（包括设立用益物权的合同[1]），都是用益债权合同。用益债权合同的标的（客体）是给付，知识产权人应当以作为的方式或者授权的方式完成给付。

用益权合同可以是有偿的，也可以是无偿的。就知识产品无偿使用成立的用益权合同，是一种用益赠与，它也不移转财产的本体，而是无偿移转用益权能或者说是移转用益价值。就知识产品的用益赠与，法律没有明确规定。实践中因用益赠与发生争议的，可以参照《合同法》关于赠与的规定处理。

◎ **动产用益质权（4）**

例：甲将一幅独创的国画质押给乙（已交付），按照双方约定，乙有权通过展览该国画获取收入。请问：乙为何种质权，甲、乙之间的法律关系如何？

乙享有用益质权，甲、乙之间存在质押法律关系与动产用益法律关系的竞合。

1. 动产用益质权，是指出质人允许质权人对动产质物用益的质权。动产用益质权的设立弥补了质物不能用益的缺憾。

2. 动产用益质权包含动产质权和动产用益债权两种不同性质的权利，是动产质押（相对）法律关系与动产用益债权法律关系竞合的产物。在竞合时，出质人也称为用益出质人，质权人也称为用益质权人。出质人为物上保证人时，不妨碍这种竞合。

3. 动产用益质权法律关系是对应主体之间的两个双边法律

---

[1] 参见隋彭生："用益法律关系———一种新的理论概括"，载《清华大学学报（哲学社会科学版）》2010年第1期。

关系的竞合。质押法律关系与用益债权法律关系都是双边法律关系，都有各自对应的主体。所谓对应的两个主体，是权利义务对立的两个主体。

4. 在对应的两个主体之间发生了两个以上的双边法律关系，只是竞合的必要条件，不是充分条件。例如，某甲卖给某乙一套设备，又租了某乙的一套房屋，在甲、乙之间有两个法律关系，但并不发生竞合问题。动产用益质权法律关系，是在同一标的物（两个给付的同一指向对象）上发生的两个双边法律关系的竞合。

5. 双边法律关系，也是相对法律关系。因而，动产用益质权法律关系也是两个相对法律关系的竞合。

6. 用益债权法律关系作为相对法律关系并无疑问。质押法律关系也是相对法律关系。质权作为他物权、绝对权，只不过是相对法律关系的一个结果。就像动产买卖合同是相对法律关系，而履行（交付占有）的结果，却使买受人享有了一个物权（绝对权）。竞合的两个法律关系都是以请求权的方式（请求给付）表现的法律关系，或者说都是以给付为标的的法律关系。不管设立何种他物权，都具有给付性。给付性是相对法律关系的效力。

7. 质权是他物权之一种，质押法律关系首先是相对法律关系，其次是绝对法律关系；首先是债权法律关系，其次是物权法律关系；首先是对人权，其次是对世权；首先是请求权，其次是支配权。[1] 其实，任何他物权都具有债权和物权的两面性，质权当然不会例外。

---

[1] 我国《物权法》第202条规定："抵押权人应当在主债权诉讼时效期间行使抵押权；未行使的，人民法院不予保护。"抵押权之所以能够受诉讼时效限制，是因为它首先是一项债权、相对权。

8. 动产质权的标的物是特定物，但不妨是一般意义上的消费物（消耗物），动产用益债权法律关系的用益物是特定物但不能是消费物。在竞合的情况下，两个法律关系的标的物，必是特定物、不消费物。

◎ **实物用益出资的评估及用益年限（5）**

对公司的实物的用益出资，是有偿行为，是类似租赁的持续性给付，在公司获得用益权能后，实物用益价值是持续性转到公司的，因此，用益债权的评估应当以租金加用益的时间为基本标准。例如，公司章程规定公司经营10年，某甲以一套房屋的使用权对该公司出资，以该房屋供公司办公使用，则某甲的出资额，应当相当于10年的租金。不过，用益出资的年限不受我国《合同法》关于定期租赁不得超过20年的规定。

用益出资的物一般应当是价值较大、能够长期使用的物。应注意的是，实物出资的使用年限与公司存续期间的关系。例如，某甲公司规定经营20年，某乙用于出资的房屋尚能使用30年，出资人约定以该房屋使用权出资10年。因为实物的用益出资是以用益权能可带来的用益价值折价出资的，用益时间短，折价较少，用益时间长，折价就多，因而，仅从可用益时间的角度看，实物出资的使用年限低于公司存续的年限是可以用益出资的。

但应当强调指出，用益物本身的使用年限低于公司存续的年限，就没有必要用益出资了，而应当是移转出资，因为，该出资物已经将所有的交换价值移转到公司。例如，某甲公司规定经营20年，某乙用于出资的汽车按规定使用10年就要报废，若用该汽车出资为10年以上，就应当采用移转出资的方式，而不宜采取用益出资的方式，因为，该汽车的所有用益价值都移转给了公司。用益价值之全部，应等于交换价值。

◎ **用益互易**（6）

用益互易，是广义的互易，是双方就自己的财产为对方设立用益债权。

例：甲与乙签订"借用合同"，约定甲将房屋借给乙居住半年，同时，乙将汽车借给甲使用半年。

1. 虽然双方使用了"借用合同"的名称，但实际上甲、乙双方之间形成的是有偿法律关系。在合同名称与合同内容不符时，应按合同内容解释。甲对于房屋，相当于租赁合同的出租人，乙对于汽车，相当于租赁合同的出租人。发生纠纷，可参照租赁合同的规定处理。

2. 甲、乙之间，有两个给付方向不同的用益债权法律关系，两个给付是对价关系。

3. 在甲向乙交付房屋后，在二人之间又形成占有媒介关系，甲是间接占有人，乙是直接占有人。

4. 在乙向甲交付汽车后，在二人之间形成第二个占有媒介关系，乙是间接占有人，甲是直接占有人。间接占有与脱离占有的本权同质。

5. 甲开汽车发生撞人等交通事故，按侵权责任法处理。[1]

6. 请问：甲、乙之间有几个单一法律关系？

---

[1]《侵权责任法》第49条规定："因租赁、借用等情形机动车所有人与使用人不是同一人时，发生交通事故后属于该机动车一方责任的，由保险公司在机动车强制保险责任限额范围内予以赔偿。不足部分，由机动车使用人承担赔偿责任；机动车所有人对损害的发生有过错的，承担相应的赔偿责任。"

◎ 用益抵债（7）

用益抵债，是债务人与债权人约定，以债务人的物或者其他财产由债权人使用、收益，以抵偿债务。以用益抵债，是财产权人给相对人设立用益债权的行为。用益是一个持续的过程，以用益抵债，应约定债权人使用债务人财产的时间。

例1：甲从乙处借款1万元，将一匹马质押给乙，约定到期若不能清偿债务，就由乙使用半年，之后两不相欠。

例2：甲从乙处借款2万元，将一匹马质押给乙，约定半年后偿还借款。甲乙还约定，在质押期间，乙有权使用该马，使用半年折抵1万元。到期甲若不能清偿剩余的1万元债务，就由乙再使用半年，之后两不相欠。

例1是甲给乙设立用益债权（附条件），在主债务履行期届满后，乙方有权使用甲的马，以实现自己未被清偿的债权。

例2是甲给乙设立用益质权，在主债务履行期届满前，乙方有权使用甲的马。主债务履行期届满后，乙仍可使用，以实现自己未被清偿的债权。

对质物的用益抵债，区分为主债务履行期限届满以前的用益和届满以后的用益。

我国《物权法》禁止流质。[1]当事人约定到期不能偿还债务，就由质权人使用质物若干时间，以冲抵债务。——这样的约定不违反物权法定原则，但约定无期限使用者，应认定为规避法律的行为，或认定为剥夺出质人财产权的行为，使用期应

---

〔1〕 我国《物权法》第211条规定："质权人在债务履行期届满前，不得与出质人约定债务人不履行到期债务时质押财产归债权人所有。"

缩短至"合理使用期"。约定以用益抵债的，仍应认为是简易交付设立用益债权。

我这儿仅是以质物用益抵债为例，用益抵债自然不限于质物。甲欠乙的钱，乙将某物交给甲用一段时间，是生活中常有事情。物以外的其他财产也可用益抵债。

第四部分 物权法

第一节 物权概述

◎"特定的物"是"特定物"吗？(1)

1. 特定的物是物权的客体。物是物权的客体。我国《物权法》第2条第2款规定："本法所称物，包括不动产和动产。法律规定权利作为物权客体的，依照其规定。"第2条第3款规定："本法所称物权，是指权利人依法对特定的物享有直接支配和排他的权利，包括所有权、用益物权和担保物权。"

2. 我国大陆通说对"特定的物"的界定。从我国《物权法》颁布前后的论著、论文来看，我国大陆学者基本上把所谓"特定的物"解释为"特定物"，将二者等同起来，形成了通说，认为物权的客体必须是特定物。

认为"特定的物"是特定物，就排除了种类物作为物权客体的"资格"。通说将"特定的物"等同于特定物是理论上的一个误解，误解的原因是把交易规则当成了物权归属规则。

3. "特定的物"的含义是否排斥种类物。

(1) "特定的物"要求作为物权客体的物是有体物。

(2) "特定的物"要求作为物权客体的物是独立物。物的成分不是物权的客体。

(3)"特定的物"要求作为物权客体的物是现存的物。买卖合同、赠与合同、租赁等合同可以就未来物作出约定。

(4)"特定的物"是可支配的物。

(5)"特定的物"是具体的物。

◎ 天然孳息与法定孳息（2）

例1：甲将一头母猪租给某乙用于繁殖（收益租赁），约定某乙以两头小猪作为收益租金。小猪相对于母猪，自为天然孳息，而作为对价却是法定孳息。两个法律关系的性质迥然不同。

例2：甲把一头母猪出租给乙，约定生的小猪归乙所有，乙是以债权人"身份"收取天然孳息的。如果甲把一头公猪（种猪）出租给乙用于繁殖，该公猪与乙的母猪结合，母猪生下一窝小猪，乙是以物权人的"身份"取得所有权的。因为，我们采"母物主义"。

1. 法定孳息是拟制的孳息，是用益他人财产的对价。[1] 法定孳息与天然孳息一样，都是有体物。

2. 天然孳息是派生之物、收益之物；法定孳息是交易之物，是作为对价的物。

3. 天然孳息，是物权法律关系的客体，是静态财产的体现；法定孳息，是债权法律关系客体（给付）的给付物（标的物），是商品交换的产物，是动态财产的体现。

4. 天然孳息，存在于绝对法律关系，是静态的财产；法定孳息，存在于相对法律关系（用益法律关系），是财产流通的

---

[1] 隋彭生："法定孳息的本质——用益的对价"，载《社会科学论坛》2008年6月学术研究卷。

表现。

5. 天然孳息是通过事实行为取得；法定孳息是通过法律行为取得。

6. 天然孳息的物质形式是货币以外的动产。法定孳息的物质形式是货币，但有例外。货币是人直接创造的物，即货币没有对应的原物，不能作为天然孳息。

7. 法定孳息的取得都是因他人用益自己的财产，因而法定孳息又可称为用益法定孳息。法定孳息作为对价，只能是传来取得。而天然孳息分为自物用益天然孳息和他物用益天然孳息。天然孳息，有一个从无到有的过程，因而无论是自物用益人的取得，还是他物用益权人（用益物权人和用益债权人）的取得，都是原始取得。

8. 取得法定孳息，总是以债权人的"身份"，而不是以物权人的"身份"，即便是抵押权人在抵押物扣押后收取对抵押物用益的法定孳息，也是代抵押人（对用益人收取对价的债权人）之位向第三人（用益抵押人财产的人）收取。抵押人向第三人收取的请求权基础是意定的，抵押权人向第三人收取的请求权基础是法定的。

◎ **天然孳息与从物（3）**

例1：2月1日，甲与乙签订赠与合同，约定甲的黄牛赠送给乙，并约定3月1日交付，但甲迟延到4月1日才交付。在3月1日前所产牛奶，自然属于甲所有。买卖合同也是如此。基本规则是：孳息由占有人收取，即由原物的占有人原始取得对孳息的占有；由原物所有权人原始取得所有权。

例2：张三自书一份遗嘱，说明自己离世以后，自己的花牛归邻居王二（遗赠）。遗嘱对花牛的从物鼻绳等未置一词。张三死亡后，花牛的从物也归王二所有。张三立遗嘱后，花牛生了小花牛，再后张三死亡，小花牛不是遗赠物，不归王二所有。

孳息不一定跟着原物走；从物跟着原物走。

关于孳息的法律规则，主要是孳息归属的规则；关于从物的法律规则，主要是从物处分的规则。天然孳息反映了派生上的关系，从物反映了利用上的关系。"从物的根本性标志是，它对主物具有服务性功能，并与主物处于某一特定的空间关系中，但不允许具备成分性质。而如何识别从物，则根本上取决于交易观念。"[1]从物随同主物为法律处分，例如，在出卖、赠与的时候，要随同交付从物；在为他人设立用益物权和用益债权的时候，也要随同交付从物。再如，在抵押的时候，从物随同抵押。而在处分原物的时候，与孳息无干，只是在有特约的时候，孳息才随同原物交付。在抵押的时候，除非抵押物被扣押，抵押权也与孳息没有关系。

关于主物、从物的归属，有两种立法例：第一种立法例规定主物、从物须同属一人；[2]第二种立法例认为，主从物可分属不同的人。[3]我国《物权法》属于第一种立法例，主物与从物属于同一人，[4]而天然孳息与原物，是可分属于不同的民事

---

[1] [德] 鲍尔、施蒂尔纳：《德国物权法》（上册），张双根译，法律出版社2004年版，第28页。

[2] 我国台湾地区"民法"第68条规定："非主物之成分，常助主物之效用，而同属于一人者，为从物。但交易上有特别习惯者，依其习惯。主物之处分，及于从物。"

[3] 《担保法解释》第63条规定："抵押权设定前为抵押物的从物的，抵押权的效力及于抵押物的从物。但是，抵押物与其从物为两个以上的人分别所有时，抵押权的效力不及于抵押物的从物。"此条参考了《德国民法典》从物与主物无须同属一人的规定。

[4] 我国《物权法》第115条规定："主物转让的，从物随主物转让，但当事人另有约定的除外。"笔者以为，这实际上是主物与从物同属一人的立法态度。

主体的。

从物不是物的成分，它与主物是互相独立的特定的物，在法律上不是一个所有权（一物一权）。在这一点上，从物与天然孳息是相同的。孳息与从物作为特定的物，可以是种类物，也可以是特定物。[1] 从物可以是动产，也可以是不动产，[2] 而天然孳息都是动产。

◎ 物权优于债权一例（4）

例：张某与李某某等三人共同出资成立一有限责任公司。按照约定，张某以一套价值100万元的房屋出资。办理公司设立登记时，就张某的出资在工商行政管理机关办理了登记手续。但公司成立后，张某未将该房屋过户给公司。公司一直将该房屋作为办公用房。

公司成立后一年左右，张某将该房屋卖给王某，并办理了过户手续。王某向公司主张返还该房屋。

王某与公司之间成立了物权请求权法律关系。王某对公司有权主张所有物返还请求权（物上请求权），其请求返还，是返还占有而非返还所有。

依照《公司法》第28条的规定，股东以房屋出资的，应当

---

[1] 关于"特定的物"与"特定物"的区别，请参阅拙文："'特定的物'是'特定物'吗？——与通说商榷"，载《比较法研究》2008年第4期。

[2] 我国台湾地区"民法"第68条规定："非主物之成分，常助主物之效用，而同属于一人者，为从物。但交易上有特别习惯者，依其习惯。主物之处分，及于从物。"依此，从物可以是动产，也可以是不动产。《德国民法典》认为不动产不能为从物，其第97条第1款规定："非主物的组成部分而确定地辅助主物实现其经济目的并为这一特性而与主物发生空间上的相应联系的动产（可动之物）为从物。但在交易上不认为是从物的除外。"

办理产权的转移手续。本案出资的房屋未办理产权转移手续,因此,公司从未取得该房屋的所有权。王某享有的,是脱离占有的本权,具体地说,王某享有的,是脱离占有的所有权。

公司就该房屋对出资人张某享有的是债权。上述案例,反映了物权优于债权的规则。

如果张某不是移转出资,而是用益出资,在王某请求返还原物时,公司得行使占有抗辩权。

◎ **物权排他效力一瞥（5）**

物权与物权的排他效力,在狭义上是指同一物上不能存在不相容的两个以上的物权。

1. 最主要的是指,一个物只有一个所有权（自物权）。物权实行"一物一权主义"（建筑物区分所有权为例外）,例如,主物与从物是两个物,是两个所有权。所有权与他物权可以并存于一物上,例如,某甲将自己的房屋抵押给某乙,所有权与抵押权可以并存。

2. 占有他物权,不能同时有两个以上。通说认为是物权的排他效力。我认为是占有的效力。

动产质权是占有物权,在同一动产上不能发生两个以上的动产质权。

例1：甲将枣红马质押给乙,又以指示交付的方式质押给丙。乙是动产质权,丙是后次序权利质权。

例2：甲将枣红马质押给乙,经甲同意,乙将枣红马转质押给丙并交付给丙。在习惯上,乙被称为质权人,丙被称为转质权人。其实,乙退居为后次序权利质权人。

3. 非占有他物权，可以同时存在两个以上。例如，同一物上可以存在两个以上的抵押权，当然，它们之间有前后顺序之分。

4. 债权不具有排他性。例如对同一给付物，可以有两个以上的债权人要求交付并转移所有权，比较典型的例子是，一物双卖时，两个买卖合同都可以有效。

◎ **未取得登记的不动产物权的处分**（6）

例1：①房子在甲的名下，但法院判决认定该房屋属于乙所有，乙出卖给丙，不能发生物权变动的效力。乙应当把房屋登记到自己的名义，然后过户给丙。②房子在甲的名下，但法院判决认定该房屋属于乙所有，甲出卖给丁，过户给丁，丁可以善意取得。

例2：甲5月1日死亡，甲的房子在登记簿上还是甲的名字，但其儿子乙已经取得了该房屋的所有权（既得权）。若乙想卖这套房屋给丙，必须先将房屋登记在自己的名下，然后办理过户登记。

因公法行为、继承、受遗赠和事实行为享有物权的，处分该不动产物权时，依照法律规定需要办理登记的，未经登记，不发生物权效力（参见《物权法》第31条）。

◎ **一物多卖时的物权与债权**（7）

一般认为，物权优于债权。对此应当具体问题具体分析。

有一个"公理式"的观点：特定物既是债权的标的物，又被第三人取得物权，则物权优先于债权。即使物权是后成立的，也是如此。这种说法准确吗？

例：甲与乙约定，将一套房屋出卖给乙，该房屋是乙债权请求权的标的物。甲一物双卖，又与丙签订买卖合同。在出卖人甲处于任意清偿地位时，一物双卖的两个合同都有效。甲将房子过户登记给丙（所有权移转给丙），一般认为，丙的物权优于某乙的债权。

所谓"优于"，其实是丙的物权消灭了乙请求移转房屋所有权的债权。因为，甲将房屋过户给丙之后，对乙的履行为法律不能，甲、乙的合同终止。在这里，法律优先保护物权。甲、乙之间的法律关系转化为救济法律关系（违约责任法律关系）。

上述"公理式"的观点，并不准确，因为债权与物权共存时，才发生谁优先于谁的问题。

第二节 善意取得与动产抛弃

◎ 善意取得之"有偿"（1）

物之所有权善意取得的条件之一是"有偿"，当事人不能无偿善意取得。

移转所有权的合同不限于买卖合同，还可以是其他合同，例如，互易合同、代物清偿合同。

狭义的互易合同是以物换物的合同，有人认为它相当于两个买卖合同的组合。其实，互易合同是两个单一法律关系的结合，只有两个对价式的给付：一个是甲移转所有权的给付，一个是乙移转所有权的给付。设甲对乙交付的动产并无所有权，属于无权处分，乙可以善意取得。

代物清偿是以他种给付代替原定给付。例如，甲欠乙 2 万元保管费，乙催要，甲要以一小赛马驹抵债，乙同意。甲将丙寄存的马驹冒充自己的马驹交付给乙，乙可以善意取得。乙显然是有偿取得。

◎ 动产善意取得人何时为善意？（2）

动产善意取得人何时为善意？一般认为，在物转让时为善意。

有学者指出，在现实交付之情形，须于交付时为善意，其后为善意与否，在所不问。在简易交付之情形，须于让与合意时为善意。附有停止条件或附有期限者，则虽物之交付于条件成就前行之，仍于条件成就或始期届至时，须为善意。[1]这种观点，容易让人误解为善意处在一个时间点上，其实，善意是持续在一个时间段上的。

具体而言，动产善意取得人的善意，是从订立让与合同开始的，持续存在到交付完成，交付完成以后发现或了解了真相，并不能回溯影响到善意取得的效力。对附停止条件（生效条件）或附始期的合同，其善意也是从订立合同开始的，持续到何时要具体分析：其一，如果交付在条件发生之后或始期届至之后，须于交付时仍为善意；其二，如果约定先行交付，在条件发生之后或始期届至之后所有权再移转，须条件成就或始期届至时仍为善意。[2]

例：甲将承租的他人之动产出卖给乙，约定了所有权保留，约定在该动产交付之后不发生所有权移转，当买受人乙支付价

---

[1] 参见史尚宽：《物权法论》，中国政法大学出版社2000年版，第565页。
[2] 这里涉及当事人约定的效力问题。学界对善意取得的合同效力有不同的观点，笔者认为，无论是否承认让与合同的效力，均应这样解释，这种解释是基于公平的考虑。这样解释未伤害到交易安全。

款后所有权移转。乙的善意应当持续到支付价款时。

以简易交付而善意取得时，在达成让与合意时，取得人自应处在善意状态，但其善意并不是自让与合意时产生，在这之前就产生了善意。

例：某甲将某乙交其保管的动产冒充为自己的物出租给某丙，在租赁期间又出卖给某丙，某丙的善意是在租赁时就存在的。

善意占有之善意应当处在哪一时段呢？善意占有自是在占有期间为善意，但也可能转化为恶意。动产善意取得后，是有权占有，自不存在善意占有转化为恶意占有的问题。

◎ **对自己的动产能否善意取得（3）**

例：甲有一块毛泽东纪念手表（机械表），乙借去把玩。后乙告诉甲丢了。甲、乙达成和解协议，由乙赔偿500元了事。再后，甲闲逛北京潘家园，在丙的店铺里发现一块手表与自己原有的手表是同一款式，就以2000元的价格买下，聊补缺憾。后来手表罢工，指针不走了。甲拿到超市门口的修理铺，修理工打开手表盖后，发现里面有小指甲大的纸片，上有隶书"忠心"二字。甲回忆起，这是自己亲自书写，放入手表中的。原来，丙是乙的朋友，乙将手表送给了丙。

甲无意之中把自己的手表买回，是否构成动产善意取得？和解协议的效力如何？是无效，还是可撤销，还是效力待定？

乙将手表赠送给丙为无权处分，因是无偿行为，丙不能善意取得；丙将手表出卖给善意的甲，甲不是善意取得。

动产善意取得，是在取得现实占有的同时取得本权。甲将手表交付给乙，乙取得占有但未取得本权；乙将手表交付给丙，丙取得占有亦未取得本权；丙将手表交付给甲，是移转占有，本权还是甲的，未发生变动，只是本权与占有的合一，并不发生善意取得。对自己的动产不能善意取得，对自己的不动产当然也不能善意取得。

◎ 带泪梨花各不同（4）

善意占有与动产善意取得"面目相似"。通说认为，善意占有的效力之一，在于即时取得（动产善意取得）。[1] 王泽鉴教授一方面认为，动产善意取得，以善意受让占有为要件，一方面，又把善意取得归入善意占有的范畴之中。[2]

其实，动产善意取得与善意占有是不同的制度：动产善意取得人对动产的占有，是有本权的占有（有权占有），善意占有是无权占有，对动产可以善意占有，对不动产也可以善意占有；动产善意取得人对取得物的用益是自物用益，而善意占有人的用益是他物用益。[3]

---

[1] 参见曹杰：《中国民法物权论》，中国方正出版社2004年版，第231页；史尚宽：《物权法论》，中国政法大学出版社2000年版，第540页、第485页；刘智慧：《占有制度原理》，中国人民大学出版社2007年版，第140页。[日] 我妻荣：《新订物权法》，[日] 有泉亨补订，罗丽译，中国法制出版社2008年版，第485页。[日] 田山辉明：《物权法》，陆庆胜译，齐乃宽、李康民审校，法律出版社2001年版，第121页。

[2] 参见王泽鉴：《民法物权2》，中国政法大学出版社2001年版，第178页。

[3] 参见拙文：“动产善意取得与善意占有之比较——动产善意取得不是善意占有的效力”，载隋彭生：《民法新角度——"用益债权原论"阶段性成果》，北京大学出版社2012年版，第254~262页。

◎ 这只骂人的鹦鹉被善意取得了吗？（5）

人物：张三，性别：男；爱好：男。

李四，性别：女；爱好：男。

案情：李四总到张三家串门，张三不胜其烦，就训练了一只鹦鹉，鹦鹉一见李四，就说："你真丑，你真丑！"李四几乎崩溃。

一次，李四向张三借鹦鹉玩几天，张三答应了。李四拿到鹦鹉后，对其大骂不止，鹦鹉伺机逃脱。张三与李四达成和解协议，由李四赔偿1000元了事。

一天，张三到北京大钟寺附近的花鸟市场买鸟，听到一只鹦鹉喊道："你真丑，你真丑！"漂亮如花的王二女士刚从鸟铺老板那儿以2000元的价格买到手。原来，鹦鹉自动飞到花鸟市场，落到鸟铺老板的地盘，老板遂放在笼子里出卖。

争议：张三起诉了王二，要求返还鹦鹉。王二的律师声称王二已经善意取得了这只会骂人的鹦鹉，张三已经丧失了所有权，也没有物权请求权，无权请求返还。

《物权法》第107条规定："所有权人或者其他权利人有权追回遗失物。该遗失物通过转让被他人占有的，权利人有权向无处分权人请求损害赔偿，或者自知道或者应当知道受让人之日起二年内向受让人请求返还原物，但受让人通过拍卖或者向具有经营资格的经营者购得该遗失物的，权利人请求返还原物时应当支付受让人所付的费用。权利人向受让人支付所付费用后，有权向无处分权人追偿。"

王二已经善意取得了会骂人鹦鹉的所有权。张三对王二的返还原物请求权，是回赎权，是债权；不是物权请求权，也不是占有回复请求权。张三对王二主张回赎权，应当向其支付费用（购买鹦鹉的价款等）。

◎ 动产善意取得后担保权的存废（6）

《物权法》第108条规定："善意受让人取得动产后，该动产上的原有权利消灭，但善意受让人在受让时知道或者应当知道该权利的除外。"条文中所说的"原有的权利"，是第三人的权利，包括第三人的动产抵押权、留置权和质权。

例：甲将一台机器租给乙，并与乙约定，乙可以用机器抵押贷款。后乙将机器抵押给丙。再后，乙以自己的名义卖给丁，并为交付，丁善意取得该机器的所有权。

如办理了抵押登记，丙的抵押权对丁的机器行使（抵押权的追及性），对登记方式的公示，丁为应当知道；如未办理抵押登记而丁不知情的话，丙的抵押权消灭。

出卖人为无权处分时，买受人的第一个善意导致他对动产所有权的善意取得，第二个善意导致第三人动产担保权（抵押权、留置权或质权）的消灭。如果只有第一个善意，只能善意取得动产所有权，担保权对该动产仍如附骨之疽，担保权人仍可对买受人享有所有权的动产行使担保权。

◎ 标的物中藏有钻戒，能否以重大误解为由撤销？（7）

例：甲出卖给乙一幅祖传国画。乙将该国画挂在客厅里。乙家中小猫四蹄皆白，取名踏雪。一日踏雪将国画从墙上抓下。从画轴中滚落出一枚价值连城的钻戒。乙高兴至极，当时就昏过去了。乙的夫人赶紧呼喊邻居抢救。

消息传开了。甲起诉乙要求返还该钻戒。甲的律师说是重大误解可撤销。乙的律师说不构成重大误解,还说:"不能让昏过去的人再昏过去一次。"他进一步指出,甲也不能证明钻戒是甲的。

1. 此案不构成重大误解。因为有意思表示,才可能有重大误解,而甲对该钻戒从未有过意思表示。

2. 该钻戒是独立物,不是国画的成分,既不是重要成分,又不是非重要成分,属于隐藏物。隐藏物可以隐藏在动产之中,也可以隐藏在不动产之中。我国《物权法》第114条规定:"拾得漂流物、发现埋藏物或者隐藏物的,参照拾得遗失物的有关规定。文物保护法等法律另有规定的,依照其规定。"

3. 有一种证明叫"魔鬼证明",即一直要从传来取得证明到原始取得。这在罗马法时期就被抛弃了,取而代之的是占有权利推定规则。甲证明自己对该钻戒"曾经占有过"即可,具体的证明内容是证明该国画是自己交付给乙的(在诉讼中被告通常会自认)。对国画"曾经占有过",也就对钻戒"曾经占有过"(我国采"纯客观说")。对"曾经占有过"(间接占有)适用占有权利推定规则,推定该"钻戒"属于甲所有。

◎ 动产抛弃发生"错误",能否撤销?(8)

例:甲将旧沙发扔到垃圾堆,被收破烂的乙捡走。甲之夫人丙下班回家,说沙发里面藏有前夫赠与的钻戒一枚。甲找到乙,乙请教"专家"后,以先占为由主张对钻戒的所有权。甲请教"专家"后主张:动产抛弃为单方法律行为,该沙发的抛弃,应以重大误解撤销。丙请教"专家"后主张:钻戒属于个人财产,甲为无权处分,未获得追认,抛弃行为应为无效。

对动产的抛弃,属于单方法律行为、处分行为。单方法律行为是一种适格的意思表示行为。钻戒属于隐藏物,对其不存在意思表示行为。我国《物权法》第34条规定："无权占有不动产或者动产的，权利人可以请求返还原物。"

◎ 误把黄金当黄铜，可否构成重大误解？（9）

例：张先生买了18层的一居室，取意"要发"。一日，张先生打扫房间，发现一枚黄铜顶针，觉得碍眼，从窗口抛下。

王二麻子是拳击运动员，在百米之外，发现一闪光物件在空中落下，遂跑去欲得之。王三麻子是短跑运动员，见王二麻子跑，顺眼一望，也发现了该"黄物"，也跑过去，抢先拿到"黄物"。王二麻子挥拳说，是我先发现的，王三麻子被迫交出。

两个麻子争"黄物"，应由谁先占取得所有权？

先占是事实行为，有两个要件：一是有取得所有权的意思（自然意思，非法律行为之意思）；二是先行取得占有。故"黄物"之所有权应当归三麻子。

后李女士告诉儿子张先生：该黄铜顶针是多年前送他的黄金戒指。动产抛弃是单方法律行为，张先生的抛弃行为已经完成（符合抛弃之意思、抛弃占有两个要件）。张先生构成重大误解，有权请求撤销，该撤销权是形成诉权。合同（双方法律行为）撤销权的除斥期间是一年，起算时间是主观标准；单方法律行为的撤销权的除斥期间是一年，起算标准是客观标准。

第三节 他物权

◎ 他物权法律关系（1）

题记：对他物权争议时，仍可主张相对权、债权。

不走向他物权的根源，就不能真正认识和解释他物权。他物权来源于所有权人的财产给付。

他物权是限制物权，分为担保物权与用益物权。他物权的设立，必然是通过法律行为产生相对法律关系。由此就产生了他物权法律关系相对与绝对的两面性。

我们在论述他物权的时候，通常强调它是物权，即绝对权，而忽视了它也是债权请求权、相对权的一面，给很多人留下不解之谜。

设立他物权都具有给付性，他物权都是由给付产生的，设立行为都产生了相对法律关系。

◎ 他物权人对孳息的收取与取得（2）

1. 收取与取得不同。在立法上，对孳息的"收取"和"取得"设定了不同的含义。但法定孳息作为货币，具有占有与所有同一的特性，因此，"收取"与"取得"具有同一效果。取得，是指取得孳息所有权，而对天然孳息的收取，原则上是收取占有，例如在债务履行期尚未届满时，质权人对质物天然孳息的收取，只是收取占有，而不取得对天然孳息的所有权。再如，保管合同的保管人有权收取天然孳息的占有，但是不能收取所有。[1]

2. 用益物权人对天然孳息的取得。用益物权人就用益物享有使用利益或者获得孳息的利益。用益物权人一般是通过对用益物的人力和生产资料的投入，来收取天然孳息，例如土地承包人通过对土地的经营，取得农产品。用益物权人对天然孳息

---

[1] 我国《合同法》第377条规定："保管期间届满或者寄存人提前领取保管物的，保管人应当将原物及其孳息归还寄存人。"据此，保管人不能取得孳息的所有权。

的取得，可谓是"生产主义"的体现。用益物权人对天然孳息占有和所有，均属于原始取得。用益物权人在孳息的取得上，是优于所有权人的，这也是用益物权为定限物权的一个表现。

3. 担保物权人对孳息的收取。担保物权人必同时为债权人。担保物权人对天然孳息，只有收取权，没有取得权。其收取，是指收取占有。担保物权人对原物占有的（质权人和留置权人），其对天然孳息占有，是原始取得。

（1）我国《物权法》第213条规定："质权人有权收取质押财产的孳息，但合同另有约定的除外。前款规定的孳息应当先充抵收取孳息的费用。"在质权进入实行期以前和进入实行期以后，质权人收取占有的天然孳息有两种法律命运：其一，质物已经足以担保债权（包括收取孳息的债权），孳息应当退还给出质人，不能在合理的时间内退还，转化为无权占有；其二，质物不足以担保债权（包括收取孳息的债权），孳息为新的质物。史尚宽先生指出："质权人收取由质物所生之孳息，非如他孳息收取权人径行取得孳息之所有权，惟对于其孳息取得质权。从而如孳息为金钱，质权人得径以之充债权之清偿。如为金钱以外之孳息，得依当事人之合意为估价，以其估价额充清偿。就估价当事人不能协议时，得依拍卖（参照债编施行法14条）或依其他所协议之方法，以为变价。但因迟延有生损害之虞时，应解释债权人得以相当金额出卖之。"[1] 孳息为货币时，实为法定孳息，质权人的取得或者收取，是取得所有权，而不是取得质权。天然孳息在进入实行期变价以后，优先充抵收取孳息的费用。天然孳息若归质权人所有，只有一种可能，就是在进入实行期后通过折价协议约定归质权人。

---

〔1〕 史尚宽：《物权法论》，中国政法大学出版社2000年版，第363页。

若出质人允许质权人收益质物，两个主体之间应当有两个法律关系的并存性竞合，即质押法律关系与用益法律关系的并存性竞合。具体而言，或是质押与使用借贷（天然孳息归贷与人，有特殊约定的除外）的竞合，或是质押与收益租赁的竞合。质押法律关系消灭后，用益法律关系可以独存。

（2）我国《物权法》第235条规定："留置权人有权收取留置财产的孳息。前款规定的孳息应当先充抵收取孳息的费用。"在留置以后产生的天然孳息，由留置权人收取（取得占有），留置物的天然孳息的法律命运与质物的天然孳息相同，不过，有权变价的留置物孳息要与原物一样，经过法定或者约定的宽展期。

（3）我国《物权法》第197条规定："债务人不履行到期债务或者发生当事人约定的实现抵押权的情形，致使抵押财产被人民法院依法扣押的，自扣押之日起抵押权人有权收取该抵押财产的天然孳息或者法定孳息，但抵押权人未通知应当清偿法定孳息的义务人的除外。前款规定的孳息应当先充抵收取孳息的费用。"依照此条收取的天然孳息，抵押权人当然也没有取得所有权，但是通过变价，就变价款可以优先受偿。立法上存在租赁不破抵押和抵押不破租赁的规则，[1]即使抵押击破租赁，对扣押后已经产生的天然孳息和法定孳息，抵押权人仍然产生权利，即对天然孳息取得抵押权，法定孳息取得前是债权请求权，已经取得法定孳息者，当然为取得所有权。

---

[1] 如我国《物权法》第190条规定："订立抵押合同前抵押财产已出租的，原租赁关系不受该抵押权的影响。抵押权设立后抵押财产出租的，该租赁关系不得对抗已登记的抵押权。"

◎ 质权人收取何种孳息？（3）

例1：甲将一匹黄骠马质押给乙，在质押期间（乙占有期间）生一小马，甲、乙均主张该小马应由自己收取。

由乙收取占有（对占有的原始取得）；由甲原始取得所有权。若母马已足以担保乙的债权，乙应当（在小马可以离开母马时）回复占有。

例2：甲将一匹黄骠马质押给乙，在质押期间（乙占有期间），乙将该马出租给丙，获租金200元。

乙无权转租，从而也无权收取租金（法定孳息之一种）。其擅自转租收取的租金，应以不当得利返还给甲。若甲同意乙出租，甲、乙之间除质押法律关系之外，又建立起用益法律关系，乙成立了用益质权。乙收取租金的权利，是用益法律关系的效力，而不是质押法律关系的效力。

1. 我国《物权法》第213条第1款规定："质权人有权收取质押财产的孳息，但合同另有约定的除外。"该条虽然规定质权人有权收取孳息，但未区分天然孳息和法定孳息，是一种模糊的"表述"，反映了立法的暧昧态度。形成鲜明对照的是，《物权法》却针对抵押明确规定了收取孳息的种类：抵押权人在抵押物被扣押后有权收取天然孳息或者法定孳息。[1]

2. 一般认为，孳息包括法定孳息与天然孳息，推理出来的

---

[1] 我国《物权法》第197条规定："债务人不履行到期债务或者发生当事人约定的实现抵押权的情形，致使抵押财产被人民法院依法扣押的，自扣押之日起抵押权人有权收取该抵押财产的天然孳息或者法定孳息，但抵押权人未通知应当清偿法定孳息的义务人的除外。前款规定的孳息应当先充抵收取孳息的费用。"

结论是：质权人不但有权收取天然孳息，还有权收取法定孳息。[1]我们知道，单纯的质权人对质物是没有使用权和收益权的，质权人不仅自己不能使用，更不能许可他人使用。法定孳息是允许他人使用而获取的对价，因此质权人仅依质押法律关系是不可能获得法定孳息的。质权人擅自允许他人使用，是用益侵权行为。可以斩钉截铁地说，质权人只能收取天然孳息而不能收取法定孳息。

3. 有学者指出："孳息不限于天然孳息，亦包含法定孳息在内。例如质权人得质物所有人之承诺，将质物出租时，则租金收取权，亦属质权人。"[2]"得质物所有人之承诺"而出租等，说明出质人与质权人建立了用益法律关系，即有权收取法定孳息时，必同时存在质押法律关系与用益债权法律关系。收取法定孳息必然是用益法律关系的效力，而绝不能是质押法律关系的效力。

4. 最后强调的是，质权人的天然孳息的收取，收取的是占有，并非所有。

◎ 表见地役权一例（4）

例：A老师在某村承包了一片荒山（农村土地承包分为"家庭承包"和"其他方式"的承包，A老师是"其他方式"的承包）。签订承包合同之后不久，发现取水困难，就找村委会协商。村委会允许A老师在靠近承包地的地方（村里自己使用的一块地）修筑一个大水泥池子，双方没有签订书面合同。后

---

[1] 参见全国人大法制工作委员会民法室编著：《中华人民共和国物权法解读》，中国法制出版社2007年版，第460、461页。其实，法定孳息是拟制的孳息，不能把孳息作为天然孳息与法定孳息的上位概念。

[2] 史尚宽：《物权法论》，中国政法大学出版社2000年版，第363页。

来，B企业获得了水池所在这块地的使用权，要求A老师挖掉水池。A老师找到我，问有无对抗B企业的理由？

在村里的地界修筑水池，双方口头成立的是取水地役权合同。我指出法律适用的两种可能：

1. 我国《物权法》第162条规定："土地所有权人享有地役权或者负担地役权的，设立土地承包经营权、宅基地使用权时，该土地承包经营权人、宅基地使用权人继续享有或者负担已设立的地役权。"这一条是《物权法》第158条的例外，但是双方的主体都有特殊限制。

2. 如果不能适用《物权法》第162条，可适用第158条："地役权自地役权合同生效时设立。当事人要求登记的，可以向登记机构申请地役权登记；未经登记，不得对抗善意第三人。" A老师与村委会的地役权合同是口头形式，自然不能登记。《物权法》第157条第1款规定："设立地役权，当事人应当采取书面形式订立地役权合同。"形式上的瑕疵可由《合同法》第36条解决："法律、行政法规规定或者当事人约定采用书面形式订立合同，当事人未采用书面形式但一方已经履行主要义务，对方接受的，该合同成立。"地役权合同是债权合同，自可适用《合同法》的规定。

水池是地面设施，是一种构筑物。本案地役权是表见地役权，表见地役权又称为表现地役权，"谓地役权之行使，依外形的设施而表现之地役权"[1]。由于是表见地役权，B企业是知道或者应当知道的，即其并非善意的第三人，A老师的地役权没有登记，但足以对抗之。

162条和158条必用其一。A老师听完我的解答后，一扫阴

---

[1] 史尚宽：《物权法论》，中国政法大学出版社2000年版，第233页。

霾，踏歌而去。

◎ 混合担保时的责任（5）

所谓混合担保，是指人保与物保的共存。《物权法》第176条规定："被担保的债权既有物的担保又有人的担保的，债务人不履行到期债务或者发生当事人约定的实现担保物权的情形，债权人应当按照约定实现债权；没有约定或者约定不明确，债务人自己提供物的担保的，债权人应当先就该物的担保实现债权；第三人提供物的担保的，债权人可以就物的担保实现债权，也可以要求保证人承担保证责任。提供担保的第三人承担担保责任后，有权向债务人追偿。"混合担保应注意以下几点：

1. 实现担保权首先应当按照约定。约定人保优先于物保并无不可。

2. 没有约定或者约定不明确的，先就债务人的物保实现债权，不足部分再追究第三人物保、人保。

3. 第三人物保与人保并存的，债权人有选择权。也就是说，保证与物上保证并存的，债权人可以选择保证人承担责任，也可以选择物上保证人承担责任。

4. "人保"，既包括连带保证，也包括一般保证。

例：甲对乙有100万元的债权，由丙提供一般保证，丁提供抵押或质押。当乙不履行到期债务时，甲可以选择人保。甲可以单诉债务人，其后再诉一般保证人，也可以同诉债务人和一般保证人。就向债权清偿而言，债务人与一般保证人有顺序之分，债权人更愿意选择物保。当物保之物价值较低时，债权人也可能选择人保，该人保是一般保证时也可能在所不惜。因为物保是有限连带责任；一般保证是补充无限连带责任。

◎ **实行抵押权适用特别程序（6）**

1. "民诉"新规定。《民事诉讼法》第 177 条规定："人民法院审理选民资格案件、宣告失踪或者宣告死亡案件、认定公民无民事行为能力或者限制民事行为能力案件、认定财产无主案件、确认调解协议案件和实现担保物权案件，适用本章规定。本章没有规定的，适用本法和其他法律的有关规定。"抵押权是担保物权的一种，实行抵押权适用特别程序，即实行一审终审，原规定是适用普通程序。

2. 注意时效。"民诉"新规定在 2013 年 1 月 1 日生效。已经进入抵押权实行期的抵押权人，若要等到明年再请求法院实行担保物权，别忘了《物权法》第 202 条："抵押权人应当在主债权诉讼时效期间行使抵押权；未行使的，人民法院不予保护。"

抵押权是他物权，有物权性的一面，但抵押权是由于给付产生，存在于从债法律关系（相对法律关系）之中，也有相对性的一面，抵押权也是抵押权人（必为债权人）对抵押人的请求权。这是抵押权能够受诉讼时效限制的法理基础。另外，抵押合同本身也是债权合同。[1]

3. 抵押权、质权、留置权的实现，是否要经过法院。《民事诉讼法》第 196 条规定："申请实现担保物权，由担保物权人以及其他有权请求实现担保物权的人依照物权法等法律，向担保财产所在地或者担保物权登记地基层人民法院提出。"第 197 条规定："人民法院受理申请后，经审查，符合法律规定的，裁定

---

[1] 隋彭生："抵押合同是债权合同"，载《人民法院报》2010 年 9 月 1 日第 7 版。

拍卖、变卖担保财产，当事人依据该裁定可以向人民法院申请执行；不符合法律规定的，裁定驳回申请，当事人可以向人民法院提起诉讼。"

(1)我国《物权法》第195条第1款规定："债务人不履行到期债务或者发生当事人约定的实现抵押权的情形，抵押权人可以与抵押人协议以抵押财产折价或者以拍卖、变卖该抵押财产所得的价款优先受偿。协议损害其他债权人利益的，其他债权人可以在知道或者应当知道撤销事由之日起一年内请求人民法院撤销该协议。"第2款规定："抵押权人与抵押人未就抵押权实现方式达成协议的，抵押权人可以请求人民法院拍卖、变卖抵押财产。"第3款规定："抵押财产折价或者变卖的，应当参照市场价格。"

条文的第2款规定了"请求人民法院拍卖、变卖抵押财产"，说明抵押权人不能自助变价。

就变价协议进行协商，并不是请求人民法院变价的前置性程序，但为避免麻烦，抵押权人可主动就变价征询抵押人的意见。

(2)《物权法》第219条规定："债务人履行债务或者出质人提前清偿所担保的债权的，质权人应当返还质押财产。债务人不履行到期债务或者发生当事人约定的实现质权的情形，质权人可以与出质人协议以质押财产折价，也可以就拍卖、变卖质押财产所得的价款优先受偿。质押财产折价或者变卖的，应当参照市场价格。"——动产质权人可以自助变价并优先受偿，不借助于法院。

(3)我国《物权法》第236条规定："留置权人与债务人应当约定留置财产后的债务履行期间；没有约定或者约定不明确的，留置权人应当给债务人两个月以上履行债务的期间，但鲜活易腐等不易保管的动产除外。债务人逾期未履行的，留置权人可以与债务人协议以留置财产折价，也可以就拍卖、变卖留置财产所得的价款优先受偿。留置财产折价或者变卖的，应当参照市场价格。"——留置权人可以自助变价并优先受偿，不借助于法院。

◎ 所有权与抵押权的混同（7）

所有权与他物权混同，导致他物权消灭。如：所有权与抵押权混同导致抵押权消灭；与质权混同导致质权消灭；与留置权混同导致留置权消灭。

例：甲对乙的一辆汽车有抵押权，后来，甲向乙购买了这辆汽车，取得了所有权，甲的抵押权因为混同而消灭。

《担保法解释》第77条规定："同一财产向两个以上债权人抵押的，顺序在先的抵押权与该财产的所有权归属一人时，该财产的所有权人可以以其抵押权对抗顺序在后的抵押权。"

例：债务人A先将该估价100万元的设备（特定物）抵押给甲（第1顺序抵押权人），担保货款80万元，后又将该设备抵押给乙（第2顺序抵押权人），担保承揽费50万元。另外，A还欠丙（普通债权人）100万元。

后甲购买该设备，取得所有权。乙债权到期后，主张对该设备变价实现抵押权，丙主张就该设备变价实现自己的债权。

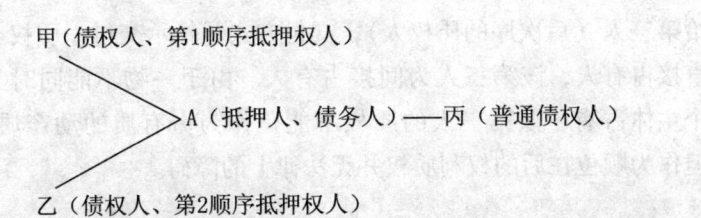

```
甲（债权人、第1顺序抵押权人）
                               ＞ A（抵押人、债务人）——丙（普通债权人）
乙（债权人、第2顺序抵押权人）
```

1. 因这台设备已经成为甲的囊中之物，不属于 A 的责任财产，故丙的主张不予考虑，丙对该设备并非后次序的权利，而是根本没有权利。

2. 按照《担保法解释》第 77 条，甲可以"抵押权"对抗乙。假设该设备经法院变价（特别程序），得到可用于清偿的款项共 99 万元，则要扣除甲对 A 的 80 万元贷款，乙得到的是 19 万元。

3.《物权法》第 191 条第 2 款规定："抵押期间，抵押人未经抵押权人同意，不得转让抵押财产，但受让人代为清偿债务消灭抵押权的除外。"乙援引此款并无意义：一是，该款为非效力性强行性规定；二是，抵押物转让无效的话，甲仍处于第一顺序的地位。

4. 理论问题是，混同以后还有抵押权吗？

抵押权法律关系是双边、相对法律关系，如本案甲与 A、乙与 A 的抵押权法律关系。而且，抵押权是他物权，即是对他人之物的权利。在甲购买 A 的设备后，抵押权是消灭的。《担保法解释》第 77 条所说的对抗后次序的"抵押权"不过是为了保持前次序抵押权人的顺序利益，我们可以把它看作是拟制的抵押权。

◎ 以指示交付设立后次序质权（8）

动产质权人取得直接占有后，出质人又将同一标的物质给第三人（后次序的质权人），交付方式是指示交付。质权人为直接占有人，该第三人为间接占有人。由于一物不能同时为两个主体占有，该第三人的质权不能是作为占有质的动产质权，但作为顺位在后的权利质权并无法律上的障碍。

例：甲将一辆马车质押给乙，已经交付，其后又将该辆马车质押给丙。因为对乙已经现实交付，故甲对丙只能观念交付，具体地说只能指示交付，即丙是因间接占有而取得权利质权。丙的质权可能发生变化，例如，乙被担保的债权获得清偿，主债权消灭，乙对甲的质权随同消灭，丙的质权自然就不再是后次序质权。但丙的质权从权利质权变换成动产质权，须从乙处取得现实占有。

顺便指出，在承诺转质的情况下，不存在指示交付设立后次序质权的情况。原质权人须向转质权人交付占有，该交付是现实交付，交付之后，由于一物不能同时为两个质权人占有，原质权从占有质退为后次序的权利质。

◎ 定作合同的承揽人不能成立留置权（9）

承揽涉及生活、生产的各个方面，承揽合同的种类繁多。常见的承揽合同有加工合同、定作合同、修理合同、复制合同、测试合同、检验合同等。

加工合同是由定作人提供原材料（来料加工）。定作合同是由承揽人提供原材料，因而定作合同兼有买卖合同的性质，承揽人不能成立留置权。

例：张某到裁缝李某处量体做衣服，使用李某的布料。双方没有约定张某支付制作费的时间。张某到李某处去取衣服时没带钱，李某自然拒绝交付衣服。李某行使的不是留置权，而是行使同时履行抗辩权。[1]

成立留置权须留置权人与被留置人之间存在动产占有媒介关系，即存在他物（动产）占有关系。

这个案例在20世纪多次讲过，算是旧案重提。它还是有价值的。

第四节 占有及占有媒介关系

◎ 动产善意取得不是善意占有的效力（1）

善意占有与动产善意取得因当事人的"善意"而"面目相似"。通说认为，动产善意取得是善意占有效力的表现。其实，它们是两种不同的制度，效力当然也大异其趣。

1. 善意占有人的占有是无权占有，动产善意取得人的占有是有权占有。

2. 善意占有的效力是无权占有的效力；动产善意取得，是取得本权，善意是取得本权的一个要件。

3. 善意取得是交易制度；善意占有不是交易制度，不是善意取得的要件，当然不发生动产善意取得的效力。

4. 两种善意所指向的对象不同。善意占有之善意，是针对自己的占有；善意取得之善意，是针对无处分权人的占有。

5. 善意占有与动产善意取得所依据的事实不同。

6. 善意取得人的占有是传来取得；善意占有人的占有可以

---

[1]《合同法》第66条规定："当事人互负债务，没有先后履行顺序的，应当同时履行。一方在对方履行之前有权拒绝其履行要求。一方在对方履行债务不符合约定时，有权拒绝其相应的履行要求。"

是传来取得，也可以是原始取得。

例1：甲（无权处分人）出卖给乙一头黄牛，乙符合《物权法》106条的条件，善意取得了这头牛（不但取得了占有，还同时取得的了本权）。

例2：甲（无权处分人）赠与给善意的乙一峰白骆驼，乙不符合《物权法》106条的条件，取得了这头牛的占有，没有取得本权，其占有是无权占有中的善意占有。

◎ 货币的占有与所有同一（2）

题记：了解货币的特殊规则，对解决争议是有帮助的。

1. 货币是一般等价物。人民币是我国的法定货币。

货币是为了方便商品交换而产生的，它也是一种特殊的商品。货币以其记载的金额来表明价值，是用来计算劳动价值、财产数量的尺度。劳动不能储存，劳动转化为货币，则将劳动产生的价值储存起来。

货币具有流通职能，是支付手段，是交易关系中对价的一种表现形式。

2. 货币（现金）是民法上的物，是动产，是（相对）消费物，由于它的可替代性，它是种类物。特定的物是物权的客体，特定的物包括特定物与种类物。

通说认为，货币具有"占有与所有同一"的特性。我的进一步解释是"三不"：货币的用益价值与交换价值不能分离；货币的占有与本权不能分离；货币不发生占有媒介关系。

"占有与所有同一"的占有，仅指现实占有，不发生间接占有（观念占有）的情形。货币不能在交付时为所有权保留，也不能质押。将货币作成主观特定物，它就暂时丧失了任意流通的职能。在交易中，货币（现金）适用动产物权变动的公示方法。

例：张某拿着1万元现金去银行存款，将现金交付给银行后，其1万元现金的所有权移转给银行。张某对银行享有储蓄合同中还本付息的债权，也就是说，其财产形式由物权转化为债权。对该债权，张某为准占有。

婚前个人存款，婚后的利息不属于夫妻共有。

◎ 间接占有是"裸体"本权（3）

例：张老太太赠送给儿媳王某一套房屋，尚未办理过户手续。儿子暴病身亡后不久，儿媳即改嫁。张老太太在感叹"世事短如春梦，人情薄似秋云"之余，要求王某交还房屋。王某称此为道德义务的赠与，不得任意撤销。张老太太要求王某交还房屋，按真意解释，是其行使《合同法》第186条任意撤销权的行为。对儿媳的赠与并不属于道德义务的赠与。

1. 从占有媒介关系的角度看，张老太太是间接占有人，王某是直接占有人。儿媳应当返还房屋的占有。
2. 间接占有不过是一种法律的拟制，间接占有人并没有对物的实际控制和支配，只是一种观念性的存在，因此称为观念占有。说间接占有是"裸体"本权，是指它不处于现实占有的状态，是脱离占有的本权。张老太太享有的本权，是裸体本权。
3. 间接占有作为权利，其客体（标的）是直接占有人对间接占有人回复占有的行为。

因此，间接占有人的权利（脱离占有本权的效力）应当称为占有回复请求权。

4. 直接占有人对间接占有人的占有回复行为，是交付行为，即移交占有的行为。王某应当向张老太太交付（返还）房屋的占有。

5. 直接占有人对间接占有人的交付，无论是动产，还是不动产，都不发生物权的变动，只是实现占有与本权的合一，是回复原状的一种法律现象。

◎ 占有媒介关系是法律关系（4）

例：甲将一匹母马租给乙，约定乙用该马在雪场拉雪橇，载游客赏景。该马已怀孕8月，本应怀胎11个月，但怀胎10月早产，生下一小马驹。租期届满，乙扣留母子，拒绝交还。

甲、乙签订租赁合同后，成立租赁法律关系。甲将该马交付给乙后，甲、乙之间形成占有媒介关系，甲是间接占有人，乙是直接占有人。所谓占有媒介，是指甲以乙的占有为媒介获得间接占有（该占有为观念占有）。

《物权法》第116条第1款规定："天然孳息，由所有权人取得；既有所有权人又有用益物权人的，由用益物权人取得。当事人另有约定的，按照约定。"当事人仅约定为使用租赁，未约定为用益租赁，因此小马驹出生后由甲原始取得所有权，乙原始取得了占有（本权与占有分离的现象）。对小马驹是另一个占有媒介关系。

甲、乙之间有两个占有媒介关系，即甲对乙有两个占有回复请求权（请求返还占有请求权），有两个物权请求权。

1. 占有媒介关系又称为占有中介关系。间接占有人与直接占有人双方之间的法律关系为占有媒介关系。我的表述是这样的："产生间接占有的法律关系为占有媒介关系。"这种表述的好处是将所有的间接占有与直接占有都纳入占有媒介关系之中，同时表明间接占有和直接占有的产生是基于同一法律事实。

2. 占有媒介关系是法律关系，具备法律关系的三要素。

（1）占有媒介关系是双边、相对法律关系，一方为间接占有人，另一方为直接占有人。绝对法律关系的客体是不行为的产生，[1]而相对法律关系的客体是请求给付。间接占有人请求给付的权利，即占有回复请求权，是相对权、请求权、对人权，但其本权可以是物权，也可以是债权。明确回复占有请求权的相对权、对人权、请求权性质的学术意义，是想反衬回复占有的权利并不是一个绝对权、支配权、对世权。通说认为，间接占有受占有保护，但它不能受到类似于绝对权、支配权、对世权的保护，这是因为间接占有的效力是脱离占有之本权的效力，而不是现实占有本身的效力。

（2）占有媒介关系是单一法律关系。单一法律关系是一方只享有权利，另一方只承担义务的法律关系；单一法律关系只有一个给付。间接占有人是权利人，直接占有人是义务人。例如，租赁合同是双务合同（复合法律关系），是由两个单一法律关系合成的，有两个对立统一、方向相反的给付。在租赁物交付后，承租人有使用的权利，但这种权利并不是占有媒介法律关系中的权利，而是租赁法律关系中的权利。

（3）占有媒介关系的客体是给付。这种给付的表现是回复占有。回复占有是以回复利益为目的的给付，是作为方式的给付。

3. 占有媒介关系不同于其基础法律关系。理论上经常把占有媒介关系与其基础法律关系相混同。通说把占有媒介关系等

---

[1] 参见隋彭生：“绝对法律关系初论”，载《法学家》2011年第1期。

同于其基础法律关系,例如把租赁法律关系等同于占有媒介关系。其实,租赁合同成立时,并不发生占有媒介关系,须有交付的法律事实才能发生占有媒介关系,也就是说,发生占有媒介关系与发生其基础法律关系的法律事实是不同的。故而,当基础法律关系无效时,不影响占有媒介关系的存在。

4. 顺便指出,法律关系是依法形成的,是法律对生活事实调整的结果,不存在无效的法律关系,当然也就不存在无效的占有媒介关系。

◎ 出租人对次承租人的请求权及占有媒介关系连锁(5)

1. 出租人对次承租人的请求权。

次承租人对租赁物造成损害的,应当对转租人(承租人)承担责任,承租人应当对出租人承担责任。不论转租是否经过出租人同意,都是如此。

基于合同的相对性,如果次承租人的行为导致租赁物的损害,出租人只能追究承租人的违约责任,而不能追究次承租人的违约责任,也不能追究承租人和次承租人在违约上的连带责任。

例:某甲将一套房屋出租给某乙,某乙经过某甲的同意,将该房屋转租给次承租人某丙。某丙未经某乙同意,在房顶搞"空中花园",致使屋顶大面积漏水。问某甲有权向谁请求赔偿?

(1) 某甲有权向某乙请求赔偿,即有权要求某乙承担违约责任。

(2) 因物权具有对世性,某甲可以侵权为由向次承租人某丙请求赔偿。

(3) 某乙与某丙为不真正连带责任。

2. 出租人、承租人、次承租人占有媒介关系的连锁。除了租赁关系，出租人、承租人、次承租人之间还存在占有媒介法律关系。

直接占有是现实占有的一种，对一物不能同时存在两个以上的重复占有，而间接占有是观念占有，可以双"占有"，或者更多的人同时"占有"。间接占有的连锁，是占有媒介关系的连锁，是法律关系的连锁。

例：甲将房屋出租并交付给乙，并同意其转租，乙又转租并交付给丙，则丙为直接占有人，乙是间接占有人，甲是乙的上级间接占有人。甲、乙是一个占有媒介关系，乙、丙是一个占有媒介关系。

占有媒介关系的客体是给付（回复占有的行为）。请问：出租人能否直接向次承租人行使占有回复请求权？

◎ **交付的不同方向**（6）

1.3月1日，出租人甲方与承租人乙方签订了租赁合同。该租赁合同是债的关系，但不是占有媒介关系。依此合同，承租人乙方有权请求出租人甲方交付租赁物（债权请求权）。交付是移转占有的行为。

2.4月1日，出租人甲方将租赁物交付给承租人乙方。当事人之间不仅有租赁合同法律关系，还有占有媒介法律关系。租赁法律关系是占有媒介法律关系的基础法律关系。了解这"双层"法律关系，有助于我们深入分析案情。

3. 在租赁期间，对出租人甲方回复占有的请求权，承租人乙方可不予理睬，因为他享有占有抗辩权。

4. 租期届满，承租人乙方的占有抗辩权消灭，其应向出租人甲方回复租赁物的占有，即将租赁物交付给甲方。

5. 本案存在两个方向不同的交付，一个是依据租赁合同的交付，一个是依据占有媒介关系的交付。

◎ **指示交付设质的"三角法律关系"(7)**

1. 指示交付是指通过法律行为实现的观念交付。指示交付的标的物（指示物）是由第三人占有的，指示交付后由第三人继续占有。第三人可以是保管人、承租人、借用人、承揽人、受托人等。

2. 我国《物权法》第 26 条规定："动产物权设立和转让前，第三人依法占有该动产的，负有交付义务的人可以通过转让请求第三人返还原物的权利代替交付。"条文中的"设立"是指动产质权的设立，还是权利质权的设立？我的意见是，条文中的"设立"应解释为权利质权的设立。

3. "请求第三人返还原物的权利"应当与物权相区分。物权是绝对权，而"请求第三人返还原物的权利"是占有回复请求权，是相对权。对指示交付的出质人而言，并非是将"请求第三人返还原物的权利"转让给质权人，而是在自己保留这项权利的同时，又给质权人创设了占有回复请求权。

4. 在指示交付设立质押的场合，"脱离占有的本权"为质权的客体，质权人可依据此本权取得现实占有，从权利质押过渡到动产质押。

5. "脱离占有的本权"与间接占有同质。[1] 指示交付使质权人成为间接占有人。

6. 出质人由于保留了"请求第三人返还原物的权利"，因

---

[1] 参见隋彭生："论占有之本权"，载《法商研究》2011 年第 2 期。

此自己也处于间接占有人的地位，即出质人与质权人都是间接占有人，均以第三人（直接占有人）为占有媒介人，即存在两个占有媒介关系。在指示交付设质情形，出质人与质权人之间并不存在占有媒介关系，他们之间形成三角法律关系。

◎ 占有抗辩权（8）

1. 占有抗辩权是直接占有人对抗间接占有人占有回复请求权的权利，它是一时的抗辩，不是永久的抗辩，当抗辩事由消灭后，直接占有人应当回复占有。

2. 占有抗辩权不同于占有防御权。占有抗辩权只存在于相对法律关系之中，是相对权；占有防御权是绝对权的效力，是针对任何人的权利，具有对世性，纵为无权占有人，也可以行使占有防御权。占有防御权也可能由直接占有人对间接占有人行使。

3. 占有抗辩权不同于履行抗辩权。直接占有人对间接占有人的占有回复，也是一种给付，这种给付是相对法律关系的客体（标的）。因而行使占有抗辩权，是保留自己给付的行为。学界在表述履行抗辩权时，一般将其界定为保留自己给付的行为，但行使占有抗辩权的保留给付行为，表现为拒不归还占有的他人之物；而行使履行抗辩权的保留给付行为，是保留给付自己的财产或不提供劳务的行为。

4. 意定占有媒介关系存续期间，间接占有人一般并不能现实地请求回复占有，这是由于其基础法律关系在起作用。在理论解释上，类似于双务合同两个给付的牵连性。以用益法律关系之一的租赁为例，须到期或者提前解除租赁合同，出租人（间接占有人）才能请求回复占有。否则，直接占有人即可以占有抗辩权对抗之。

第五部分 侵权责任法

◎ 准格言:"侵害一项权利,产生他项权利"(1)

1. 甲侵害了乙的人身权,不产生人身权,而产生了受害人乙的损害赔偿请求权(债权)。

2. 甲侵害了乙的物权,不产生物权,而产生了受害人乙的损害赔偿请求权(债权)。

3. 甲侵害了乙知识产权,不产生知识产权,而产生了受害人乙的损害赔偿请求权(债权)。

4. 甲以背于善良风俗的方法侵害了乙的债权(相对权),产生了受害人乙的损害赔偿请求权(债权)。前后是两个或两种债权。

5. 原来我写的是:"侵害一个绝对权,产生一个相对权"。后来考虑到,相对权也有可能作为侵权的客体,故重新提出准格言。

6. 准格言是浓缩信息的顺口溜。

◎ 认定侵权责任的相当因果关系(2)

一般以相当因果关系的理论判断是否存在因果关系。"所谓相当因果关系,乃指加害行为在一般情形下,皆能发生该等损害结果之连锁关系。"[1] 认定公式是:"无此行为,虽不必生此损害,有此行为,通常即足生损害者,是为有因果关系。无此行为,必不生此种损害,有此行为通常亦不生此损害者,即无因果关系。"[2]

例:王二将砍刀绑在长竹竿上,站在屋脊上砍树枝。屋脊雨后湿滑,王二一不小心,差点从屋顶掉下。李女路过,看到王二的狼狈相,咪地笑了一声。王二感觉自尊心受到伤害,挥刀乱砍,砍到一条高压线上,被电击落地,滚在李女的石榴裙下。对王二之损害,李女是否承担责任?

不承担责任,无相当因果关系。有此行为,通常不生此损害。

◎ 八种违法阻却事由(3)

除非具备违法阻却事由,否则任何对绝对权有妨碍的行为,都是侵权行为。有时,对相对权有妨碍的行为,也可构成侵权行为。

学者列出的违法阻却事由约有七种,它们是:①正当防卫;②紧急避险;③自助行为;④无因管理;⑤权利行使;⑥被害人允诺;⑦正当业务。[3] 对他人财产合理用益之法定债权,例

---

[1] 邱聪智:《新订民法:债编通则》,中国人民大学出版社2003年版,第105页。

[2] 王泽鉴:《侵权行为法》(第1册),中国政法大学出版社2001年版,第204页。

[3] 参见郑玉波:《民法债编总论》,陈荣隆修订,中国政法大学出版社2004年版,第125~126页。

如对他人作品的合理使用，[1]应归入到上述第⑤项"权利行使"之中。

实际上，还有第八种违法阻却事由，它就是善意取得。善意取得的情形，是物权人（绝对权人）的特定的物丧失占有或登记的一种不利结果。善意取得人不构成无过失侵权。无权处分是对他人绝对权的侵害，善意取得的受让人却具备违法阻却事由。

◎ **紧急避险：法益的冲突（4）**

紧急避险是为了使公共利益、本人或者他人的人身或财产避免正在发生的危险，不得已采取的损害他人利益的行为。如李某被狼追赶，破张某之门而入藏身。紧急避险行为，体现了两个主体法益的冲突，是以对他人的较小损害避免自己较大损害的行为。行为人以牺牲他人之同等价值的法益为代价来保护自己的利益，不是紧急避险。

例1：张某被巨石压住了腿，为了保住生命，他抽刀断腿。尽管有利益的权衡和取舍，但不构成紧急避险。因为，紧急避险是两个主体的法益的碰撞。

例2：张三和李四因事故同时落海，二人同时抢一块木板，同时抓住这块木板，木板只能救一人之急，抢到者可能活，抢不到的必死。张三力大，推开李四。张三在海上漂泊三天获救，后发现李四尸首。张三损害的是同等法益，不构成紧急避险。

紧急避险人可能是受益人，也可能不是受益人。紧急避险

---

[1] 参见我国《著作权法》第22条。

可能涉及第三人,也可能不涉及第三人。紧急避险分为攻击性紧急避险和防御性紧急避险。

"因紧急避险造成损害的,由引起险情发生的人承担责任。如果危险是由自然原因引起的,紧急避险人不承担责任或者给予适当补偿。紧急避险采取措施不当或者超过必要的限度,造成不应有的损害的,紧急避险人应当承担适当的责任"(《侵权责任法》31条)。引起险情的人,对损害承担责任,这种归责自然是合理的、正当的。如果危险是由于自然原因引起的,紧急避险人并非受益人,则其不承担责任;若紧急避险人兼为受益人,则应当对受损人给予适当的补偿。不当紧急避险人,构成侵权责任,应当对"不应有的损失"承担责任。

紧急避险与正当防卫有明显的异同:①都是合法行为(违法阻却事由);②都是为了使公共利益、本人或者他人的利益免遭损害或者侵害;③都是针对正在发生的危害;④正当防卫针对人的非法侵害,而紧急避险的险情,可能是自然原因引起,也可能是人的原因引起;⑤两者都要求不能超过必要的限度,但是正当防卫造成非法行为人的实际损失,可能大于侵害所可能造成的损失;紧急避险造成的损失,必须小于险情造成的损失,是"舍小保大"的行为;⑥紧急避险有两个法益的冲突,而正当防卫没有法益之冲突;⑦正当防卫造成的损失,防卫人不承担责任;紧急避险造成的损失,避险人如果是受益人的话,则要对受害人给予补偿;⑧对紧急避险可以紧急避险,对正当防卫不能正当防卫,因为前者可使损失降到最小,对正当防卫进行防卫则是对合法行为的打击。

◎ 补充责任与连带责任的区别（5）

1. 对补充责任的规定。《侵权责任法》有三条补充责任的规定，最高人民法院《关于审理铁路运输人身损害赔偿纠纷案件适用法律若干问题的解释》有一条补充责任的规定。

（1）用人单位工作人员致人损害的侵权行为与责任。《侵权责任法》第34条第1款规定："用人单位的工作人员因执行工作任务造成他人损害的，由用人单位承担侵权责任。"第2款规定："劳务派遣期间，被派遣的工作人员因执行工作任务造成他人损害的，由接受劳务派遣的用工单位承担侵权责任；劳务派遣单位有过错的，承担相应的补充责任。"

第一，本条损害包括人身损害和财产损害。

第二，工作人员的职务侵权，用人单位应当承担责任，这是替代责任、适用无过错责任的归责原则。

第三，在劳务派遣的情况下，对工作人员的职务侵权，劳务派遣单位（用人单位）是过错责任，接受劳务派遣单位（用工单位），是无过错责任。这是加强保护受害人利益的设计。

第四，对工作人员的职务侵权，劳务派遣单位有过错的，承担相应的补充责任。"相应的责任"，是与过错行为的原因力相应的责任。

第五，工作人员由于职务行为对第三人侵权，接受劳务派遣的单位（用工单位）无过错的，对被害人亦应承担全责。"补充责任"是指接受劳务派遣单位（用工单位）事实上无力赔偿的部分，由劳务派遣单位（用人单位）在原因力的范围内承担连带责任。原因力的部分，可与无力赔偿的范围相等，也可小于它。

（2）违反公共安全保障义务的责任。《侵权责任法》第37

条第1款规定:"宾馆、商场、银行、车站、娱乐场所等公共场所的管理人或者群众性活动的组织者,未尽到安全保障义务,造成他人损害的,应当承担侵权责任。"第2款规定:"因第三人的行为造成他人损害的,由第三人承担侵权责任;管理人或者组织者未尽到安全保障义务的,承担相应的补充责任。"

第一,本条损害包括人身损害和财产损害。

第二,未履行公共安全保障的法定义务致使他人损害的,为一般侵权,不属于特殊侵权,故而适用过错责任原则。

第三,对第三人侵权,安全保障义务人侵权责任的构成也是过错责任,但对责任后果却是与过错行为原因力相应的补充责任。

例:张三在众多的游船中间打闹,不慎将李四撞入河中淹死。张三应当赔偿,公园的管理者对打闹行为听之任之,公园应当承担与过错相应的补充赔偿责任,而不是对全部损失承担连带责任。比如,法院判决张三应当赔偿50万元,公园对李四死亡的过错行为有30%的原因力;张三全部予以赔偿,公园不用再赔偿;张三无力赔偿,则公园与过错相适应的补充责任为15万元。这种补充责任是一种连带责任,公园可以向张三追偿。

(3) 教育机构对第三人侵权承担的责任。《侵权责任法》第40条规定:"无民事行为能力人或者限制民事行为能力人在幼儿园、学校或者其他教育机构学习、生活期间,受到幼儿园、学校或者其他教育机构以外的人员人身损害的,由侵权人承担侵权责任;幼儿园、学校或者其他教育机构未尽到管理职责的,承担相应的补充责任。"

第一,这里所说的侵权仍然是指侵害人身权,不包括侵害财产权。

第二,侵权的主体,是第三人及幼儿园等三类教育机构。被侵权人包括无民事行为能力人与限制民事行为能力人两类。

第三,教育机构对第三人侵权承担的是过错责任、补充责任。所谓补充责任,是基于过错行为原因力的补充责任。

例:张三冲进某幼儿园杀死一名幼儿,应赔偿100万元。经查幼儿园也有门卫管理不当的责任。设幼儿园有过错,原因力约占30%,而张三应赔偿100万元,但其只有赔偿50万元的能力。此种情况下,应判决张三赔偿100万元,幼儿园承担的补充责任为30万元。

(4) 第三人侵权铁路运输企业的责任。

例:张某与李某在乘火车时发生冲突,张某用刀刺伤李某后跳车逃跑,一直没有归案。后李某起诉铁路公司,请求赔偿。

最高人民法院《关于审理铁路运输人身损害赔偿纠纷案件适用法律若干问题的解释》第13条规定:"铁路旅客运送期间因第三人侵权造成旅客人身损害的,由实施侵权行为的第三人承担赔偿责任。铁路运输企业有过错的,应当在能够防止或者制止损害的范围内承担相应的补充赔偿责任。铁路运输企业承担赔偿责任后,有权向第三人追偿。"据此,铁路公司有过错的,应当承担补充赔偿责任,没有过错的,不承担责任。铁路运输企业的责任在性质上应当是违反公共安全保障义务的责任。

2. 补充责任与连带责任的区别。

(1) 连带责任的特点。

第一,一般是对整体债务的连带责任,而不是对其中一部分承担连带责任。

第二,连带责任人之间责任的承担没有顺序关系(合伙企业与合伙人前后的顺序关系是"另类顺序关系")。

第三,连带责任包括对意定之债的连带责任(如个人合伙成立的买卖之债),也包括对法定之债的连带责任(如共同侵权)。也就是说,连带责任的发生原因有意定法律事实和法定法律事实。

第四,连带之债有时是指连带债务(如个人合伙人就货款而承担的连带债务);有时候是狭义的责任(如共同侵权人的连带责任),狭义的责任是对义务的违反,存在于救济法律关系之中。

第五,连带之债的存在不以过错为前提条件。

(2) 补充责任的特点。

第一,补充责任是对可分之债中部分之债承担责任。

第二,补充责任是在侵权人不能清偿的部分之内承担责任(有顺序关系)。

第三,补充之债是过错之债。

第四,补充之债的范围或数额取决于过错行为的原因力。

第五,补充责任存在于救济法律关系之中。

(3) 两种责任的区别。补充责任不是按份责任,是一种特殊的连带责任,与一般连带责任有明显区别:一是债务范围不同;二是承担的顺序不同;三是发生的原因不同;四是否有过错不同;五是依存的法律关系不同。

3. 补充责任适用上应与偶然结合相区分。《侵权责任法》第12条规定:"二人以上分别实施侵权行为造成同一损害,能够确定责任大小的,各自承担相应的责任;难以确定责任大小的,平均承担赔偿责任。"这是二人以上行为偶然结合造成同一损害的情形，侵权人承担按份之债。

4. 补充责任理论上的争点。有学者认为补充责任是不真正连带责任——这肯定不是。

不少学者认为，承担补充责任者有过错，因而其承担责任后，无权向"被补充者"追偿。我认为是可以向终极责任人追偿的。

◎ 医院轻过失能否免责？（6）

1.《侵权责任法》第54条规定："患者在诊疗活动中受到损害，医疗机构及其医务人员有过错，由医疗机构承担赔偿责任。"诊疗活动致人损害的，适用过错责任原则。

2.《合同法》第40条规定："格式条款具有本法第52条和第53条规定情形的，或者提供格式条款一方免除其责任、加重对方责任、排除对方主要权利的，该条款无效。"

3.《合同法》第53条规定："合同中的下列免责条款无效：（一）造成对方人身伤害的；（二）因故意或者重大过失造成对方财产损失的。"第53条既适用于以格式条款形式出现的免责条款，也适用于以非格式条款出现的免责条款。

例：张某在动手术之前，应医院的要求，签订了格式保证书，保证非因医院的故意和重大过失造成事故，不追究医院的责任。

该格式保证书的实质，是医院对人身伤害轻过失免责。依据《合同法》第40条、53条第1项，该免责条款是无效的。

◎ 今天是 2012 年 12 月 21 日（7）

题记：今天不但是"世界末日"，还是一个司法解释生效的日子。写两个小例子作为纪念。

最高人民法院《关于审理道路交通事故损害赔偿案件适用法律若干问题的解释》（以下简称《解释》）自 2012 年 12 月 21 日起施行。

《解释》第 13 条规定："多辆机动车发生交通事故造成第三人损害，当事人请求多个侵权人承担赔偿责任的，人民法院应当区分不同情况，依照侵权责任法第 10 条、第 11 条或者第 12 条的规定，确定侵权人承担连带责任或者按份责任。"

《侵权责任法》第 10 条规定："二人以上实施危及他人人身、财产安全的行为，其中一人或者数人的行为造成他人损害，能够确定具体侵权人的，由侵权人承担责任；不能确定具体侵权人的，行为人承担连带责任。"这是关于共同危险行为的规定。

《侵权责任法》第 11 条规定："二人以上分别实施侵权行为造成同一损害，每个人的侵权行为都足以造成全部损害的，行为人承担连带责任。"这是关于无意思联络分别侵权连带责任的规定。

《侵权责任法》第 12 条规定："二人以上分别实施侵权行为造成同一损害，能够确定责任大小的，各自承担相应的责任；难以确定责任大小的，平均承担赔偿责任。"这是关于无意思联络分别侵权按份责任的规定。

例 1：甲、乙在公路上飙车，约定先到某标志建筑物前为胜。两辆车前后衔尾疾驶，一辆车剐倒行人丙，致丙受伤。从车上的刮痕已经不能确定是甲车还是乙车，丙提起诉讼，甲、乙二被告因共同危险行为承担连带责任。

例2：夜间，高速公路上，甲驾车往南、乙驾车往北，李老头违章横穿公路，被甲车"撞飞"，落在乙车前，被乙车撞死。经查，甲、乙均无过错。甲、乙对李老头之死，在行为上为偶然结合，在因果关系上为多因一果，在归责上适用无过错责任原则。甲、乙承担按份责任。

◎ 无意思联络分别侵权的按份责任（8）

《侵权责任法》第12条规定："二人以上分别实施侵权行为造成同一损害，能够确定责任大小的，各自承担相应的责任；难以确定责任大小的，平均承担赔偿责任。"

侵权人为二人以上，分别实施侵权行为，无意思联络。行为偶然结合在一起共同造成损害，属于多因一果。欠缺了某一侵权人的行为，不能造成同样的损害结果。侵权人为按份责任，互相之间不存在追偿的问题。侵权人承担的是与过错、原因力"相应"的责任。难以确定责任大小的，平均承担赔偿责任。

例1：甲追打乙，乙从巷子跑出，被超速驾车行驶的丙撞伤，则甲与丙的行为是偶然结合，不承担连带责任，各自承担相应的责任（按份责任）。

例2：甲在驾驶汽车的时突然右打轮，骑自行车的乙急向右躲避，陷入施工人丙在路边挖的一个大坑，致使重伤。该大坑没有防护措施，也没有警示标志。请问：是甲承担责任，还是甲、乙共同承担责任？

甲、丙的行为是分别侵权，构成偶然结合，应当分担责任。甲如是故意应承担主要责任。

例3：两个中学生在人行道路上嬉戏，撞倒了一棵腐朽的树，砸伤了行人。中学生一方与管理者（市政）一方是偶然结合，是按份责任。两个中学生之间是共同过失，对他们的责任份额承担连带责任。

例4：甲将乙打伤，但并非致命伤害，乙到医院治疗，由于医院的过失致乙死亡，甲与医院的行为不属于以上所说的偶然结合、多因一果，不是连带责任，也不是按份责任。本案是两个损害，侵权人各自承担责任。

◎ 高度危险责任之一种（9）

例：王二沿着铁轨向前行走，与铁轨相距不远，一列火车轰隆驶过，将王二卷入铁轮之下，碾成肉泥。铁路部门是否承担责任？

《侵权责任法》第69条规定："从事高度危险作业造成他人损害的，应当承担侵权责任。"第73条规定："从事高空、高压、地下挖掘活动或者使用高速轨道运输工具造成他人损害的，经营者应当承担侵权责任，但能够证明损害是因受害人故意或者不可抗力造成的，不承担责任。被侵权人对损害的发生有过失的，可以减轻经营者的责任。"使用高速轨道运输工具，是高度危险作业之一种，适用无过错责任的归责原则。本案铁路部门应当承担侵权责任，但其可以举证王二有过失，以减轻自己的责任。

◎ 动物致害责任（10）

"动物致害"是指动物的"独立动作"造成他人损害，起自于动物本身的"危险性"或"自然动作",如猫抓人、狗咬人、牛顶人、鸡啄人眼等。如鸭子上岸后,在公路上拉了一摊屎,滑倒了行人,饲养人或管理人为一般侵权行为(过错责任),而不是动物致害责任(无过错责任)。训练鹦鹉骂人也不是动物致害责任。

对于动物的"独立动作",饲养人或者管理人可能有过失,也可能无过失,适用无过错责任的归责原则(另有规定的除外)。

饲养人、管理人若有故意,比如唆使狗咬人,则不为"动物致害"的特殊侵权,而属于一般侵权。此时的动物,不过是故意侵权的工具。

《侵权责任法》第78条规定:"饲养的动物造成他人损害的,动物饲养人或者管理人应当承担侵权责任,但能够证明损害是因被侵权人故意或者重大过失造成的,可以不承担或者减轻责任。"动物饲养人或者管理人并非连带责任。例如,某甲出差,将宠物狗交由"狗托儿所"保管,其间该狗咬伤他人,自当由"狗托儿所"承担责任,不得以动物致害为无过错责任为由请求某甲承担责任。损害可以是人身损害,也可以是财产损害。

免、减事由的存在,并不否认无过错责任原则的成立。动物致害,无过错并不是免、减的理由,免、减的事由是[1]:被侵权人故意或者重大过失造成自己的损害。"免"与"减"虽然在表述上是并列的,但对应的过错并不相同。如果受害人是故意受害,结合《侵权责任法》第27条,[2]动物饲养人、

---

〔1〕 请与《侵权责任法》第76条相比较。第78条是"免减事由",第76条是"减免事由"。

〔2〕《侵权责任法》第27条规定:"损害是因受害人故意造成的,行为人不承担责任。"

管理人不应承担责任。如果受害人有重大过失,则应减轻饲养人或者管理人的责任。免、减事由的举证责任在动物饲养人或者管理人。应当注意区分"故意受害"与"故意行为"之间的区别。

例:韩某遛狗,王某见狗讨人喜欢,就上前逗狗,不料该狗外貌和善,内实凶残,咬掉了王某的半截手指。韩某拒绝赔偿,理由是王某有逗狗的行为。

逗宠物狗不是故意受害行为;逗宠物狗也不是重大过失;韩某无免、减责任事由。

◎ 对有体物的用益侵权(11)

对财产的用益,有通常的用益方法与特殊的用益方法。例如一套民宅,居住是通常的用益方法,以其外墙壁书写广告是特殊的用益方法。再如利用宠物等动物的外观形象做广告也是一种特殊的用益方法。依照我国《物权法》,宠物等动物是物权的客体。物权的客体拥有肖像权,在法理上是不可想象的。动物没有肖像权,不等于对动物外观形象的用益不予以保护,这是不同的两个问题。动物的外观形象基于动物的养育和成长,动物的所有人对此也有所付出。当动物的外观形象外化到载体之上后,可以无限制地复制,被反复使用,从而使当事人获得多次收益,而且这种用益,不以占有为前提条件。这种有体物形象的复制、使用并获利的权利,本来就是归属所有权人的,是所有权的权能,所有权人不但可以有偿或者无偿地允许他人用益(债权性处分行为),而且享有禁止权(物权排他性的表现)。未经允许而擅自用益他人宠物等动物的外观形象获利,是用益侵权行为。[1]

◎ 用益侵权一例（12）

例："租赁房屋原约定仅供居住用，承租人违反约定于住宅内附设工厂，因而致房屋受损害。"[2]

承租人的行为导致房屋交换价值的减少，是一般侵权行为。若承租人在订立租赁合同的时候要求以租赁房屋设厂设店，出租人就会要求较高的租金，承租人擅自改变用途，规避了较高的租金，就同时构成了用益侵权。

1. 用益侵权，是指未经财产权利人同意或者没有法律根据，而擅自用益他人财产的侵权行为。

2. 用益侵权的本质是非法剥夺他人财产的用益价值。实现财产的用益权能，是财产效应之一，法律不但要保护财产之本体，还要保护财产之用益。财产的用益权能是可以分离的，这

---

[1] 南方都市报（2008年4月3日，作者：马小六）报道了"女子状告商家侵犯宠物狗肖像权"一案。原告王小姐诉称，被告于2006年9月开始，擅自在其生产的"宠×宠物浴波"的产品外包装上使用她所有的宠物狗的照片，并进行全国区域的销售。王小姐提出索赔因非法使用其宠物狗照片的使用费30万元等请求。福田区法院于2007年10月8日受理后，在2008年1月24日公开开庭审理了此案。法院认为，原告主张被告某邦达公司侵害了其肖像权，没有事实和法律依据。另一方面，原告无法证明被告使用在宠物浴波外包装上的比熊犬的照片就是其所饲养的比熊犬的照片。福田区法院认为，原告提出的诉讼请求均系建立在其所饲养的比熊犬享有肖像权的基础上衍生而来，但我国现行法律仅规定公民享有肖像权，并不保护包括比熊犬在内的动物的肖像权，遂驳回王小姐的诉讼。——但法院判决中有一条理由是成立的："原告无法证明被告使用在宠物浴波外包装上的比熊犬的照片就是其所饲养的比熊犬的照片。"这一条理由足以驳回原告的诉讼请求。该案使我们"直面"用益侵权的法律问题。笔者就是从此案联想到要创立用益侵权的概念。

[2] 参见王泽鉴：《民法学说与判例研究》（第3册），中国政法大学出版社1998年版，第265页。

种分离，取决于权利人意定，也可以直接取决于法定，而用益侵权，是通过非法分离用益权能而剥夺用益价值的行为。

3. 用益侵权，可以针对他人有体物，也可以针对他人知识产权，还可能针对他人的人格派生财产，例如非法利用他人的肖像做广告。

4. 用益侵权是以作为的方式剥夺他人财产的用益价值，不存在不作为的用益侵权。

5. 因为有了财产权，财产才有不可侵犯性。财产权是财产的法律盔甲。用益侵权是对他人财产权的侵权。

◎ 对作品的用益侵权（13）

例：某甲设计、制造的一座可以一眼看穿（非封闭型）的铁塔，外观形象与内部构造都与众不同，某乙擅自仿造。

某乙侵害了某甲建筑作品著作权和图形作品（工程设计图）著作权，是两项非法用益，形成两个侵权责任法律关系。法律将智慧财产权类型化了，相应的用益侵权会随之类型化。

对著作财产权的内容，法律是以用益的方式展现出来的。我国《著作权法》第10条第1款规定的著作财产权有发行权、出租权、展览权、表演权、放映权、广播权、信息网络传播权、摄制权、改编权、翻译权、汇编权等。上述所列是对作品的具体用益方式。当然，作品的不同，用益的方式也会有差别，例如展览权，仅限于美术作品和摄影作品。对作品的用益财产权不但包括积极的利用，也包括消极的禁止。

对作品的用益侵权，比较常见的是剽窃。剽窃也可以称为抄袭，是以他人的作品为自己的作品，以他人的创作为自己的创作的行为。剽窃分为整体剽窃和片段剽窃。著作权保护的是形式，不是思想，因此整体剽窃和片段剽窃都是在"思想表现形式"上的盗用。

在网络化社会，还有一项常见的用益侵权：擅自在网络上传播他人的作品（侵犯网络传播权）。

第六部分 | 婚姻法、继承法

◎ 冒名婚姻之效力（1）

例：寇静玉17岁时，其父为其算命。神婆说，小女命中注定要比姐姐早嫁，不然非病即灾。由于寇静玉未到婚龄，寇父让姐妹互换身份，用寇静玉姐姐寇静萍的身份和名字出具村委会的证明。1991年3月20日，寇静玉以其姐姐的名义到镇政府申请结婚，并办理了结婚登记手续。

1995年4月9日，姐姐寇静萍以妹妹寇静玉的名义与吕宏刚结婚。吕宏刚看见结婚证上妻子的名字和真名不同，以为"寇静玉"是她的别名，也没有多问。

2003年3月23日，寇静萍认为夫妻的感情已经完全破裂，于是以其妹妹寇静玉的身份和名字，提起离婚诉讼。

法庭审理后认为，寇静萍与吕宏刚虽已夫妻名义同居生活，但未依法办理结婚登记，其同居关系具有明显的违法性。据此，法庭当庭解除了寇静玉与吕宏刚的同居关系，寇静萍、吕宏刚所生女儿由寇静萍监护抚养。[1]

---

[1] 骆南华、黄忠平："姐妹易名而嫁，离婚方知麻烦"，载《珠江晚报》2003年9月1日。

法院的判决不正确。因为，本案中冒名建立的婚姻关系，符合婚姻的实质条件（至判决时，已经达到法定的婚龄），亦不是因重大误解成立的婚姻（主体错误是重大误解的一种）。吕宏刚"追求的是这个人，而不是这个名"，或者说，吕宏刚是与这个人结婚，而不是与这个名结婚。本案是由冒名人寇静萍承担夫妻权利义务的。应当认为，原被告的婚姻关系有效。如感情确已破裂，应当判决离婚。

◎ "离婚协议"的三个具体问题（2）

1. "离婚协议"可能是"混血儿契约"。"离婚协议"包含解除身份关系的约定（身份合同），也可能包含债的约定（债权合同）。债的约定包括财产分割和财产赠与。赠与可能是"离婚协议"当事人之间的赠与，也可能是对第三人的赠与，该第三人通常是亲属，亲属之间的赠与有时构成道德义务的赠与（不可以任意撤销的赠与）。

从法律事实的角度看，"混血儿契约"是两种性质不同的法律事实，一是身份法律行为；二是财产法律行为。离婚的身份法律行为是以办理离婚登记手续或以法院判决离婚为成就条件的，而财产法律行为是以离婚为成就条件的。

区分为两种法律事实的主要实益是，财产法律行为可以单独撤销或变更。在法理上，是通过撤销、变更意定法律事实，来撤销、变更法律关系的。

2. "离婚协议"公证的价值。一般来说，公证并不能改变协议（合同）的效力。具体到离婚的身份行为，是否公证，在效力上没有丝毫意义。但"离婚协议"中若有赠与的内容，公证就赋予了其特殊效力。因为，按照我国《合同法》第186条的规定，赠与人在赠与的财产转移之前，是有权任意撤销的，但经过公证的赠与、道德义务的赠与和公益性质的赠与除外。

生活经验告诉我们，在平时，受赠人是不好意思提出公证的。请注意，在要求公证"离婚协议"时，就有了"明修栈道，暗度陈仓"的效果。

3. "离婚协议"中的财产分割。离婚时的财产分割，当事人可能单独协议写一份合同，也可能包括在"离婚协议"中。

《婚姻法解释（二）》第9条规定："男女双方协议离婚后一年内就财产分割问题反悔，请求变更或者撤销财产分割协议的，人民法院应当受理。人民法院审理后，未发现订立财产分割协议时存在欺诈、胁迫等情形的，应当依法驳回当事人的诉讼请求。"

财产分割协议是债权合同，适用《合同法》的规定。上述条文中规定："人民法院审理后，未发现订立财产分割协议时存在欺诈、胁迫等情形的，应当依法驳回当事人的诉讼请求。"在"欺诈、胁迫"之后，有一个"等"字，这是一个"等外等"。按照限制解释规则，这个"等"，是指欺诈、胁迫以外的意思表示有瑕疵的行为。我国《合同法》规定的意思表示有瑕疵的行为包括重大误解、自始显失公平、欺诈、胁迫、乘人之危五种。我要强调的是，请求变更、撤销财产分割协议，原因并非欺诈、胁迫两种。

条文中的"一年"为除斥期间。

◎ 思辨：无人继承的遗产先成为无主物吗？（3）

例：人死如灯灭，市民张三"嘎崩"归西。张三无继承人，也无受遗赠人，其生前的一匹枣红马归国家所有。请问：在国家取得所有权之前，该马是无主物吗？

在实行独生子女政策的今天，子女死亡了，遗产往往就成为国家的了。我常说,"国家是个聚财筐,什么都往里面装"。请问:张三的债权人主张权利,以谁为被告?

1. 无人继承的财产归国家所有,不是无主物。《继承法》第32条规定:"无人继承又无人受遗赠的遗产,归国家所有;死者生前是集体所有制组织成员的,归所在集体所有制组织所有。"

2. 归国家所有,要先确定无人继承、无人受遗赠。先确定无继承、无受遗赠,不是先确定为无主物。成为无主物的原因,有动产的抛弃等,无人继承、无人受遗赠不在其列。

3. 法律事实的成立与法律关系的形成是同步发生的。人的死亡及其无继承人、无受遗赠人是单一法律事实,还是复杂法律事实,可以讨论。但无疑,法律事实成立至形成法律关系,当中是没有时间间隔的。该法律事实(本案张三死亡)成立的同时,就发生了国家所有权法律关系(绝对法律关系),不存在先成为无主物的可能。——不是先成为无主物,再归国家所有。

4. 《继承法》第33条规定:"继承遗产应当清偿被继承人依法应当缴纳的税款和债务,缴纳税款和清偿债务以他的遗产实际价值为限。超过遗产实际价值部分,继承人自愿偿还的不在此限。继承人放弃继承的,对被继承人依法应当缴纳的税款和债务可以不负偿还责任。"遗产归国家所有后,本案张三的债权人可参照上述规定,请求以遗产偿还债务,被告人通常是民政局。

◎ 自书遗嘱应当手写(4)

1. 自书遗嘱也就是我们通常所说的遗书。自书遗嘱由遗嘱人亲自手书、签名,注明年、月、日。有时,当事人打印遗嘱,然后签名。

2. 打印的遗嘱是否有效，是有不同观点的。为避免争议，在律师提供咨询的时候，应告知当事人应手写遗嘱并签名。

3. 打印的遗嘱，是代书，还是亲自录入打印，不容易搞清楚。代书遗嘱是他人代写的遗书，应当有两个以上见证人在场见证。

4. 我采"无效说"。自书遗嘱应当为"严格"要式文书，应当由立遗嘱人手写并签名，在打印稿上签名的，遗嘱无效。

5. 手写的遗嘱没有亲自签名，只有盖章和指模，是令人怀疑的。

◎后老伴在对方以遗嘱处分全部财产后还能拿到遗产吗？(5)

例：李女士（61周岁）嫁给了张先生，是张先生的后老伴。结婚后不久，张先生患重病，抱恨而亡。李女士想继承张先生的遗产，却发现张先生已经立了遗嘱，将所有的遗产给了自己的亲生儿子。

《中华人民共和国老年人权益保障法》第2条规定："本法所称老年人是指六十周岁以上的公民。"第22条第3款规定："老年人以遗嘱处分财产，应当依法为老年配偶保留必要的份额。"第85条规定："本法自2013年7月1日起施行。"依据上述特留份的规定，后老伴李女士尽管结婚没几天，仍可取得张先生的遗产（请注意法律生效的时间）。

特留份不要求双缺（双无）的条件，即不要求继承人无生活来源和无劳动能力。对"双缺"之人留下必要的份额，称为必留份。

◎ 遗嘱：期待权与既得权之别（6）

例：张三立遗嘱，说明死后一架钢琴归邻居李四所有。

1. 张三立遗嘱，是意定法律事实，是单方法律行为，是无相对人的意思表示。该遗嘱不以送达为生效要件，更不以相对人李四受领为生效要件。

2. 遗嘱是死因行为，于立遗嘱人死亡时生效。

3. 其实，遗嘱作成后，即在立遗嘱人与受遗赠人之间发生相对法律关系。在此法律关系中的李某，对钢琴的所有权（目标权利）享有期待权，受遗赠权却是既得权。

比如，王二与房产公司签订了房屋买卖合同，购买某小区302房屋。合同成立时，王二请求取得302房屋所有权的债权是既得权，对302房屋的所有权（目标权利）只是期待权。

债权成立，对该债权是既得权，债权的实现是期待权。

4. 立遗嘱是负担行为，还是处分行为？严格意义上的处分行为是引起物权变动的行为。显然立遗嘱并非处分行为，而是一种负担行为（也可称为债权性处分行为）——尽管立遗嘱人可以再取消遗嘱。

律师可能问：期待权、既得权的理论对我们担当实务工作的律师有啥用？

——理论是解释工具。很多律师醉心于对司法解释的研究和掌握，把握它的精髓，看出它的毛病，是需要理论指导的。没有理论很难说服法官。

◎ 继承人在被继承人生前放弃继承权的效力（7）

例：张爷爷与李奶奶是夕阳恋，要结夕阳婚。张爷爷的儿子们怕不久的将来李奶奶继承张爷爷的遗产。张爷爷对李奶奶说，咱们签订一个互不继承的协议吧。

李奶奶找到某律师，交了 100 元。律师告诉她，《继承法》第 25 条第 1 款规定："继承开始后，继承人放弃继承的，应当在遗产处理前，作出放弃继承的表示。没有表示的，视为接受继承。"据此，放弃继承，应当在被继承人死后为之，否则放弃遗产继承的意思表示不具有法律效力，放弃继承人仍享有法定继承权。律师给李奶奶出主意，你放心地签，张爷爷死后就主张无效。

——这下就把李奶奶带到沟里去了。

1. 当事人之间婚前签订的互不继承遗产的协议（互相放弃继承权的协议）是有效的。

（1）这是一项合意，是双方法律行为。双方法律行为需要交换意思表示，在合致时成立。单方法律行为（单独行为）区分为有相对人的意思表示和无相对人的意思表示，因而它们成立的要件是不同的。放弃继承权亦可以单方法律行为为之。

（2）互不继承遗产的协议，是一个双务合同，即双方为对待给付。夫妻法律关系（身份权法律关系）是继承权法律关系（财产期待权法律关系）的基础法律关系。学说认为，继承权是身份权，因而不得放弃。这个观点把身份法律关系与财产法律关系搅和在一起了。义务不能放弃，财产权是可以放弃的。

（3）当事人婚前签订的互不继承遗产的协议是附停止条件的，在办理结婚登记后生效，并非在一方或者双方死亡时生效。

（4）继承权法律关系存在于活人与活人之间。被继承人驾鹤西去，就不存在继承法律关系了，继承人的继承权（财产期待权）就演变成财产的既得权了。

2. 该律师的观点是学界错误观点的折射。第一，根据《继承法》第25条推不出来放弃继承权须在被继承人死亡之前，在逻辑上有错误。第二，《继承法》已与《物权法》发生了冲突。《物权法》第29条规定："因继承或者受遗赠取得物权的，自继承或者受遗赠开始时发生效力。"不仅是物权，其他权利甚至是义务都在被继承人死亡时发生移转，例如，由于被继承人死亡，发生债权债务的概括承受。被继承人死亡后的放弃，并非放弃继承权而是放弃既得的财产权。我的结论是：继承权的放弃只能在被继承人生前为之。

◎ 夫妻一方放弃继承是否须经配偶同意？(8)

1. 继承开始后的放弃。有学者认为，在继承开始时，夫妻一方可不经配偶同意而放弃继承。

我国《物权法》第29条规定："因继承或者受遗赠取得物权的，自继承或者受遗赠开始时发生效力。"据此，在继承开始后，遗产已经转变为继承人的财产，而在继承人得到财产的同时，该财产又转化为夫妻共同财产（AA制除外）。即是说，在继承开始后的放弃，是放弃夫妻共同财产。这种放弃，必须配偶同意。

2. 继承开始前的放弃。最高人民法院《关于贯彻执行〈中华人民共和国继承法〉若干问题的意见》（以下简称《继承法意见》）第49条规定："继承人放弃继承的意思表示，应当在继承开始后、遗产分割前作出。遗产分割后表示放弃的不再是继承权，而是所有权。"该条与《物权法》第29条发生冲突，失去了效力。在继承开始之前，也可以放弃继承权。这种放弃，无须取得配偶的同意。

◎ 附"既成条件"的放弃遗产的协议（9）

附"既成条件",等于行为没有附条件,并不导致行为无效。

例：甲、乙、丙、丁四兄弟姐妹3月1日订立协议,约定：由于大姐甲对父亲尽赡养义务较多（母亲早已去世）,待父亲去世后,甲继承遗产三分之一,其余由乙、丙、丁平均继承。当甲、乙、丙、丁赶到家乡时,才得知父亲于2月28日因意外事故死亡。

甲、乙、丙、丁之间的协议表面来看,是"附条件的",不是附期限的（须父亲先死,但父亲不一定先死）。协议所附条件是既成条件（已经发生的事实作为条件）,尽管立协议人不知情,但不影响既成条件的存在。协议有效,但不属于附条件的合同,而是一般合同。

◎ 必留份与特留份（10）

1.《继承法》第19条规定："遗嘱应当对缺乏劳动能力又没有生活来源的继承人保留必要的遗产份额。"条文中的继承人被称为"双缺"继承人。《继承法意见》第37条规定："遗嘱人未保留缺乏劳动能力又没有生活来源的继承人的遗产份额,遗产处理时,应当为该继承人留下必要的遗产,所剩余的部分,才可参照遗嘱确定的分配原则处理。继承人是否缺乏劳动能力又没有生活来源,应按遗嘱生效时该继承人的具体情况确定。"上述规定被称为"必留份",也有人称为"必继份"。必留份是指给"双缺"之人留下必要的份额。

2. 特留份是指立遗嘱时应当给法定继承人留下一定的份额。我国《继承法》未规定特留份。特留份并无"双缺"的要件。

例：张某立下遗嘱，将全部财产遗赠给第三人王某。张某死后，王某持遗嘱向遗产实际管理人张某之妻李某请求交付财产。双方诉讼至法院。李某主张遗嘱无效，因为遗嘱未给二岁的女儿留下财产，女儿属于"双缺"。受遗赠人王某则主张，李某对女儿有抚养义务，李某有固定的收入，故女儿是有生活来源的。给女儿保留必要的份额属于特留份，我国《继承法》对此并无规定。

不能认为有扶养义务人就是有生活来源，这种解释违背了传统习惯和善良风俗，况且，也不能允许以立遗嘱的手段将抚养孩子的义务转嫁到妻子一人身上。故应当视张某财产的多寡，认定遗嘱无效或者部分无效。

◎ 遗赠扶养协议的给付（11）

1. 遗赠扶养协议是双务、有偿合同。双方的给付，立于对价关系（但未必是充分对价），但扶养人一方的给付，有射幸性质。
2. 被扶养人（"遗赠人"）的给付为其个人全部财产或部分财产，在其死亡时发生财产的移转效果。
3. 扶养人的给付为劳务给付或财产给付，或者为"混合给付"（既包括劳务给付又包括财产给付）。

例：老人张某与保姆李某签订遗赠扶养协议，约定由保姆照顾张某一生（劳务给付），张某死亡后，全部遗产归李某。

张某死后，张某之子王某千里奔丧，来争遗产，认为遗赠扶养协议无效，应当由自己继承遗产。

经查：张、李二人虽然签订了遗赠扶养协议，但张按中介公司规定的标准按月支付保姆费，提供食宿等条件。

我认为，本案不应按遗赠扶养协议处理，也不能按遗赠处理（遗赠是单法律行为），应按死因赠与处理，因为对于保姆的扶养给付已经有充分的对价。

请问：张某之子王某能否对死因赠与行使《合同法》第186条规定的任意撤销权？

◎ 遗赠扶养协议双方有无任意解除权？（12）

1. 任意解除权也称为随时解除权，是当事人无须理由，也无须对理由举证就可以单方解除合同的简单形成权。承揽合同的定作人、保管合同的寄存人、运输合同的旅客和托运人、不定期租赁的出租人和承租人、委托合同的委托人和受托人，都有随时解除权。随时解除权有的以损害赔偿为代价，有的不以损害赔偿为代价。

2. 遗赠扶养协议的双方有无任意解除权呢？这种协议是具有特殊信任关系的合同，双方都有任意解除权，如否认当事人此项权利，就会产生对人格权的侵害。

3. 我国《合同法》上的解除，分为溯及既往的解除与面向将来的解除。遗赠扶养协议扶养人的给付为持续性给付，协议的解除，应当为哪一种解除呢？我认为应当是面向将来的解除，对已经履行的部分不发生效力。这样就产生两个问题：

第一，对解除前扶养人已经进行的给付，被扶养人应当给予补偿，包括劳务给付的补偿和财产给付的补偿。

第二，对扶养人的期待利益（获得被扶养人的遗产）应当如何解决？如果是扶养人无故解除，就不能再请求对期待利益的补偿，如果是被扶养人无故解除，应当对期待利益的丧失给予适当赔偿（违约责任）。也就是说，这种任意解除权应以损害赔偿为代价，这种赔偿是对可得利益损失的赔偿。

◎ **遗赠扶养协议扶养人的资格**（13）

1. 概述. 遗赠扶养协议是双方法律行为，一方为"遗赠人"，一方为扶养人。"遗赠人"的称谓是名不副实的，因为遗赠扶养协议是有给付对价的，并不是"赠"，且并无遗嘱的性质。我们暂且将被扶养人称为"遗赠人"。

一般认为，用以"遗赠"的财产，可以是遗赠人的全部财产，也可以是部分财产。我认为全部财产作为标的财产是不妥当的，因为"遗赠人"的消费会受到极大控制。

《继承法》第31条规定："公民可以与扶养人签订遗赠扶养协议。按照协议，扶养人承担该公民生养死葬的义务，享有受遗赠的权利。公民可以与集体所有制组织签订遗赠扶养协议。按照协议，集体所有制组织承担该公民生养死葬的义务，享有受遗赠的权利。"

2. 自然人作为扶养人应有一定的限制。负担法定扶养义务的法定继承人不能作为遗赠扶养协议的扶养人，因为这就事实上剥夺了"遗赠人"请求法定扶养给付的权利。

不负担扶养义务的第二顺序法定继承人可以作为扶养人。监护人也不存在作为遗赠扶养协议扶养人的可能，其也不能代理被监护人签订遗赠扶养协议。

例：张某孤身一人，儿女俱丧，是否可与有能力的外孙李某签订遗赠扶养协议？

李某有代位继承权（属于第一顺序），且负有法定赡养义务，不能作为约定的扶养人。[1]。

◎ 限制行为能力人可否为遗赠扶养协议的"遗赠人"（14）

1. 遗嘱有两个用途，一个是设定遗嘱继承，一个是设定遗赠。因为立遗嘱是财产的单纯付出，没有收获，为保护限制行为能力人，我国《继承法》规定，立遗嘱人须为完全行为能力人。

2. 立遗嘱是单方法律行为，单方法律行为是依一方的意志即可生效的行为。单方法律行为干三件事情：一是单纯为自己设定义务（对他人为没有对价的给付），二是动产的抛弃，三是行使形成权。法律对限制行为能力人单纯为自己设定义务（设立没有对价的给付）给予限制，立法意图是加强对弱者的保护。

3. 遗赠扶养协议是双方法律行为，双方都负担对价式的给付，不过这种给付有一定的射幸性质，扶养的时间可能很长，也可能很短，"遗赠人"什么时候驾鹤西归，是说不准的事情。

4. 遗赠扶养协议并无"赠"的性质，也无遗嘱性质，是双方的交易行为，不但有付出，而且有收获，是债权合同，因此可以适用《合同法》的规定。尽管"遗赠人"是限制行为能力，但只要与其行为能力相适应，遗赠扶养协议的效力不受影响。[2]这

---

[1]《婚姻法》第28条规定："有负担能力的祖父母、外祖父母，对于父母已经死亡或父母无力抚养的未成年的孙子女、外孙子女，有抚养的义务。有负担能力的孙子女、外孙子女，对于子女已经死亡或子女无力赡养的祖父母、外祖父母，有赡养的义务。"

[2]《合同法》第47条规定："限制民事行为能力人订立的合同，经法定代理人追认后，该合同有效，但纯获利益的合同或者与其年龄、智力、精神健康状况相适应而订立的合同，不必经法定代理人追认。相对人可以催告法定代理人在一个月内予以追认。法定代理人未作表示的，视为拒绝追认。合同被追认之前，善意相对人有撤销的权利。撤销应当以通知的方式作出。"

同样是为了保护"遗赠人"的利益。

5. 实务中,有些轻度的老年痴呆症患者作为"遗赠人"与他人订立了遗赠扶养协议,只要没有损害其利益的情形(如显失公平),就应当认可协议的效力。监护人主张协议无效的,一般不应予以支持。而且协议可以对抗法定继承人。

◎ 监护人可否代理被监护人签订遗赠扶养协议?(15)

有些监护人欠缺监护能力,这里讲的监护能力不是实施法律行为的能力,而是讲的照顾能力、经济能力等。[1]

社会保障供应不足,法律又缺少变通的规定,应当允许监护人代理被监护人与第三人签订遗赠扶养协议,只要符合被监护人的利益,就应当认可遗赠扶养协议的效力。在签订遗赠扶养协议之后,监护人并不丧失其地位和责任。

例:甲父是乙女(精神病患者,无行为能力)的法定监护人,家中再无他人。[2] 乙女有一套价值500万元的房屋。甲父退休工资低,年老多病,就把以前的保姆丙女找回来,代理乙

---

[1]《民通意见》第10条规定:"监护人的监护职责包括:保护被监护人的身体健康,照顾被监护人的生活,管理和保护被监护人的财产,代理被监护人进行民事活动,对被监护人进行管理和教育,在被监护人合法权益受到侵害或者与人发生争议时,代理其进行诉讼。"第11条规定:"认定监护人的监护能力,应当根据监护人的身体健康状况、经济条件,以及与被监护人在生活上的联系状况等因素确定。"

[2]《民法通则》第17条规定:"无民事行为能力或者限制民事行为能力的精神病人,由下列人员担任监护人:(一)配偶;(二)父母;(三)成年子女;(四)其他近亲属;(五)关系密切的其他亲属、朋友愿意承担监护责任,经精神病人的所在单位或者住所地的居民委员会、村民委员会同意的。对担任监护人有争议的,由精神病人的所在单位或者住所地的居民委员会、村民委员会在近亲属中指定。对指定不服提起诉讼的,由人民法院裁决。没有第一款规定的监护人的,由精神病人的所在单位或者住所地的居民委员会、村民委员会或者民政部门担任监护人。"

女与丙女签订了遗赠扶养协议。约定由丙女照顾乙女，生活费用也由丙女出，乙女去世后，房屋归丙女。此协议是有效的，因为它对乙女有利而无害。

有人问：甲父以自己的名义与丙女签订照顾乙女的合同，乙女死后，由甲父继承房屋再转给丙女，是否可行？——不可行，若甲父先死就不好办了。

◎ 赠与、死因赠与、遗赠扶养协议、遗赠（16）

赠与是双方法律行为。赠与的财产是物时，物权的变动依公示原则，如移转所有权的赠与，不动产赠与要办理所有权变更登记，动产赠与要交付。以上所言登记和交付是双方法律行为，即在赠与合同（双方法律行为）的基础上，还要有引起物权变动的双方法律行为。

一般认为，死因赠与是以赠与人死亡为生效条件的赠与。其实，死因赠与作为诺成合同在赠与人与受赠人达成合意的时候就生效了。死因赠与合同（死因赠与法律关系）只能在活人与活人之间存在。赠与人生前若不能见到生效的合同，他死不闭眼啊！赠与人之死，只是财产移转的条件，而不是合同生效的条件。

以法律行为变动物权，受公示原则的规制。死因赠与法律关系成立的法律事实，也是双方法律行为，但直接引起物权的变动和其他财产权变动的原因，却是赠与人的死亡，即死因赠与的物权变动，并不适用公示原则。

赠与（含死因赠与）是无偿行为，而遗赠扶养协议却是有偿行为。遗赠扶养协议，有"赠"之名，无赠与之实。遗赠扶养协议不是身份合同，而是债权合同。在遍地独生子女的社情下，一些人不愿意由子女养老送终，而以给付财产为对价托付于他人。有的是因为独生子女死亡，而不得不托付于他人。[1] 遗赠扶养协议不是合同附条件，而是给付附条件，扶养人的给付是不附条件的，被扶养人的给付是以死亡为条件的。被扶养人财产移转给扶养人并不受物权变动公示原则的限制。

遗赠是通过遗嘱设立的。遗嘱是单方法律行为，是无相对人的意思表示。遗赠财产的移转，以立遗嘱人的死亡为条件。遗嘱是附条件的，不是附期限的。有人会提出疑问：期限必然届至，条件可能发生，死亡是必然发生的啊，遗赠是附期限的啊！

因为只有立遗嘱人先死，受遗赠人才能取得财产，如果受遗赠人先死，既不发生转继承，也不发生代位继承，我上课时常讲：此时一切化为云烟。

讲了这些，与律师业务有什么关系呢？我想，最重要的一点，是判断标的财产是否移转，这里面，有文章可作。

◎"继承权"的行使受2年诉讼时效的限制吗？（17）

《继承法》第8条规定："继承权纠纷提起诉讼的期限为二年，自继承人知道或者应当知道其权利被侵犯之日起计算。但是，自继承开始之日起超过二十年的，不得再提起诉讼。"《继承法意见》第49条规定："继承人放弃继承的意思表示，应当在继承开始后、遗产分割前作出。遗产分割后表示放弃的不再是继承权，而是所有权。"

以上规定，以继承开始后的继承权为请求权，作为前提，诉讼时效是限制请求权的。

---

[1] 独生子女政策作为国策到了应当检讨的时刻。

《物权法》第29条规定:"因继承或者受遗赠取得物权的,自继承或者受遗赠开始时发生效力。"继承、受遗赠之后,无论继承、受遗赠的是物权,还是无形财产权,都是支配权,是不受诉讼时效限制的。也就是说,1985年《继承法》的相关规定与《物权法》冲突。继承、受遗赠开始后发生的归属纠纷,属于确权之诉,不能适用2年诉讼时效的规定。

第七部分 律师操作

◎ 律师抛出观点的时机（1）

前几天，与一诉讼法专家讨论诉讼技巧的问题。他认为，法官常先入为主，因此，在诉状中应全面提出并阐释自己的观点。我认为，有一定道理。

我看了一个女警"逼供信"置人于罪的报道，后来又看到了她的照片，客观地说，长得很周正，但我对她形象的主观评价却很差。我自嘲地说，像我这种理性的人，都先入为主了！法官当然是理性的人，但其先入为主，也是不足为奇的。

先入为主，就是形成内心确认，内心确认是判决的指导，甚至是一锤定音的指导。要改变内心确认，是挺不容易的。

有不少律师在起诉书或答辩书中不提出自己关键性观点，以图在法庭上打对方一个措手不及，这可在自己当事人那儿拿分。法官反应不及，会循着既有的思路在内心反驳。

因此，何时抛出自己的观点，应当根据具体案情等因素确定。如果有理、有据的话，应当尽量把基本观点抛出，以免错过机会。

向法庭提供的文书资料应当尽量完整，注意观点和材料之间的逻辑关系。也替法官想一想，或者设身处地考虑一下。

◎ 债务人欠缺偿债能力，债权人怎么办？（2）

题记：债务人有时欠缺偿还债务的能力，要钱没有，要命有一条。墙内解决不了，要看看墙外有什么办法？

第一，要考察有无行使债权人代位权的可能。债权人是对次债务人直接请求给付，是债权的法定移转，并非传统民法的代位权，最关键的，是要掌握次债务人有无清偿能力。因为，现行债权人代位权适用"不可杀回马枪规则"，当次债务人无力清偿时，债权人不能回头再找债务人清偿。

第二，要考察有无行使债权人撤销权的可能。债权人撤销权行使的结果，是第三人回复与债务人原先的财产状况，债权人并不能得到清偿。行使债权人撤销权，可以设计"组合拳"。例如，债务人甲欠债权人乙100万元货款，甲对第三人丙赠与100万元，已经划到丙的账上。在符合条件时，乙请求撤销甲对丙的赠与，丙负有给付甲100万元的义务，在丙未为给付之前，乙可起诉丙，行使债权人代位权，要求把这100万直接给自己。

第三，要考察有无行使商事留置权的可能。商事留置不要求基于同一法律关系，在企业之间，经常有占有对方动产的情况，债权人对占有的物可行使留置权。不过，不能恶意促成留置权的成立。比如，甲公司欠乙的货款，乙公司从甲处借一物，进行商事留置，尽管目前缺少具体规定，但不应当支持这种行为。

第四，要考察有无连带责任者。首先，要考察有无人格混同的事实。关于人格混同，最高人民法院2013年发布了指导案例15号：徐工集团工程机械股份有限公司诉成都川交工贸有限责任公司等买卖合同纠纷案。其次，要考察有无合伙经营的事实。就我个人的经验来看，很多合作经营属于合伙（很多合伙合同写成合作协议），合伙人的责任是连带责任。

以上四种路径或措施都不能解决问题，那余下的办法就很少了。

——不要着急，天无绝人之路。

一休说：让我想一想。

◎ **不要轻易提出证据（3）**

曾有一家美国企业与我国香港企业签订合同，约定美方违约，应当按企业五年利润向港方赔偿，合同上有计算年利润的方法。后美方违约，港方依仲裁协议，向中国大陆某仲裁机构申请仲裁，要求美方支付五年的利润（依据合同计算出金额），仲裁员要求港方就五年的利润损失进行举证。

代理的香港律师找我咨询，我说，该五年的利润在性质上是违约金，就是我上课经常讲的，"约定的赔偿金是违约金"，违约金是可以调整的（114条第2款），由请求调整的一方承担举证责任，而港方并不要求调整违约金，因此不负担举证义务。如果港方就五年的利润损失举证，则可能陷入被动，因为被申请方必然要寻找证据的破绽。如果申请方就五年的利润损失不举证，则被申请方就找不到突破口。法谚云：没有人有义务为对手提供武器。

仲裁员要求港方就五年的利润损失举证，说明其在举证规则方面，掌握的不是太好。碰到这类仲裁员，要好好把道理讲清楚。

◎ **不同权利的先后行使（4）**

一方当事人可能有两种以上的权利，先行使哪种权利，是有讲究的。

例如：在附负担（附义务）的赠与合同中，可以约定受赠人先履行义务，其未履行义务的，赠与人可以行使《合同法》第192条第（三）项规定的法定事由撤销权，以消灭合同的效力。[1]但赠与人也可给受赠人留有"改正"的机会，而仅选择行使先履行抗辩权，[2]在行使抗辩权无效果时，再行使法定事由撤销权。

附负担的赠与合同是不真正双务合同，是一个复合法律关系。这个复合法律关系中，包含两个单一法律关系，第一个是赠与人为给付的法律关系，第一个是受赠与人为给付的法律关系。在第一个单一法律关系中，赠与人是债务人；在第二个单一法律关系中，赠与人是债权人。两个单一法律关系的给付未形成对价关系。两个法律关系具有成立上、效力上、履行上、消灭上的牵连性。

赠与人行使抗辩权是保留自己的给付；行使撤销权是撤销自己的给付。一般认为，履行抗辩权存在于双务合同之中，能否存在于不真正双务合同之中？上例说明：在不真正双务合同之中，至少是可以存在先履行抗辩权的。

◎ 欠条还是收条（5）

在讲民法课时，我经常讲山东的一个判例，很多同学听过。

---

[1] 我国《合同法》第192条规定："受赠人有下列情形之一的，赠与人可以撤销赠与：（一）严重侵害赠与人或者赠与人的近亲属；（二）对赠与人有扶养义务而不履行；（三）不履行赠与合同约定的义务。赠与人的撤销权，自知道或者应当知道撤销原因之日起一年内行使。"

[2] 我国《合同法》第67条规定："当事人互负债务，有先后履行顺序，先履行一方未履行的，后履行一方有权拒绝其履行要求。先履行一方履行债务不符合约定的，后履行一方有权拒绝其相应的履行要求。"

隋彭生：律师民法业务思维(一)

例：张三（原告）起诉李四（被告），说李四曾借自己420元，已经偿还20元，还有400元未归还。李四在法庭上拿出一张纸条，念道："还（音环）欠款400元。我现在只欠20元。"纸条署名张三。张三说："我写的是'还（音亥）欠款400元'，李四只偿还20元。"这张条没有标题，即没有说明是收条还是欠条。我经常请听课的同学在一分钟内判断是收条还是欠条。

1. 张三是债权人，李四是债务人。双方都承认有还款的事实，只是还多还少有争议。债务人向债权人清偿，"还"（音环）是对清偿的描述。

债权人写的条由债务人持有，只能是收条（受领清偿的书证）。在债务人对债权人有偿还行为时，债权人不可能写欠条并由债务人持有（违反了行为习惯）。你欠我多少钱，我写条有证明力吗？

应当认定李四向张三偿还了400元，尚欠20元。

2. 债务人写的条由债权人持有是欠条。例如A向B借款1000元，偿还了200元，A在给B的一张纸条上写道："还欠款800元。"这里的"还"，是"还"（亥）。请注意，这张条是欠条，它没有表述清偿行为。换句话说，债权人持有的书证表述的是尚未清偿的债务。发生争议时，持条人是原告（上例持条人李四是被告）。

3. 在实务中，为避免争议，书证最好有个标题，注明"收条"、"欠条"等。有人喜欢使用"借据"这个词。是出借还是借入？不太清楚。

4. 注意给付方向、注意书据持有人的"身份"，对理论研究及迅速解决实务问题都有一定的意义。

例如，《买卖合同解释》第1条第1款规定："当事人之间没有书面合同，一方以送货单、收货单、结算单、发票等主张存在买卖合同关系的，人民法院应当结合当事人之间的交易方式、交易习惯以及其他相关证据，对买卖合同是否成立作出认定。"

条文中的"送货单"和"收货单"，一个是"送"，一个是"收"，在文义上是相反的。在买受人签署、出卖人持有的场合，它们都是交货凭证，是债务人履行债务的凭证。

◎ 强制性规定的"合法规避"（6）

1. 附期限。《公司法》第 141 条第 1 款规定："发起人持有的本公司股份，自公司成立之日起一年内不得转让。公司公开发行股份前已发行的股份，自公司股票在证券交易所上市交易之日起一年内不得转让。"发起人（让与人）可与受让人签订附期限的合同，至届满一年后再办理股份"移转手续"。可约定受让人先支付转让费，还可授权受让人以代理人身份进入股东大会，代理行使股东权。

2. 附条件。《商品房买卖合同解释》第 2 条规定："出卖人未取得商品房预售许可证明，与买受人订立的商品房预售合同，应当认定无效，但是在起诉前取得商品房预售许可证明的，可以认定有效。"出卖人取得商品房预售许可证明前，可以与买受人订立预约（商品房预售合同不是预约），约定在取得商品房预售许可证明后再订立本约。[1]

3. 在竞合中选择。《合同法》第 214 条规定："租赁期限不得超过二十年。超过二十年的，超过部分无效。租赁期间届满，

---

[1]《买卖合同解释》第 2 条规定："当事人签订认购书、订购书、预订书、意向书、备忘录等预约合同，约定在将来一定期限内订立买卖合同，一方不履行订立买卖合同的义务，对方请求其承担预约合同违约责任或者要求解除预约合同并主张损害赔偿的，人民法院应予支持。"

当事人可以续订租赁合同,但约定的租赁期限自续订之日起不得超过二十年。"如果一方的标的物是不动产,对另一不动产有用益价值,可签订地役权合同,以规避20年的限制。[1] 地役权实际是不动产役权,标的物包括但不限于土地,在建筑物上设立地役权也是常事。

4. 结语。以上三例,表面上规避了法律的强制性规定,其实并没有违反它们。

◎ 律师的一项基本功：发现合同默示条款（7）

> 题记：默示条款反映了当事人法律关系的内容,不能准确发现、揭示合同的默示条款,就不能有效地保护当事人的利益。为什么说发现合同默示条款是律师的一项基本功呢？因为这项工作反映了律师对基本规定、基本理论的掌握。

合同条款是表达合同内容的,即是表达当事人之间法律关系内容的。明示条款是当事人以文字、口头语言等方式明确表达合意的条款。在合同同时存在明示条款和默示条款的情况下,明示条款是合同的基础,默示条款一般起到补充作用。明示条款可以排除某些默示条款。有些条款,如仲裁条款,只能采取明示的方式。

默示条款是当事人没有在合同中明确约定,但依照法律、交易习惯和当事人的行为推定,合同应当具有的条款。默示条款是合同法律关系的内容,实际上未以"条款"的形式表现出来,说它是条款,是为将其与明示条款进行区分。

---

[1]《物权法》第161条规定："地役权的期限由当事人约定,但不得超过土地承包经营权、建设用地使用权等用益物权的剩余期限。"

默示条款依据产生的原因，可以分为法定默示条款、以交易习惯确立的默示条款以及以合意方式确立的默示条款。

1. 法定默示条款实际上是合同当事人应当遵循的法定义务，未被当事人排除适用的任意性规定就会成为合同的法定默示条款。比如一份买卖合同并没有规定卖方的权利瑕疵担保义务。但卖方的此项义务是不言而喻的，权利瑕疵担保应当是合同的法定默示条款。有些国家的法律明确了默示担保。如《美国统一商法典》第2－314条规定：除非经排除或修改（第2－316条），只要卖方系从事某种货物交易的商人，他对于该种货物之商销性的担保即为买卖合同中的默示担保。第2－315条规定，如果卖方在订立合同时有理由知道买方要求货物适用于特定用途，且有理由知道买方依赖卖方挑选或提供适合货物的技能或判断力，卖方即默示担保将适用于该特定用途，除非依下条（第2－316条）排除或修改此种担保。上述法律直接规定的默示担保义务，在法理上应推定为合同的默示条款。

2. 根据交易习惯认定合同默示条款的存在，其基础在于推定当事人都默示地同意按交易习惯履行义务。在英国，有关交易习惯的条款即使没有明示，也应推定其为默示条款：其一，"该条款对于经营习惯是不言而喻的，也就是说，这一条款的内容实际上是公认的商业习惯或经营习惯"；其二，"该条款是合同当事人过去惯有规则；也就是说，该当事人双方在以前的合同关系中始终存在着同样的内容"；其三，"该条款实际上是某种特定的商业规则，也就是说某些明示或约定俗成的交易规矩具有不言自明的默示效力"。[1] 对交易习惯，当事人可以明示的方式排除或修改。根据交易习惯认定合同默示条款存在的规

---

[1] 董安生等编译：《英国商法》，法律出版社1991年版，第53、54页。

则，只有在交易习惯没有被排除或修改的前提下才能适用。

3. 以合意方式确立默示条款，是指根据当事人的行为所表示的意义，确定默示条款的存在。如果当事人以口头语言、书面文字表达意思，构成合同条款，也只能称之为明示条款。双方当事人行为所表达的意思一致，构成合意，才能导致默示条款的存在。比如，甲、乙双方在合同中没有规定履行期限，甲方选择某一时间履行，乙方接受了履行，那么这一合同就已经存在履行期限条款了。

◎ 在竞合中选择（8）

法律关系可能发生竞合，在竞合中选择，可以最大限度保护当事人的利益。

在一次博士生班的讲课间歇，一位博士生（律师）向我提出一个问题：某五星级饭店对面是农民的土地，残破不堪，住店旅客望去，感觉不爽。饭店欲租农民的土地，统一规划，种花种草，是否可行？

租赁农民的土地，法律风险很大，且租赁合同有20年的限制。我建议饭店与农民成立眺望地役权合同，可派人种花种草，最好由农民种花种草，由其收获。

在场的博士生们（大部分是律师），都赞成我的建议。

本例此种情况（有偿使用农民的土地，且涉及两个不动产）属于租赁法律关系与地役权法律关系的竞合，择其一而定之，维护了双方当事人的利益，农民也是乐意的。

饭店属于需役不动产，农民的土地属于供役不动产。

◎ 一种风险极大的质押（9）

我反复思量，写下这篇小文，希望能够引起做担保业务的朋友们的注意。

实务中,有这样的例子:甲将仓库的产品质押给乙,乙派出保管员管理甲的仓库,货物按照约定可以进出(出质人进货、发货),进出由乙的保管员监管,其监管的目的是保证仓库库存保留约定的数量。这种质押的好处是,乙无须将货物拉到己处,甲方仍然可以进货出货,不影响生产经营。

这样的质权是否有效?

1. 质权的设立(生效)和持续,以占有为要件。[1] 占有是对物的事实上的管领(控制),问题的关键是本案的乙是否构成了占有?

2. 对占有的认定,要符合一般社会观念,要结合时间因素、场所因素,与他人有利害关系时,要考察占有对外的可识别性。

3. 楼下的理发店开张了,门口铺了一块地毯,很多顾客在地毯上走来走去,从时间因素看,顾客们对地毯不构成占有。本案的乙通过保管员对甲仓库的监管要持续一段时间,从时间因素上看不存在问题。从场所看,很可能是甲的一个大厂区内有一个仓库,这个仓库的产品质押给了乙(大圈里面有一个小圈)。这就会产生两种观点:第一种观点是乙实际控制了仓库,动产质权成立;第二种观点是依一般社会观念并结合场所关系、可识别性,应认为乙没有取得占有,质权不成立。法官持第二种观点的可能性更大一些。我所说的极大风险就在于此。

4. 甲的其他债权人在请求强制执行的时候、在申请甲破产的时候,就会以欠缺可识别性来否认乙的质权。因为,动产的占有是一种静态的公示方式,而占有的公信力是离不开可识别性的。

---

[1] 《物权法》第212条规定:"质权自出质人交付质押财产时设立。"

5. 就像下棋一样，看一步是不行的，要多看几步。

◎ 避免举证责任的一个技巧（10）

例：张甲将李乙的一套房屋烧毁，受害人李乙估算了损失，约为20万元。双方约定，张甲在15天内赔偿受害人李乙18万元，李乙不再追究张甲的责任，若张甲到期不支付，应当赔偿受害人李乙21万元。到期后，张甲未支付20万元，受害人李乙起诉，他应主张侵权之债，还是主张合同之债？

当事人之间有三个法律关系：第一个是侵权责任之债，李乙主张损害赔偿，须就自己的损失举证，即受害人李乙须就加害人张甲的给付额举证；第二个是和解协议之债，是意定之债，其标的是给付18万元，对该18万元不存在举证的问题；第三个是和解协议的救济法律关系，也是意定之债，其标的是给付21万元。对这21万元李乙无须举证。21万元的构成是：18万元加3万违约金。技巧就在于约定了违约金，李乙主张合同之债，避免了对侵权损失的举证。

◎ 无须举证的阶梯式抗辩（11）

阶梯式抗辩是分阶段或分层次提出抗辩理由。有些抗辩需要举证，有些抗辩不需要举证。

今天以数笔债务的清偿抵充为例谈谈不需要举证的阶梯式抗辩。

1. 清偿抵充概述。清偿是满足债权的履行。清偿抵充，是指对同一债权人负担两笔以上相同种类的债务，债务人的给付不足清偿全部债务时，决定应当充偿何笔债务的办法。清偿抵充分为约定抵充、法定抵充和指定抵充。约定抵充是由双方当事人约定债务人的给付充偿何笔债务；法定抵充是由法律直接规定债务人清偿抵充的标准；指定抵充是由债务人指定其给付充偿何笔债务。

《合同法解释（二）》第20条规定："债务人的给付不足以清偿其对同一债权人所负的数笔相同种类的全部债务，应当优先抵充已到期的债务；几项债务均到期的，优先抵充对债权人缺乏担保或者担保数额最少的债务；担保数额相同的，优先抵充债务负担较重的债务；负担相同的，按照债务到期的先后顺序抵充；到期时间相同的，按比例抵充。但是，债权人与债务人对清偿的债务或者清偿抵充顺序有约定的除外。"约定抵充大于法定抵充。我国目前没有指定抵充的规定，但指定抵充是允许的。

法定抵充示例：

（1）甲对乙欠货款8万元、承揽费10万元，货款尚未到期，承揽费已经到期。甲向乙的账户打款8万元，应认为偿还了8万元承揽费（抵充已到期债务）。

（2）甲对乙欠货款8万元、承揽费10万元，均已到期，但货款没有担保。甲向乙的账户打款8万元，应认为偿还了8万元承揽费（抵充没有担保的债务）。

（3）甲对乙欠货款8万元、承揽费10万元，均已到期，均设有担保，两个担保的数额都是8万元（承揽费没有设全额担保）。货款的迟延利息是每日万分之三，承揽费的迟延利息是每日万分之四。甲向乙的账户打款8万元，应认为偿还了8万元承揽费（抵充负担较重的债务）。

（4）甲对乙欠货款8万元、承揽费10万元，均已到期，但货款先到期。甲向乙的账户打款8万元，应认为偿还了8万元货款（抵充先到期债务）。

（5）甲对乙欠货款5万元、承揽费10万元，同时到期。甲向乙的账户打款3万元，应认为偿还了货款1万元、承揽费2万元（按比例抵充）。

2. 无须举证的阶梯式抗辩示例。张某（女）与李某（男）在离婚协议中约定，李某补偿张某10万元钱，在离婚后3个月内支付，到期不支付，李某个人的房屋归张某所有。离婚后2个月，李某向张某的卡上拨付了12万元。后张某起诉李某，称李某清偿的12万元为清偿婚前债务（经查，在婚前张某借给李某12万元，无息），请求法院判决李某个人的房屋为自己所有。李某则称，该12万元是清偿离婚协议中所确定的10万元债务，多出来的2万元是偿还12万元债务中的两万，对此说法，李某并无什么证据。

（1）第一层次的抗辩：按照真意解释原则，应认定李某为指定清偿，即李某在约定的时间内清偿了自己在离婚契约中所确定的债务。

（2）汇款时候没有指出是汇哪一笔款，嗣后也可以指定。

（3）上述第一层次的抗辩的成立是毫无疑问的，但有时法官不认。这时可以提出第二层次的抗辩。《合同法解释（二）》第20条中规定："担保数额相同的，优先抵充债务负担较重的债务"。本案不存在担保的问题，但"优先抵充债务负担较重的债务"可以参照适用。民法允许参照适用。并不是每个案子都能找出对应条文的。

或许有朋友问：以上两种抗辩法官都不采纳怎么办？——都不采纳肯定是错案。须知，判决的结果不得违反公平原则（强行性规范）。

◎ 共同危险行为的举证问题（12）

共同危险行为多是一般侵权行为（适用过错责任原则）。行为人可能互相认识，有意思联络；也可能互不相识，无意思联络。造成的损害可能是人身损害，也可能是财产损害。

我国《侵权责任法》第 10 条规定："二人以上实施危及他人人身、财产安全的行为，其中一人或者数人的行为造成他人损害，能够确定具体侵权人的，由侵权人承担责任；不能确定具体侵权人的，行为人承担连带责任。"

最高人民法院《关于审理人身损害赔偿案件适用法律若干问题的解释》第 4 条规定："二人以上共同实施危及他人人身安全的行为并造成损害后果，不能确定实际侵害行为人的，应当依照民法通则第 130 条规定承担连带责任。共同危险行为人能够证明损害后果不是由其行为造成的，不承担赔偿责任。"依据此条，共同危险行为人证明受害人之损害与自己的行为无因果关系，就应当免责。但此点被《侵权责任法》第 10 条给否定了。我认为第 10 条与法理有违，也是不公正的，但我们还是要执行它。

在案件审理中，证明无因果关系已然无用，而要注意证明的一个方面是：被告"无行为"和"无危险行为"。法谚云：无行为则无责任。例如：

1. 甲、乙、丙、丁四个人林子里聚会，烟头引起火灾，烧毁他人林木。如果找不出具体侵权人，谁要是想免责，只能证明自己没有抽烟，即证明自己没有实施危险行为。

2. 甲、乙、丙、丁除夕夜在路边放鞭炮，炸伤了行人张某的眼睛，已经证明是"二踢脚"炸伤的，而丁放的是"摔炮"。你说"丁的行为与张某的损害没有因果关系"，当然不错。但要强调的是：丁没有实施放"二踢脚"的危险行为，就是说无行为。

3. 甲、乙、丙、丁除夕在路边放鞭炮，炸伤了行人张某的眼睛，已经证明是23点15分炸伤的，而丁在23点10分离开了现场，当然是没有实施危险行为的。

4. 甲、乙、丙、丁四个孩子往河里扔石片打水漂，一个石片扔到对岸，打伤了妞妞的眼睛。四个孩子的监护人都应承担责任（《侵权责任法》对责任能力未加规定，这个以后再谈）。丁证明自己的石片落到了河里是不行的，这只是证明无因果关系；但是这个孩子很小，扔100次也不可能把石片扔到河对岸，应认为没有实施危险行为。

◎ **律师要善于发现或界定当事人行使形成权的行为**（13）

行使形成权的行为是单方法律行为，是有相对人的意思表示。但是，很多当事人行使形成权是"无意识"的，自己并没有意识到自己行为的性质，律师的一项任务就是发现或界定当事人行使形成权的行为，对法律关系的状况作出正确的结论。

例：甲私自打开了乙的彩票，发现乙中奖1万元，就问乙，如果中奖，送我多少？乙尚不知中奖，就说，如果中奖，送你一半。甲将彩票给乙看，说你中了1万元大奖，送我5000元吧！乙想不到真的中奖，后悔了，说，我不送了。甲起诉乙。

A说，甲、乙之间的赠与合同是由于甲欺诈造成的，因此，属于可撤销的合同。B说，甲、乙之间的赠与合同是因重大误解成立的合同，因此，属于可撤销的合同。C说，甲、乙的赠与合同是附既成条件的合同，因而无效。

1. C的观点不正确，因为合同附既成条件（假装条件）等于合同没有附条件，附假装条件并不影响合同效力。

2. B的观点不正确，因为重大误解，是一方过失性错误陈述，使另一方陷入错误，而甲是故意。

3. 在已知中奖的情况下，甲说，"如果中奖，送我多少"，构成了欺诈，双方的合同是因欺诈而成立的合同（有效但可撤销）。但是，该合同被撤销的可能性已经不复存在。因为乙说，"我不送了"，这是行使《合同法》第186条任意撤销权（简单形成权、消灭形成权、法定形成权）的单方法律行为，是有相对人的意思表示，是对话意思表示。对话意思表示在对方了解时算送达，在送达时生效。也就是说，在甲听到乙说"我不送了"时，双方的赠与合同就已消失于无形（赠与法律关系因撤销而消灭）。既然合同已经不存在，也就不能再依《合同法》第54条的规定请求法院予以撤销（第54条规定的撤销权是形成诉权、消灭形成权、法定形成权）。

◎ 无权占有人如何打赢官司？（14）

例：甲将A、B两个巷道的开采权发包给乙。乙将B巷道的开采权转包给丙。丙不仅在B巷道开采，还越界侵占A巷道开采。乙起诉丙违反合同。《合同法解释（一）》第10条规定："当事人超越经营范围订立合同，人民法院不因此认定合同无效。但违反国家限制经营、特许经营以及法律、行政法规禁止经营的除外。"受诉法院据此判决甲、乙及乙、丙之间的合同无效，驳回了乙的诉讼请求。

请问：乙是否可以再起诉丙？

丙对A巷道是无权占有，乙仍可对丙提起诉讼，在法律上能够胜诉！我国《物权法》第245条规定："占有的不动产或者动产被侵占的，占有人有权请求返还原物；对妨害占有的行为，占有人有权请求排除妨害或者消除危险；因侵占或者妨害造成损害的，占有人有权请求损害赔偿。占有人返还原物的请求权，自侵占发生之日起一年内未行使的，该请求权消灭。"此条为占有之诉的实体法规定。条文中的"占有人有权请求返还原物"和"占有人有权请求损害赔偿"是可适用于无权占有的，而且"有权请求"是严格规范，法官无自由裁量权。[1]

因与原诉的诉讼标的不同，法院应当受理乙对丙的再次起诉。可举一反三。

◎ **分析案情，应注意基础法律关系的存在**（15）

审查案件，会发现当事人之间有时存在"双层"法律关系：一层是当事人争议的法律关系；一层是争议法律关系的基础法律关系。

案情的分析，就是法律关系的分析。说服法官，要把法律关系说清楚。

共同共有财产的分割，可以帮助我们看清"双层"法律关系。

共有的客体是"一物"，共同共有的共有物的分割，并不是确定共有人的份额，而是依照共有人的协议或法律的规定将共有财产分割给当事人各自所有的行为。即使是共同共有，在分割时，也要"按份"进行分割。我国《物权法》第99条规定："共有人约定不得分割共有的不动产或者动产，以维持共有关系的，应当按照约定，但共有人有重大理由需要分割的，可以请求分割；没有约定或者约定不明确的，按份共有人可以随时请求分割，共同共有人在共有的基础丧失或者有重大理由需要分割时可以请求分割。因分割对其他共有人造成损害的，应当给予赔偿。"共同共有的基础法律关系，实际上是原因关系。比

---

[1] 参见隋彭生："论占有之本权"，载《法商研究》2011年第2期。

如，合伙财产共同共有法律关系的基础法律关系是合伙合同（合伙人之间的债的关系，并非物权关系，更非人身关系）；夫妻财产的共同共有法律关系的基础关系是夫妻关系（身份关系）。在散伙、离婚等场合（基础法律关系丧失的场合），共同共有人的分割权是形成权。

《婚姻法解释（三）》第4条规定："婚姻关系存续期间，夫妻一方请求分割共同财产的，人民法院不予支持，但有下列重大理由且不损害债权人利益的除外：（一）一方有隐藏、转移、变卖、毁损、挥霍夫妻共同财产或者伪造夫妻共同债务等严重损害夫妻共同财产利益行为的；（二）一方负有法定扶养义务的人患重大疾病需要医治，另一方不同意支付相关医疗费用的。"夫妻关系解除，基础法律关系消灭，当然可分割共同财产。上述条文是基础法律关系不消灭，但存在《物权法》第99条规定的"重大理由"的情形。

应当指出：在学说上，基础关系往往被直接称为"共同共有关系"、"共同关系"。——这些学说，混淆了争议法律关系与基础法律关系。

◎ **此案的突破口在哪里**（16）

例：张男与李女离婚后的一日，李女起诉张男，说张男在离婚协议上答应补偿10万元，一直未给。协议是打印稿，上有李女的签名和张男的手印。张男称，未见过这份协议。李女的律师引用《合同法解释（二）》第5条的规定："当事人采用合同书形式订立合同的，应当签字或者盖章。当事人在合同书上摁手印的，人民法院应当认定其具有与签字或者盖章同等的法律效力。"请问：张男的律师如何应对？

张男的律师应从举证责任的角度进行突破。最高人民法院《关于民事诉讼证据的若干规定》5 条第 1 款规定:"在合同纠纷案件中,主张合同关系成立并生效的一方当事人对合同订立和生效的事实承担举证责任;主张合同关系变更、解除、终止、撤销的一方当事人对引起合同关系变动的事实承担举证责任。"对张男在有意识的情况下摁手印,应由李女承担举证责任。

◎ 中断诉讼时效的技巧 (17)

中断"归零",重新计算。"一二三四五,上山打老虎",可中断的有一二三四五共五个诉讼时效。一年中断的重新计算一年,依此类推。

请问:银行催收逾期贷款,外地借款人拒收、拒签催款通知书。银行方面有何技巧?

1. 拒收、拒签催款通知书,并不影响诉讼时效的中断。因为你已经主张了债权,发信人持有发信凭证即可。[1]

---

[1] 《民法通则》第 140 条规定:"诉讼时效因提起诉讼、当事人一方提出要求或者同意履行义务而中断。从中断时起,诉讼时效期间重新计算。"最高人民法院《关于审理民事案件适用诉讼时效制度若干问题的规定》(以下简称《诉讼时效规定》)第 10 条规定:"具有下列情形之一的,应当认定为民法通则第 140 条规定的'当事人一方提出要求',产生诉讼时效中断的效力:(一)当事人一方直接向对方当事人送交主张权利文书,对方当事人在文书上签字、盖章或者虽未签字、盖章但能够以其他方式证明该文书到达对方当事人的;(二)当事人一方以发送信件或者数据电文方式主张权利,信件或者数据电文到达或者应当到达对方当事人的;(三)当事人一方为金融机构,依照法律规定或者当事人约定从对方当事人账户中扣收欠款本息的;(四)当事人一方下落不明,对方当事人在国家级或者下落不明的当事人一方住所地的省级有影响的媒体上刊登具有主张权利内容的公告的,但法律和司法解释另有特别规定的,适用其规定。前款第(一)项情形中,对方当事人为法人或者其他组织的,签收人可以是其法定代表人、主要负责人、负责收发信件的部门或者被授权主体;对方当事人为自然人的,签收人可以是自然人本人、同住的具有完全行为能力的亲属或者被授权主体。"

2. 有的借款人提出："我收到的是空信封"，——如果借款人不及时提出是空信封，就应由收件人举证是空信封。

为避免麻烦，可在信封上注明："内有催还借款通知书"。有的单位搞公证送达，我在给公证员讲课的时候指出，这并无必要，花钱又麻烦。

3. 主张债权通知的生效，是发信主义，还是送达主义，抑或是了解主义？通说认为是送达主义。送达主义存在问题，例如，甲对乙诉讼时效完成的最后一天是2012年3月1日，3月1日，甲对乙发出催还借款通知书，送达的时间是3月4日。学者一般认为，如果能够中断的话，应当在送达的时候，但本案诉讼时效在3月1日结束时已经完成，不发生中断的效果。我认为应当在3月1日中断，但在诉讼实践中，会发生争议。

为避免麻烦，技巧性的做法是：若只剩最后一天，应当发出数字电文的催还借款通知"书"。因为数字电文是在进入对方系统时算送达，即进入对方"随时可接收的势力范围"时算送达。几乎是在发出数据电文的同时就送达了，诉讼时效也就在当天中断了。

4. 如果债务人下落不明，不必公告送达，"装不知道"，仍将通知送达至其住所地。

5. 本小文谈的是贷款合同债权，其他债权可以照此办理。

◎ 诉讼时效期间届满后，债权人还有机会（18）

1. 诉讼时效届满（又称为诉讼时效完成、诉讼时效超过），债权人丧失胜诉权。有学者认为，罹于消灭时效后的债务是有义务无责任。[1] 其实，诉讼时效届满后的债务，已经不是法律

---

[1] 参见郑玉波：《民法总则》，中国政法大学出版社2003年版，第75页。

关系中的债务，自然也就没有法律关系中的责任。诉讼时效届满，导致债权债务关系（法律关系）终止，当事人之间的关系，转为法律没有赋予强制力的生活关系，即由法律关系进入单纯的生活关系，债务人所负债务，已经不是法律关系中的债务，只是道德规范在起强制作用，对债务的履行，只是一种道德义务。

违反法律关系中的债务都是有责任的，没有例外。

2. 诉讼时效届满，债权人还是有机会的。《诉讼时效规定》第22条规定："诉讼时效期间届满，当事人一方向对方当事人作出同意履行义务的意思表示或者自愿履行义务后，又以诉讼时效期间届满为由进行抗辩的，人民法院不予支持。"

（1）诉讼时效期间届满，债权人又向债务人发出主张债权的文书，债务人可能签署同意履行债务的意见。这个签署表明当事人双方达成了协议。债务人也可以单方表示履行债务。

债务人表示同意履行债务，是意定法律事实，具有溯及既往的效力，使自然之债成为法律关系之债。

例：甲对乙的债权在2009年3月1日到期，诉讼时效在2011年3月1日届满。甲在4月1日向乙发出请求履行债务的文书，乙在5月1日签署意见，同意履行债务，则债权债务仍自3月2日（当日计算在内）计算迟延利息。

（2）债务人一方同意履行债务的话，主要有三种选择：第一，同意履行本金、利息；第二，只同意履行本金；第三，同意部分履行，例如100万元债务只同意履行50万元。

（3）债务人在主张债权的文件上的签字，可有两种情况：第一种，只是表示收到文件，没有同意履行债务的意思；第二种，表示同意履行债务。第一种当然没有转化自然之债为法律关系之债的效力。

（4）债务人表示同意履行债务，是对债务的重新确认，不是诉讼时效的中断，因为中断在诉讼时效的进行过程中。

（5）债务人同意履行债务或者履行后，不得以重大误解为由进行撤销。

◎ "开始的当天不算入"（19）

1.《民法通则》第154条规定："民法所称的期间按照公历年、月、日、小时计算。规定按照小时计算期间的，从规定时开始计算。规定按照日、月、年计算期间的，开始的当天不算入，从下一天开始计算。期间的最后一天是星期日或者其他法定休假日的，以休假日的次日为期间的最后一天。期间的最后一天的截止时间为二十四点。有业务时间的，到停止业务活动的时间截止。"我国台湾地区"民法"第120条第2款规定："以日、星期、月或年定期间者，其始日不算入。"

引起期间开始的事实是法律事实。被法律调整的生活事实是法律事实，产生一定的法律后果。

对"开始的当天不算入"很多人觉得很难理解，既然期间开始了，又为什么不计算在内呢？原因在于法条的表述不够清楚。实际上，引起期间计算的"开始的当天"主要是指：①法律事实发生的当天。当天不计入在内，因为该天已经不足一天，算入对当事人不公平，也不符合交易习惯。最高人民法院曾有从次日开始计算的规定，该次日是法律事实发生之次日，从次日开始计算，该次日计算在内。②是持续性法律事实的，持续的最后一天不计入在内。因为在最后一天法律事实尚未完成。

2. 试举几例：

例1：1995年6月17日下午二时，张某所乘的客轮触礁沉没，生不见人，死不见尸。张某的妻子李某若申请宣告张某死亡，问：哪一天为满二年的最后一天？最早哪一天才能向法院提出申请？

《民法通则》第23条第1款第2项规定，因意外事故下落不明，从事故发生之日起满2年的，利害关系人可以向人民法院申请宣告他死亡。

满二年的最后一天，是1997年的6月17日。计算公式为：1997年6月17日减去1995年6月17日，等于二年。为什么要减去1995年6月17日，因为"当日不计算在内"。

可能发生的情况是：1997年6月17日23时45分，李某以为人鬼殊途的丈夫张某突然出现了。也就是说，在1997年6月17日当天是不能申请宣告死亡的。

最早提出申请的那一天，是1997年的6月18日。至1997年6月17日24时才满二年。到24时，张某未现踪迹，才能申请。

例2：1991年5月10日，冯某因受单位行政处分愤而离家出走，黄鹤一去不复返，十年生死两茫茫。冯某的丈夫王某向律师咨询：何时为满四年？最早哪一天可以提出宣告死亡的申请？

《民法通则》第23条第1款第1项规定，下落不明满4年的，利害关系人可以向人民法院申请宣告他死亡。

《民通意见》第28条规定：《民法通则》第23条第1款第1项中下落不明的起算时间，从公民音讯消失之次日起算。

四年的最后一天是 1995 年 5 月 10 日。"音讯消失"是一项法律事实，消失的当天不能计算在内。"从次日开始计算的，次日要计算在内"。计算的公式是：1995 年 5 月 10 日减去 1991 年 5 月 10 日，等于四年。

本来《民法通则》第 154 条有开始的当日不计入在内的规定，但最高人民法院怕人们不会算，又搞了一个从次日开始计算的规定。两者的计算公式是一样的。申请宣告死亡最早的那一天，是 1995 年 5 月 11 日。

例 3：刘某开玩笑，在 2004 年 4 月 1 日的早晨，敲了一下周某的脑壳。不料周某是罕见的鸡蛋脑壳（特异体质），一敲就碎。法律专业的周某悠悠醒来，喃喃自语：诉讼时效何时截止？

人身伤害适用一年的短期诉讼时效（产品瑕疵造成的损害除外）。《民通意见》第 168 条规定："人身损害赔偿的诉讼时效期间，伤害明显的，从受伤害之日起算；伤害当时未曾发现，后经检查确诊并能证明是由侵害引起的，从伤势确诊之日起算。"

在 2004 年 4 月 1 日，是侵权行为（违法的事实行为）成立之日。发生该行为（法定法律事实）的当日不计算在内。诉讼时效的最后一天是 2005 年 4 月 1 日。计算公式是：2005 年 4 月 1 日减去 2004 年 4 月 1 日，等于一年。如果没有中断、中止事由，周某最迟应当在 2005 年 4 月 1 日起诉，否则就丧失了胜诉权。

例 4：王某 2004 年 2 月 15 日答应借给刘某两万元，同年 3 月 1 日交付，约定借期为一年。半夜时分，王某醒来。掐指计算：借期何时届满？诉讼时效何时截止？

2004年3月1日，是交付货币（意定法律事实）的日子，不计算在内。故一年借期的截止日期是2005年3月1日，若3月1日当日还钱，不构成迟延。设刘某到期未还钱（持续性法律事实），"从履行期届满计算的，届满之日不计算在内"。故诉讼时效的截止日期是2007年3月1日。计算公式是：2007年3月1日减去2005年3月1日，等于二年。

例5：2012年9月29日，某牛进入李某的大棚，吃掉了李某价值500元的蔬菜，李某自行"侦查"，于10月1日得知是周某的牛，欲主张返还不当得利请求权。

《诉讼时效规定》第8条规定："返还不当得利请求权的诉讼时效期间，从当事人一方知道或者应当知道不当得利事实及对方当事人之日起计算。"

2012年9月29日，牛进大棚吃菜，是成立不当得利的法定法律事实，但却不是起算两年诉讼时效的法律事实，只是起算诉讼时效法律事实的一个要件。该案诉讼时效起算的法律事实在2012年10月1日发生，故诉讼时效的最后一天在2014年国庆节假日期满之次日。开始的日期不受节假日的影响。

例6：我有一个亲戚某甲不服劳动争议仲裁裁决，到北京市某区人民法院起诉，法院说他晚了一天。原来法官某乙在计算15天起诉期间的时候，把甲签收仲裁裁决书的当天给计算进去了。

某甲饮恨败北。我把这个案件告诉政法大学几个知名程序法教授，他们都笑了。我是很痛心的！

签收仲裁裁决书、民事判决书等法律文书是一种民事法律事实，引起期间的计算，但签收的当天不应计算在内。

例7：当事人双方（设为自然人）3月1日下午两点钟约定，三日内完成某事，则应自次日起算，计算至第三日终了时，即第三日（3月4日）24点为期间届满。[1] 3月1日双方达成合意，成立意定法律事实，3月1日不计入在内。

3. 以上七个例子都着重说明了法律事实与期间起算的关系。
4. "开始的当天不算入"，"其始日不算入"会使人迷惑：既然开始了，怎么又不算入？建议将来的《民法典》在表述起算标准的时候，斟酌词句，防止、减少人们的误解。

"开始的当天不算入"，是任意性规定，可以排除适用。

另外，律师代书的时候，要将起算日说清楚，避免无谓的争议。

---

[1] 参见史尚宽：《民法总论》，中国政法大学出版社2000年版，第614页。